D0631767

L'ENSORCELLEMENT
DU MONDE

BORIS CYRULNIK

L'ENSORCELLEMENT
DU MONDE

**Odile
Jacob**

poches

© ODILE JACOB, 1997, SEPTEMBRE 2001
15, RUE SOUFFLOT, 75005 PARIS

www.odilejacob.fr

ISBN : 2-7381-1032-0
ISSN : 1621-0654

INTRODUCTION

Surtout, ne lisez pas ce livre. Fouillez-le.

Je vous invite à bouquiner quelques pages de-ci, quelques passages de-là. Vous n'êtes pas obligés de me suivre ligne à ligne. La table des matières constitue le chapitre le plus important puisqu'elle donne les thèmes où nous nous côtoierons. Chaque chapitre commence par une courte envolée théorique que j'aurais eu du mal à lire si je ne l'avais pas écrite. Mais j'essaierai tout de suite de la défendre avec des illustrations cliniques et des observations éthologiques.

Une seule perspective organise ce livre : l'ensorcellement du monde, la puissance occulte qui nous gouverne et nous force à être-avec... pour être.

Pourquoi sommes-nous contraints à vivre ensemble alors que nous savons bien que c'est très difficile, que ça nous fait souffrir par nos malentendus, maldits et malvus qui empoisonnent notre quotidien ? Jamais nous ne voyons le monde des autres qui nous fascine et nous intrigue tant. Aussi, nous le pensons, nous l'imaginons, nous le créons, et puis nous l'habitons, convaincus que, pour devenir nous-mêmes, nous ne pouvons qu'être avec les autres.

Toutes nos souffrances viennent de là, mais elles seraient bien pire si nous étions seuls, sans alentour. C'est pourquoi nous nous précipitons les uns vers les autres, en nous envoûtant mutuellement, puis nous souffrons de cette capture désirée.

Les nourrissons, avides de mères autour desquelles ils se construisent, en sont imprégnés à jamais et devront se rebeller, tandis que les hommes se jettent les uns contre les autres pour faire l'amour ou la bagarre.

La nécessité d'*être-avec* est d'ordre biologique pour tous ceux qui ont besoin qu'une autre les tienne pour se développer. Cette contrainte à *être-avec*, tout simplement pour vivre, concerne un grand nombre d'espèces où elle est transmise par la sensorialité du monde.

Mais l'apparition du langage modifie la nature de l'alentour. Dès qu'un homme parle, il poursuit ses développements organiques et sensoriels, par l'expansion de sa conscience, dans un monde désormais structuré par les récits.

L'*être-avec* passe son temps à changer de nature puisque à chaque étage de la construction de l'appareil mental il ajoute une nouvelle aptitude à être ensorcelé. Le processus d'ensorcellement continu part du monde perçu et évolue vers l'imperçu... qui l'ensorcelle encore plus. Les objets ensorceleurs ne sont des entités distinctes qu'aux extrémités de l'appareil mental : la matière biologique constitue un extrême, et le mot imprononçable qui représente l'imperçu parfait compose l'autre.

L'ensorcellement du monde est un produit de l'évolution : les animaux sont ensorcelés quand ils perçoivent la sensorialité d'un autre, son odeur, sa couleur, sa posture qui les gouverne en prenant leurs cinq sens. Et les hommes, seule espèce à posséder six sens, vivent dans le double ensorcellement des sens et du sens que crée l'historicité. Nous ne voyons jamais le monde des autres, mais nous le représentons par les signes de leurs mots et de leurs gestes qui nous ensorcellent encore plus.

Au chapitre où nous en sommes de l'invention du monde, nous lisons que tout nouveau-né débarque dans un milieu déjà structuré. La nature attribue à son organisme une forme et un alentour sans lesquels il ne peut vivre. Pour cette raison première, le monde est ensorcelé, il assigne à tout être vivant une façon de vivre qui ne peut être autrement. Tel est son sort, il est jeté. Toute vie est possédée.

Double ensorcellement pour l'homme. Pas d'autre issue que de subir le biotope structuré par la nature, puis le milieu réglé par les récits des autres. À son tour d'inventer sa propre odyssée, de deviner son avenir, de lire le sort qu'on a tiré pour lui. Il espère agir sur les choses, par ses gestes et par ses mots, apprendre à lire le monde pour l'influencer, en modifier le cours, et lui jeter un autre sort, humain cette fois. Assembler des paroles pour donner au monde la forme qu'il perçoit et dire un sortilège pour agir sur lui. Devenir sorcier à son tour, voilà le destin que l'homme s'assigne et nomme « liberté ».

La constellation étymologique du mot « ensorcellement [1] » donne l'enchaînement des idées qui charpentent ce livre.

– Avant la naissance : l'ensorcellement naturel donne à l'homme sa place où s'infiltre déjà la magie des récits.

– Dès la naissance, l'enfant travaille chaque jour à prendre la parole, pour inventer sa propre réalité et construire son individualité.

– L'héritage des récits et des techniques change le milieu humain et façonne en retour celui qui l'a produit.

Le corps, l'alentour et l'artifice [2] constitueront ainsi les organisateurs de la condition humaine, avant sa naissance, pendant son développement, puis au-delà de soi. Qu'une seule étape manque et tout s'effondrera.

Les nourrissons cherchent de tous leurs sens, la voix, le regard, le mouvement qui les captivera pour leur plus grand bonheur. Les enfants apprennent goulûment les mots et les récits qui structurent leur monde. Les adolescents n'ont qu'un désir en tête, l'amour de l'amour qui leur donne l'illusion de posséder, autant que d'être possédés, dans un ravissement qui enchante leur vie. À moins que cet ensorcellement ne constitue justement la condition humaine, que le sort qui nous a été jeté nous contraigne à être-avec et que, sans possession et sans ravissement, nous ne soyons plus rien. Car être seul, ce n'est pas être. Nous ne pouvons qu'être ensorcelés, possédés pour devenir nous-mêmes !

La conscience, repérée dans le monde vivant bien avant l'homme, se met en place graduellement, très lentement, depuis au moins quatre milliards d'années quand les ingrédients minéraux et biologiques « nécessaires à l'éclosion de la vie et à sa diversification [3] » se sont liés, déjà ensorcelés par le milieu physique pour initier le cheminement vers la magie de la pensée.

La conscience n'est pas la propriété d'une nature spirituelle éthérée qui pourrait exister en dehors du cerveau. Elle n'est pas non plus le produit d'une combinaison physico-chimique d'où jaillirait la pensée. Elle ne peut donc pas naître de la jonction de l'âme et du corps.

Chaque niveau du vivant ne peut se construire qu'à partir du précurseur, où chaque étage de la construction diffère du précédent et s'appuie pourtant sur lui [4]. Le matériel et le mental ne deviennent des réalités distinctes et incompatibles qu'aux extrémités de l'éventail. Il s'agit en fait d'un processus continu où tous les niveaux sont indispensables et participent au fonctionnement de l'ensemble. Ce sont nos disciplines universitaires qui ont découpé dans ce processus les morceaux de monde qui convenaient à leurs représentations. Certains ont choisi l'*a priori* matérialiste que les sciences fondamentales confirment chaque jour. Mais d'autres ont préféré l'*a priori* mentaliste que les sciences humaines ne font que renforcer.

Les raisonnements en termes de processus continus nécessitent un entraînement à la réflexion évolutionniste.

Pour illustrer l'idée que chaque étage de la construction psychique donne une vision du monde différente, je propose la métaphore de la fusée à deux étages. Pour que le second étage de la fusée gravite sur son orbite en échappant à la loi de l'attraction terrestre, il a fallu d'abord respecter cette loi, donc la découvrir pour l'utiliser. Le second étage vogue vers la planète des signes, parce que le premier respecte les lois de la nature, pour mieux s'en arracher.

L'évolution est un concept qui désigne la transformation progressive du monde physico-chimique, végétal et animal [5]. Jusqu'au moment où, échappant aux *lois de la matière* [6] grâce au respect des *lois de la matière*, se crée le monde du symbole qui pose encore un pied dans l'image, et un autre dans l'objet *mis-là-pour* être perçu, et représenter l'imperçu. Bien avant la convention du signe, bien avant la parole, existe une possibilité d'évolution des comportements transmis par apprentissages préverbaux, à travers les groupes et les générations qui ne répondent déjà plus à des phénomènes biologiques. Dans le second étage de la fusée voguant vers la planète des signes, les lois sont convenues, elles n'existent que dans la verbalité, il suffit de s'entendre ou de se faire entendre. Les transformations y sont réversibles puisqu'on peut tomber d'accord ou s'entre-tuer pour imposer à l'autre sa propre *convention*, sa propre vision du monde.

Avec le signe, l'évolution change de nature. En deçà du signe, nous sommes soumis au conflit incessant de la double contrainte génétique et écologique. Au-delà du signe, c'est nous qui nous soumettons aux représentations que nous inventons et que nous héritons de nos parents et de leur groupe social.

À l'évolution irrésistible de la matière s'ajoute le bouillonnement réversible des représentations. La nature des conflits y est différente : un organisme ne peut vivre que s'il a pris une forme adaptée à son milieu, résultat de la double contrainte génétique et écologique. Alors que dans un monde de représentations il faut sans cesse combattre mot à mot, idée par idée, pour façonner les représentations des autres, leur donner la parole ou les faire taire.

En deçà du signe, la mort est totale, car une espèce disparue ne reviendra jamais. Alors qu'au-delà du signe une idée, un rituel, une représentation peut disparaître, puis renaître de ses cendres. Appelez ce changement comme vous voudrez, « mutation » ou « Rubicon du langage », il s'agit toujours d'une rupture dans un processus continu.

Comme tous les concepts trop généraux, le mot *évolution* est piégé. Seuls les mots techniques désignent des choses, des sentiments ou des idées précis. Les mots flous comme « matière », « amour » ou « vie » sont définis par leur contexte et par les mots qui les entourent, et précisent leur contenu. Même les conditions du contexte social et de la conversation dans lesquels on les prononce peuvent changer leur sens. Il se trouve qu'à l'époque de Lamarck et de Darwin on employait les mots de « transformation », de « progression » ou de « descendance modifiée » pour désigner un processus phylogénétique. Au XIXᵉ siècle, le mot « évolution » n'était pratiquement employé que par les militaires [7]. C'est Spencer, mort en 1903, qui lui a donné son sens moderne en appliquant le principe biologique de la complexité croissante, à la psychologie et à la sociologie.

Lalande donne de l'évolutionnisme la définition suivante : « Doctrine d'après laquelle la loi générale du développement des êtres est la différenciation accompagnée d'intégration, loi suivant laquelle se seraient successivement formés le système solaire, les espèces chimiques, les êtres vivants, les facultés intellectuelles, les institutions sociales [8]. » La métaphore qui illustrerait ce concept serait celle d'une fusée à un seul étage. Je préfère ma fusée à deux étages que je vais essayer de transformer en idées en l'étayant sur les observations naturalistes et les expérimentations que propose l'éthologie.

Un corps, puisqu'il est vivant, n'est jamais passif dans un milieu structuré. Le déroulement d'un processus biologique, de la naissance à la mort, indique qu'un organisme ne cesse de quêter ce qui fera événement pour lui. Il n'est donc pas sensible aux mêmes informations selon le stade de son évolution. Ce qui revient à dire que, même si rien ne change dans son milieu, le simple déroulement d'un processus biologique rend le corps sensible à des informations différentes, de sorte que tout se passe comme si le milieu changeait. Un même corps ne vit pas dans le même milieu à tous les stades de son évolution individuelle.

Les généticiens accentuent cette idée en nous expliquant que les mutations se manifestent ou attendent l'occasion de tenir plus ou moins bien leurs promesses génétiques [9] ; les écologistes nous apprennent que les milieux physiques passent leur temps à changer, ce qui crée des tuteurs de développement toujours différents ; quant aux historiens, ils nous racontent que la pensée des hommes ne cesse de changer et de charpenter autrement leur vie sociale en bâtissant des institutions, des casernes, des crèches ou des banques... et des murs invisibles encore plus infranchissables que construisent les mots tels que « bâtard », « intouchable », « parasite », ou que constituent les interdits alimentaires ou sexuels qui unissent les hommes dans l'amour du pur et le dégoût de l'impur.

Même si rien ne changeait dans le génome et dans le milieu, le simple fait de naître et de mourir nous obligerait à utiliser le concept d'évolution. Non seulement en tant que processus temporel régissant l'ensemble du monde vivant, mais aussi en tant que processus au cours desquels les représentations, en échappant au corps, créent un milieu virtuel. Tout organisme invente le milieu qu'il habite. Le papillon donne forme, en le percevant, à un milieu cosmique, lumineux et phéromonal qui le gouverne. Et l'homme engendre un milieu composé par ses représentations sensorielles, imagées puis verbales qui structurent son destin d'homme, et non pas de papillon.

Même en psychologie ce concept est fertile. Si l'on admet que la pensée tombe du ciel et s'amarre au corps par la bitte de l'épiphyse, nous n'aurons pas besoin du concept d'évolution. Mais si l'on se dit que la pensée a besoin d'un corps pour s'en arracher et mettre au monde un espace imperçu bien que bourré de représentations, alors on ne pourra plus se passer de cette notion.

Si l'on s'entraîne à penser la condition humaine comme un corps capable de produire un monde virtuel et de l'habiter en l'éprouvant réellement, le corps, l'alentour et l'artifice seront conçus comme un ensemble fonctionnel : un individu poreux, pénétré par un alentour sensoriel, que structure l'artifice.

L'homme est deux fois ensorcelé : par l'évolution qui façonne son monde et suscite la pensée qui façonne son monde.

CHAPITRE PREMIER

Le corps

Premiers ensorcellements

L'ensorcellement apparaît dès les premières minutes après la naissance, quand le tout nouveau-né tète les capteurs sensoriels auxquels il est le plus sensible.

Le fœtus avait déjà perçu les informations qui venaient le toucher et auxquelles il répondait par des explorations comportementales lors des déplacements maternels, des changements de posture et des grands bruits. Mais le bébé, en fin de grossesse, préférait nettement la parole de sa mère qui, comme une caresse, venait au contact de ses lèvres et de ses mains pour y vibrer doucement. Alors il répondait en portant à la bouche tout ce qu'il saisissait et avalait chaque jour du liquide amniotique, goûtant ainsi sa mère quand il l'écoutait.

Après la naissance, le simple fait de vivre dans un monde aérien a changé la forme des stimulations : la lumière est devenue plus vive, l'air plus froid, et les chocs plus durs. Mais on oublie de parler d'un bouleversement vital : la sécheresse ! Après neuf mois d'univers aquatique, tiède et protecteur, autour de son corps, mais aussi dans la bouche et dans le nez, il a fallu soudain sécher [1] ! Il a eu froid, il a eu soif, et ces deux privations initiales l'ont rendu sensible à la tiédeur des bras qui l'enveloppaient et à la moiteur du mamelon qu'on lui présentait. Il a su le saisir dans sa bouche et exécuter l'invraisemblable scénario comportemental de la première tétée, parce qu'il s'y était entraîné bien avant sa naissance, quand sa mère en parlant l'avait invité à explorer avec la bouche et les mains tout ce qui flottait.

Dès les premières minutes après la naissance, c'est un manque, une perte de chaleur et d'humidité nourricière qui l'a rendu avide d'ensorcellement. Cette privation l'a sensibilisé à un objet sensoriel composé par le corps tiède et contenant de sa mère, et un mamelon odorant et sécrétant du colostrum, le premier lait dilué qui permet au bébé de retrouver un peu de l'univers aquatique disparu et de s'y humecter. C'est donc une perte, une petite souffrance qui l'a rendu avide de rencontrer tout objet évoquant l'océan passé dans lequel il baignait. Il n'aurait pas pu être ensorcelé par une aiguille, une lueur vive ou une bousculade, alors qu'un objet sensoriel évoquant une trace inscrite dans sa petite mémoire a pu le capturer, pour son plus grand bonheur.

Le scénario comportemental de la première rencontre constitue peut-être la métaphore qui thématise notre survie et explique la nécessité de nous ensorceler. Le nouveau-né qui ne rencontrerait pas un mamelon ne pourrait pas survivre, mais, pour qu'il s'y tamponne, il faut qu'un manque l'y ait rendu sensible. Le premier ensorcellement exige un corps de mère et un système nerveux de nourrisson sensibilisé par un manque.

Le monde est sensé bien avant la parole, mais « un système vivant intelligent ne peut fonctionner et se développer que selon la façon dont il est équipé pour agir et réagir [2] ».

Bien avant la convention du Verbe, le monde vivant est structuré par la sensorialité qui lui donne une forme perceptible précise. Ce monde palpable possède un sens supplémentaire qui lui est donné par la flèche du temps. Certains pensent que l'évolution du monde vivant possède un sens intentionnel. Il est à coup sûr directionnel puisqu'un caractère acquis ou une espèce apparue ne pourront jamais revenir en arrière. Un oiseau ne peut que naître et donner la vie à un autre oiseau avant de mourir, jamais il ne redeviendra grenouille. Cette image est abusive, mais elle permet d'illustrer l'idée que l'évolution ne connaît pas la marche arrière.

Dès que le Verbe apparaît, le temps change de nature. Ce n'est plus la durée qui transforme les corps, c'est la représentation du temps, c'est l'histoire qui le mobilise. On a pu repérer l'émergence du sacré en Afrique orientale quand, il y a 1,3 million d'années, les hommes ont conservé les crânes de leurs morts en les surmodelant avec une couche d'argile. Ce rite de conservation des crânes nous fait comprendre que les hommes de cette époque pensaient déjà que l'esprit siégeait dans ce lieu du corps. Un homme qui perd une main reste un homme, mais si on lui coupe la tête son corps n'est plus un homme et devient un objet. Monsieur Neandertal voyait bien que le corps de son ami mort n'était plus habité par le souffle de l'âme. Il percevait *le* mort et se représentait *la* mort, ce qui le contraignit à inventer une sépulture pour ne pas avoir à jeter le corps de l'ami qu'il aimait encore.

Cette pensée a organisé tous les rituels psychothérapiques depuis l'Antiquité. En Mésopotamie, la médecine babylonienne distinguait, comme aujourd'hui, la médecine extérieure, faite à la main (chirurgie), et la médecine intérieure, faite à la parole, par des prêtres soigneurs. Les souffrances intérieures s'expliquaient par l'intervention d'un démon qui hantait son organe préféré. Ce parasitage du corps donnait déjà l'image d'une archéo-psychosomatique.

En Égypte, Imhotep est le plus connu (2850 av. J.-C.). Les papyrus égyptiens témoignent de l'apparition de spécialistes vétérinaires, gynécologues et dentistes, eux aussi classés en chirurgiens manuels, et exorcistes de rang plus élevé.

Dans la Perse antique, Zarathoustra (600 ans av. J.-C.) nous a légué la notion d'esprits possédés par le diable qui a tant imprégné l'Occident chrétien.

Les Hébreux ont soigneusement décrit certaines maladies mentales qu'on connaît encore aujourd'hui. Saül demandait qu'on voulût bien lui donner la mort, comme l'implorent encore nos mélancoliques. Et Nabuchodonosor se prenait pour un cheval comme l'affirment certains schizophrènes. C'est pourquoi, en 490 apr. J.-C., les Hébreux construisirent à Jérusalem la première « clinique psychiatrique ».

Les hindous aussi ont séparé le corps et l'âme, chassant les mauvais esprits par les mots contenus dans les Veda et agissant sur lui par les postures du yoga.

Les Grecs, curieusement, ont, pendant un moment, oublié le cerveau. Ils pensaient que l'âme siégeait dans le diaphragme, ce qui a donné le concept d'oligophrénie (qui possède peu d'esprit). Mais, rapidement, Croton (500 av. J.-C.) a replacé l'âme dans le cerveau à cause de sa connexion avec les organes des sens. Hippocrate en a fait le siège de l'intelligence, et Galien (200 apr. J.-C.) a lancé l'aventure moderne du cerveau et de l'esprit, en affirmant que les impressions du monde extérieur pénètrent par les yeux dans les ventricules cérébraux.

Ce qui est étrange, c'est la difficulté que nous avons toujours eue à nous représenter l'esprit. Nous savons qu'il agit sur nous, à notre insu, pénétrant par nos sens et nous inondant de fluides. Et nous savons aussi que nous pouvons agir sur le monde imperçu, par nos mots, nos incantations, nos danses, nos postures et même quelques substances, car toutes les cultures, jusqu'aux plus anciennes, ont découvert et utilisé l'effet hallucinogène de certaines plantes pour obtenir la preuve de l'existence d'un troisième monde, celui de l'esprit, différent de ceux de l'éveil et du sommeil. La condition paradoxale des relations de l'esprit et du corps dans notre histoire, c'est que l'insu agit sur nous, alors que le su agit sur lui. Le connu agit sur l'inconnu, expliquant ainsi notre tendance ancienne à associer la science et la magie. Appuyer sur un bouton de télévision pour voir ce qui se passe en Chine devient l'équivalent psychologique d'un « Sésame, ouvre-toi ! », une parole qui agit sur le rocher. Les lois phénoménales y sont bien différentes, mais, si on ne les étudie pas, on éprouve la science comme une magie. Sans idées claires, on ne peut pas penser. Mais, dès qu'on fait des catégories pour découper les éléments et qu'on les agence afin de calculer et de juger, on crée un piège de la pensée !

L'analyse du monde l'analise. Nous croyons le maîtriser, alors que nous donnons forme, simplement, à la représentation qu'on s'en fait. Pour ne pas confondre des phénomènes appartenant à des mondes si différents, nous les séparons abusivement : le corps constitué de substance étendue n'a rien de commun avec une âme imperceptible et sans substance, amarrée à la bitte de l'épiphyse par une pirouette intellectuelle.

N'y aurait-il pas moyen d'aborder le problème en termes d'ensorcellement naturel ? Il ne s'agirait plus de chercher comment l'âme se plante dans le cerveau, mais plutôt de s'intéresser « au corps humain, à la condition qu'il fait à l'homme et au rapport qu'il entretient avec l'humanité [3] ».

Mondes animaux et mondes humains

Il ne sert à rien d'énumérer le catalogue des différences entre le corps des hommes et celui des animaux (écailles, poils, plumes, pattes, queues, fesses) ni celui des différences de production (fer, outils, interdit de l'inceste, langage...). Il me semble que cette classification a pour enjeu psychologique de réparer la honte de nos origines, comme s'il fallait à tout prix que nous appartenions à l'espèce élue et que nous n'ayons rien à partager avec ces êtres à poil, à pattes et sans langage.

Un regard évolutionniste donnerait plutôt à l'homme une place dans le mouvement de la vie : « il n'y a rien dans son type d'organisation qui ne se retrouve chez les autres vertébrés. [...] Mais en lui la montée du psychisme atteint son point le plus haut ; chaque conscience humaine est capable de se connaître elle-même, de se considérer en tant qu'objet. L'effort de cérébralisation amorcé depuis le début de la vie trouve ainsi son expression profonde, et l'humanité représente l'achèvement du même processus biologique que celui d'où provient l'arbre des vivants [4] ».

L'homme appartient, comme les animaux, à un monde vivant où, à la différence de ceux-ci, il prend une place humaine. Cette idée n'est pas éblouissante. Elle est pourtant mal admise puisqu'on nous demande sans cesse de dire si, oui ou non, l'homme est un animal. Je connais même de grands biologistes, élégants écrivains, qui se fâchent pour soutenir que l'homme est un animal (si l'on considère ses sécrétions neurohormonales), et qui se fâchent tout autant pour soutenir que l'homme n'est pas un animal (si l'on considère sa production intellectuelle) [5].

C'est la question qui fâche, car elle contraint à une réponse partielle, comme toutes les alternatives. Mais, depuis que j'ai lu Woody Allen, je me sens beaucoup mieux, car je connais la conduite à tenir : « Chaque fois qu'on me demande de choisir entre deux voies, je n'hésite jamais : je prends la troisième ! »

Nous devons certainement renoncer à la métaphore de la coupure, du fossé entre l'homme et l'animal qui nous oblige à choisir entre celui qui parle et celui qui ne parle pas, celui qui a une âme et celui qui n'en possède pas, celui qu'on peut baptiser et celui qu'on peut cuisiner. À cette métaphore tragique, qui a permis l'esclavage et l'extermination de peuples entiers, a succédé l'avatar de la hiérarchie, où l'homme au sommet de l'échelle du vivant se permet de détruire, de manger ou d'exclure de la planète les autres terriens, animaux et humains, dont la présence l'indispose.

On peut extraire plusieurs enseignements de la phylogenèse des cerveaux dans le monde vivant : on les a d'abord pesés pour en conclure que, plus ils étaient gros, plus l'animal était intelligent. Cette notion pittoresque est à l'origine d'anecdotes comiques et souvent tragiques telles que : « le cerveau des baleines est plus intelligent que celui des fourmis », ce qui mène à : « le cerveau des Anglais est plus gros que celui des Africains », ou « le cerveau de Staline est plus volumineux que celui d'Einstein » (devinez les idées politiques du neurologue) et enfin : « le cerveau des hommes pèse plus lourd que celui des femmes » (ce qui est vrai).

Tout cela fut facile à récuser. Alors, pour faire science, on a calculé les coefficients céphaliques des êtres vivants (rapport entre le poids du cerveau et le poids du corps), mais les exceptions à la règle étaient si nombreuses qu'il a fallu chercher d'autres indices.

Une manière plus féconde de poser le problème consiste à observer comment, dans le vivant, la nutrition et le système nerveux se sont mis en place graduellement pour créer nos conditions de vie humaine.

Jacob von Uexküll, un des pionniers de l'éthologie, a proposé une théorie de la signification, une sémiotique du monde vivant où les « insectes, abeilles, bourdons et libellules [...], même les animaux qui ne quittent pas le sol, grenouilles, souris, escargots et vers, semblent se mouvoir librement dans la nature. [...] Cette impression est trompeuse. En vérité, chacun des animaux [...] est relié à un monde qui est sa demeure [6] ». Un monde de souris n'est pas un monde d'homme qui n'est pas un monde d'oursin. Ces trois êtres vivants placés dans une même écologie biophysique percevront des significations matérielles différentes. L'objet porteur de signification « nourriture » est très olfactif chez la souris, plus visuel chez l'homme, et chimiotactile chez l'oursin. La signification « nourriture » est différente pour chacun d'eux parce que leur système nerveux sélectionne des perceptions différentes qui caractérisent le monde habité par cette espèce-là. La bouche et le cerveau les amènent à vivre dans des mondes différents pour chacun d'eux, même s'ils sont composés par les mêmes ingrédients matériels.

Le processus graduel de la sémiotisation du monde utilise des phénomènes variés, perçus et organisés par le système nerveux pour en faire des porteurs de significations, caractéristiques de l'organisme.

À ce titre, il faudrait inclure les plantes dans ce processus et même les champignons, sans chlorophylle et parfois proches du règne animal. Les plantes, n'ayant pas de système nerveux qui leur permettrait de traiter des informations éloignées, du récepteur à l'effecteur, ne peuvent vivre que baignées dans leur milieu, immergées dans leur écologie. Le soleil chauffe les piles chlorophylliennes qui fournissent l'énergie capable de pomper l'eau. N'ayant pas de système nerveux, leurs piles doivent capter les rayons du soleil, et leurs racines les molécules d'eau. Le soleil, l'eau et la terre constituent les ingrédients cosmiques qui doivent la

toucher pour que la plante vive. Les réserves sont faibles.
Elle ne peut chercher l'eau qu'avec ses racines, en les
envoyant au contact. Les messagers chimiques et ther-
miques y sont privilégiés puisqu'ils nécessitent que l'organisme baigne dans son habitat.

Le monde alentour d'un animal est radicalement différent. Comme les plantes et les hommes, il a besoin de
soleil, d'eau et de minéraux. Mais, grâce à son système nerveux, il ne lui est plus nécessaire d'être immergé dans les
informations. Il peut stocker de l'énergie sous forme de
graisse, ce qui lui donne le temps d'aller chercher l'information dont il est avide. L'animal vit encore dans un
monde d'indices où la proximité est nécessaire, mais déjà il
accède au monde des images où l'être vivant perçoit des
représentations visuelles et non plus seulement des longueurs d'ondes. La graisse qui permet le stockage de nourriture et le système nerveux qui s'approprie plus d'espace et
de temps, en traitant des informations de plus en plus éloignées, constituent alors un premier degré de liberté biologique.

La sémiotisation du monde ne traite plus seulement les
codes et les messages. Elle agence les informations élémentaires pour en faire des représentations : ce que
l'animal perçoit est déjà une représentation du monde.
Supposons que l'homme d'aujourd'hui voie une rue bordée
de maisons avec des trottoirs bondés de passants et
une chaussée encombrée d'automobiles. Une mouche, au
même endroit, au même moment, n'habite pas le même
monde. Les signifiants biologiques ne sont pas les mêmes
pour elle. Avec ses grands yeux à facettes, elle voit de larges
obstacles blancs, que l'homme appelle « maisons », juxta-
posés à des masses noires faisant du vent que l'homme
appelle « voitures ». Elle sera certainement captivée par un
tout petit bout de protéines pourries que l'homme appelle
« morceau de viande à jeter », mais qui dans un monde de
mouche est un objet porteur de significations follement
ensorcelantes. Un mollusque, dans la même rue, habiterait
un monde d'ombres sèches plus ou moins claires et de profondeurs plus ou moins palpables [7].

D'une manière générale, celui qui porte les significations les plus captivantes, c'est un autre de même espèce. La proximité des congénères crée un monde sensoriel partageable. L'autre porte sur lui les signaux que l'on espère. Sa forme, ses couleurs, ses cris, ses mouvements et ses odeurs constituent les signifiants biologiques auxquels un animal de même espèce est le plus sensible. Dans le brouhaha du monde, c'est un agencement de couleurs ou une structure chimique olfactive qu'il perçoit le mieux, parce que son système nerveux y est le plus sensible.

L'autre porte sur lui ce que j'espère le plus, dirait le goéland dans son club. Si j'étais seul au monde, il serait vide, mais dès que je perçois un congénère proche de moi, porteur d'informations qui « me parlent », mon habitat se remplit de cris, de couleurs et de postures qui créent un alentour riche en significations ensorcelantes, en événements extraordinaires dans une vie de goéland. La simple présence perçue d'un « proche analogue », génétiquement voisin, élargit le monde sensoriel et crée un événement perceptuel, une invitation à la rencontre.

Les bébés humains âgés de quelques semaines pourraient tenir le même raisonnement. Il suffit de placer deux nourrissons côte à côte pour que chacun manifeste une émotion intense, exprimée par des babils, des regards et des applaudissements. Le petit attrape ses propres mains et les serre contre sa poitrine. Il pousse de petits cris et cherche à toucher l'autre avec ses mains ou ses pieds [8], révélant ainsi une attraction, une socialité, une intentionnalité étonnamment précoce.

L'affinité pour le proche analogue est tellement puissante qu'il suffit de placer un nourrisson de trois mois face à la mère et près d'un miroir pour observer que, dès le premier regard de l'autre dans le miroir, dès la première approche, il est capturé par ce voisin bébé, infiniment plus captivant que sa propre mère à ses côtés.

L'alliance de deux organismes produit un champ sensoriel où chacun est avide de l'autre, parce que leurs structures et leurs développements les ont rendus sensibles à la reconnaissance de cette forme-là (autre goéland, autre bébé). L'alliance crée, entre deux corps, l'aimantation qui structure l'alentour, et constitue le fondement sensoriel de l'ensorcellement.

Dès que ça vit l'ensorcellement fonctionne, aux niveaux les plus simples : « les signaux moléculaires de reconnaissance [...] déterminent la juxtaposition mécanique des cellules et le fonctionnement des communications [9] ». Il ne s'agit pas de ciment architectural, ni de colle organique puisque les cellules passent leur vie à s'associer et à se séparer. Il s'agit véritablement d'un phénomène d'attraction. L'ensorcellement est une caractéristique du vivant, dès son niveau élémentaire.

On retrouve le même phénomène entre les individus d'un groupe social. Ils s'attirent intensément, ce qui crée l'association et le maintien de la stabilité du groupe, puis se combattent pour préserver leur individualité. Ce conflit permet l'équilibre entre deux besoins contraires : être ensemble pour se protéger et créer le monde de biologie périphérique propice au développement des individus, puis lutter contre le groupe qui nous protège afin d'y préserver notre individualité qui risque de s'y diluer.

Chez les insectes sociaux, la hiérarchie qui contraint et l'attachement qui attire constituent les deux pôles de l'aimant social. Les ouvrières d'une même colonie de fourmis ou d'abeilles ne rivalisent pas pour une source de nourriture. Le développement individuel est tellement contraint par la présence des autres que l'insecte ne peut qu'y prendre sa place d'ouvrière stérile ou de reine qui, en échangeant de la nourriture et des phéromones, se marquent mutuellement, créant ainsi une sensation d'appartenance trophallactique lors de leurs nourrissages réciproques.

Quand les cellules s'aimantent, elles structurent un organe. Et quand les insectes sociaux s'attirent et se hiérarchisent, leur ensorcellement mutuel donne vie à un superorganisme [10]. À ce niveau du vivant, la sociobiologie est certainement pertinente : les ouvrières en se sacrifiant favorisent la survie de la fratrie. Par leur stérilité et leur altruisme, elles travaillent à la transmission des gènes, mieux que si elles désiraient égoïstement diffuser leurs propres gènes.

L'observation est incontestable. Le piège est caché dans les mots. Tout à l'heure, quand je disais qu'une mouche mettait le cap sur un morceau de viande, je commettais un contresens. La mouche ne se dirige pas vers un morceau de viande. Dans son monde de mouche, elle perçoit un signifiant biologique qui la capture : elle ne peut pas ne pas y aller. Mais ce qui l'ensorcelle, c'est la perception d'un acide volatil, dégagé par la décomposition des acides aminés, ce n'est pas la mise en scène sur l'étal du boucher d'un tournedos persillé piqué d'un petit drapeau bleu, blanc, rouge. L'objet qui ensorcelle la mouche est un indice chimique, alors que celui qui attire l'acheteur est un signe culinaro-économique.

Le simple fait que l'homme habite dans un monde sémantisé provoque sans cesse des contresens. Il suffit pour cela de décrire le monde des animaux... en parlant ! Et nous ne pouvons pas faire autrement. Les mots « sacrifice », « altruisme », « ouvrière », « égoïsme » sont nécessaires pour communiquer entre nous, et ils sont abusifs puisqu'ils ne désignent pas les mêmes objets dans un monde d'abeilles et dans un monde d'hommes. Mais ces mots ne trompent que ceux qui le veulent bien. Nous savons évidemment qu'une reine d'abeilles n'est pas une reine d'Angleterre, même si on les désigne toutes deux par le même mot. L'objet désigné par le mot métamorphose le sens du mot.

Nous devrions d'ailleurs exiger la même précision quand nous employons nos mots pour désigner des objets humains. Le mot « travail » pour des ouvriers d'usine ne désigne pas la même activité que pour des écrivains ou dans une salle d'accouchement, où la jeune mère est délivrée par son travail, alors que l'accoucheur y est enchaîné. Le sexe du mot ne désigne pas le même objet : quand un homme emploie le mot « football », il ne connote pas le même événement qu'une femme qui n'aime pas ce sport. Et l'âge des mots façonne aussi sa partie de réel : quand un enfant de trois ans emploie le mot « mort », il ne parle pas du même événement qu'un adulte.

Coexister

Afin d'harmoniser les tendances contraires de la hiérarchie qui contraint et de l'attachement qui protège, l'évolution a mis au point un ensemble de comportements, de cris, de postures et de gestes qui permet à chaque animal de moduler son comportement social.

L'ordre règne bien avant la verbalité, mais il est gouverné par la manière dont les corps expriment leurs émotions. Les loups, animaux de meutes, aiment tellement vivre ensemble qu'ils acceptent la soumission. « Je me soumets pour te côtoyer tant je t'aime et tu m'impressionnes », dirait le loup dominé. Alors, manifestant ce qu'il éprouve, il rentre la queue entre les jambes, couche les oreilles, baisse la tête, regarde son dominant de biais, et, après l'avoir lentement approché en gémissant comme un petit, il lui lèche le coin des babines, comme s'il lui demandait à manger.

Quand on est loup dominant, on se laisse faire car l'espace entre loups est rempli par une sensorialité et par des comportements qui permettent l'approche et empêchent l'agression. Le dominé sait parfaitement ce qu'il faut faire pour ensorceler le dominant et le côtoyer.

Chez nos cousins les singes, qui eux aussi ont autant de mal à vivre les uns sans les autres que les uns avec les autres, la sensorialité liante prend des formes sociales de plus en plus élaborées. Il ne s'agit plus seulement de s'attirer ou de se chasser. Leur système nerveux est si bien développé qu'ils savent agencer leur sensorialité par des mimiques, cris, postures et distances qui signifient une manière de coexister de plus en plus perfectionnée. Les lieux du corps qui fournissent les meilleurs outils pour structurer les messages sont le visage qui crie et mange, et le sexe dont la simple exposition signifie une extrême intimité.

Dès que l'individu apparaît, il commence à manifester des intérêts divergents. La quête de nourriture et la recherche de partenaires sexuels deviennent, pour lui, des buts qui exigent une incessante gestion des conflits. Les hervivores peuvent se côtoyer sans trop se combattre, ce qui n'est pas le cas des carnivores qui doivent s'harmoniser pour chasser et partager le gibier. Paradoxalement, c'est grâce aux conflits que chacun prendra sa place.

Pour les mêmes motifs de côtoiement, la sexualité exige la mise en place de règles d'accès au corps de l'autre. Soit pour ne pas effrayer le partenaire qu'on désire attirer, soit pour chasser les concurrents. C'est pourquoi les lapins et les babouins ont appris au cours de l'évolution à structurer l'expression de leurs émotions pour écarter les rivaux, séduire la femelle convoitée, apaiser le dominant agressif en collant son arrière-train sous son nez afin de provoquer en lui une sensation sexuelle incompatible avec l'agression.

Il arrive qu'un singe effrayé par l'agression d'un grand mâle attrape un petit et le serre contre lui. Les émotions de l'un agissent sur l'autre où elles produisent une impression qui fait naître un monde intermental. Il y a probablement une intention puisque les singes possèdent un lobe préfrontal qui leur permet d'anticiper et de planifier des scénarios. Cette aptitude neurologique les rend capables d'ébrancher une tige et de la traîner pendant trois kilomètres pour aller pêcher des termites, mais ils ne savent pas se servir de ce talent pour établir un plan de carrière.

Ce mensonge comportemental qui consiste à composer une image avec son corps associé à celui d'un petit constitue une prémice de la pensée. Quand un singe effrayé attrape un petit pour arrêter l'agression d'un dominant, il donne forme à l'expression de ses émotions qui, en termes humains, se traduirait par : « J'ai tellement peur que je donne à mon corps la forme d'un comportement maternel afin de manipuler ton monde mental en y suscitant des émotions parentales. » À moins que cette scénographie posturale ne signifie : « J'ai en mémoire l'impression que me faisait une femelle quand elle tenait son petit contre elle et, par une sorte de prépensée analogique, je me fais une représentation d'images où, en donnant à mon corps une apparence de femelle maternante, j'ensorcelle ton monde mental de singe agressif, en y plantant une émotion analogue à celle que j'éprouvais naguère en voyant une femelle avec son petit. »

À la vitesse où se déroulent les bagarres, les singes ont intérêt à agir plutôt qu'à s'expliquer. Mais on peut soutenir que les singes prépensent en modifiant leur propre corps, afin de manipuler les émotions des autres.

Traduire en mots la performance comportementale du babouin en modifie la nature, mais donne tout de même une impression analogue. Nous n'échappons pas à cette forme préverbale d'intelligence, quand une photo révèle qu'à notre insu nous avons souri à celui qui nous agressait, ou quand en surveillant un petit enfant il nous arrive de prévoir sa chute et de disposer notre corps exactement à l'endroit où il devait tomber, comme si nos actions précédaient nos pensées en agençant nos perceptions d'espace, d'obstacles et de mouvement, pour en faire une représentation de la chute à venir. Cette résolution de problème, cette intelligence préverbale, cette pensée avant la parole, existe chez l'homme parlant, chez l'enfant des premiers mois, et chez les animaux sans parole.

La sémiotique du monde, c'est le lent processus qui mène au signe. Par une découpe abusive, plus didactique que réelle, nous opposons l'abstraction du signe à la matérialité de l'indice, alors qu'il serait plus juste de décrire un lent processus graduel qui, partant de l'indice perçu, le stylise en signal, puis lui donne la forme évocatrice d'un symbole avant de le transformer en signe convenu.

Dans le réel tout est fondu, mais, pour que nous ne restions pas confondus, nos sens doivent donner des formes, afin que nous les percevions. Et nos organes donnent sens, autant que nos verbes.

L'attitude naturaliste permet de voir le monde autrement. Les plantes baignent dans l'indice car elles sont immergées dans un milieu qui les touche, les chauffe, et doit les pénétrer pour les nourrir sur place. Les animaux s'étalent quand il fait chaud et se recroquevillent quand il fait froid, comme les plantes. Mais ils peuvent répondre à des représentations sensorielles d'images et de sons. Les hommes aussi s'étirent sur la plage et se recroquevillent dans le froid. Ils peuvent aussi répondre à des images qui évoquent d'autres images quand ce qui est perçu représente l'imperçu. Mais quand ils accèdent à la convention du signe, ils réduisent l'information en se mettant d'accord pour signifier qu'un son ou un tracé, arbitraires, désigneront un monde mis en lumière par cette représentation. Alors ils accouchent d'un nouveau monde.

Le phénomène qui permet l'évolution, c'est le chaos momentané [11]. Même chez les plantes, le relâchement des liens entre les différentes structures révèle une capacité à se désorganiser afin de se réorganiser autrement. Bien avant l'existence du cerveau, les organismes évoluent grâce à une brève chaotisation. Les déterminismes ne sont déjà plus pétrifiés. Le monde vivant invente un début d'ajustement entre les organismes et leur milieu. Le simple fait de vivre implique une aptitude à l'innovation. Tout organisme pour s'adapter doit innover, tenter une aventure hors de la norme, engendrer de l'anormalité afin de voir si ça marche, car vivre, c'est prendre un risque.

De la plante à la parole, l'ensorcellement évolue selon une loi naturelle où le phénomène ensorcelant est de moins en moins perçu. Il faut toucher une plante et la pénétrer pour provoquer en elle un chaos créateur. Mais plus le système nerveux devient capable de traiter des informations non perçues, plus il devient susceptible d'être bouleversé par des représentations.

La bouche ensorcelée

Quand je regarde un macaque sauter de branche en branche, je ne peux m'empêcher de penser que dans soixante millions d'années il deviendra capable de jouer la sonate *Au clair de lune* avec ses pattes antérieures et de gagner la finale du championnat du monde de football avec ses pattes postérieures, prouvant à quel point l'évolution du pôle supérieur du corps n'exclut pas le maintien du pôle inférieur. Le simple fait de jouer avec l'éthologie comparative fait surgir des questions imprévues, une autre manière de regarder le monde. Il ne s'agit plus de couper l'homme de la nature et de l'opposer au reste du vivant : il s'agit, au contraire, de lui donner sa place dans le vivant et de rendre observable comment la sémiotisation des sens lui permet graduellement de s'éloigner d'un monde immergé dans le perçu, pour habiter un autre monde ensorcelé par l'imperçu.

L'éthologie du cerveau permettra d'illustrer comment les systèmes nerveux s'organisent graduellement pour traiter des informations de plus en plus éloignées du contexte.

Vous ne soupçonnez pas le nombre d'organismes qui dépendent de l'oxygène si étroitement que leur espérance de vie ne dépasse pas quelques minutes lorsqu'on les en prive. Vous ne soupçonnez pas le nombre d'organismes qui dépendent de l'eau si étroitement que leur espérance de vie, sans elle, ne dépasse pas quelques jours. Les besoins sont si pressants qu'on n'a pas le temps d'en faire un travail anthropologique. Il n'y a pas de rituel de la respiration : « Je vous en prie, respirez avant moi. – Je n'en ferai rien, respirez d'abord. » Politesse impensable. Chacun pour soi. Comme les plantes, nous sommes immergés dans l'oxygène, l'eau et la température. Pas d'espace ni de délai pour éloigner l'information et laisser place à une éventuelle représentation. Il faut que ça respire et que ça boive tout de suite, et que ça pénètre dans le corps sans délai.

La contrainte alimentaire est grande encore, puisqu'en l'absence de nourriture notre espérance de vie ne dépasse pas quelques semaines, ce qui en fait l'équivalent d'une maladie mortelle. Cette corde raide existentielle donne pourtant aux organismes assez de temps pour produire des représentations. Chez les animaux, les rituels d'offrandes alimentaires permettent la coexistence, tandis que chez l'homme la table devient le lieu le plus cultivé de sa condition. C'est pourquoi, lorsque nous invitons une femme à dîner, nous n'avons pas l'impression de lutter contre la mort, alors que nous risquons notre vie puisque cette invitation constitue le premier acte d'une théâtralisation de l'amour.

Dans cette optique, le marqueur le plus fiable de l'évolution humaine ne serait plus l'apparition de la bipédie, qui en libérant la main donne accès à l'outil et au langage, mais l'enrichissement des comportements de bouche. Déjà, chez les animaux, cet organe coordonne une harmonie de pulsions partielles : respirer, boire, mordre, ingérer, lécher, appeler et menacer. L'ensemble bouche-cerveau permet de catégoriser la manière dont un être vivant perçoit son monde et y agit.

La phylogenèse des comportements de bouche apparaît dans des organismes encore très simples. Une coordination héréditaire caractérise la manière dont une espèce se nourrit. Les mouches et les papillons n'ont pas besoin d'apprentissage pour s'orienter vers une source alimentaire de viande, de fleur ou d'eau sucrée : un échantillon moléculaire émis par l'eau sucrée, puis perçu par l'insecte, suffit à orienter l'organisme vers ce but alimentaire. Mais déjà la coordination motrice est structurée comme un code comportemental que l'observateur humain, dans son monde parlant, nomme « danse » : les papillons secouent leur abdomen après l'atterrissage et battent des ailes rythmiquement. L'observateur mathématicien mesure la durée du « secouement » et constate qu'elle est proportionnelle à la durée du vol, ce qui donne une indication de la distance de la source alimentaire. Les mouches à viande ont un code encore plus performant : quand elles perdent le repère des aliments, elles marchent de gauche à droite, dans un balaiement de recherche aléatoire, comme un radar. Et l'observateur humain calcule que la vitesse de déplacement est proportionnelle au volume du tas de viande. Plus le tas est gros, plus la stimulation est forte, provoquant une décharge motrice dont l'intensité fournit un indice. Lorsque les mouches rencontrent un congénère, elles régurgitent quelques échantillons que l'autre palpe et goûte. « Ce langage-là est une forme de communication qui transmet des informations sur l'environnement à l'aide de symboles [12]. » Il vaudrait mieux parler d'indices, car ces émissions sensorielles, structurées par les pressions du milieu (source alimentaire, distance, position du soleil), composent une forme (déplacements, secouements, vitesse) qui indique la direction et le volume du tas de viande. Ce qui n'empêche que la mouche prévenue ne perçoit pas le tas de viande, elle perçoit ce qui l'indique [13].

Quand on compare la structure comportementale de cet échange selon les espèces, on observe que plus la séparation permet l'individualisation, plus la communication doit se perfectionner.

J'ai l'impression que la fonction non alimentaire des aliments prend une importance qui s'accroît avec la complexification du cerveau. Plus un cerveau devient capable de traiter des informations non contextuelles, plus l'aliment se charge d'une signification non contextuelle. Quand une tique perçoit l'acide butyrique sécrété par les glandes sébacées d'un chien qui passe à proximité, la simple perception de cette molécule déclenche l'ouverture des pinces. Le parasite tombe alors sur la peau du chien où il mène une vie de patachon. Une fourmi s'oriente vers une perception d'acide formique, et une mouche vole vers toute source d'eau sucrée. Mais déjà, chez les insectes, l'aliment ne sert pas seulement à nourrir ou à fournir de l'énergie : il contribue à faire du liant.

Les abeilles, les goélands et les loups utilisent le même principe trophallactique où la chimie alimentaire, à l'occasion des nourrissages réciproques, constitue le matériel qui fournit le liant du groupe.

Dès sa sortie de l'œuf, encore mouillé et titubant, le goéland tout juste né ne s'oriente pas sur un aliment. Il perçoit un agencement de couleurs (tache rouge sur fond jaune), et se dirige vers cette géométrie colorée sur la mandibule inférieure des adultes. Sans aucun modèle ni apprentissage, il tape sur cet agencement, ce qui provoque une régurgitation tiède et prédigérée de poisson ou de viande. En répondant à un tableau coloré, le petit goéland a obtenu un aliment. Ce début de triangulation, où pour obtenir un aliment il faut se diriger vers un tableau de peinture moderne, nous éloigne beaucoup des processus stimulus-réponse !

Tout petit mammifère, dès sa naissance, s'oriente vers le mamelon qui constitue un objet sensoriel d'odeur, de chaleur et de rondeur, qu'il touche et explore avec sa bouche et ses pattes. Pour obtenir un aliment, il ne s'est jamais orienté vers un aliment ! Alors que l'oxygène est pompé hors du milieu par un réflexe à peine gouvernable, alors que l'eau devient un stimulus puissant quand l'organisme est en appétence de boire, l'aliment, lui, est obtenu par une série de mouvements non alimentaires.

Chez le petit d'homme, le processus d'éloignement ou de triangulation est à son comble puisque au cours de son ontogenèse le nourrisson passe, en quelques semaines, de l'orientation sur le mamelon qui donne le lait à la perception d'une figure d'attachement qui donne l'aliment. Il lui faudra encore quelques années pour mettre en scène la fiction qui consiste à jouer au repas avec sa mère, un autre enfant ou une poupée. Deux décennies plus tard, il utilisera cette pulsion et la théâtralisera en invitant une personne à dîner.

Le statut naturel de l'alimentation permet aux êtres vivants de structurer l'altérité. L'homme, qui en est le champion interespèces, imprègne ses aliments d'affectivité, de symboles, de civilisation et de récits. Si bien que, lorsque nous passons à table, c'est un mythe de plusieurs siècles que nous trouvons dans nos assiettes.

Ce raisonnement phylogénétique qui associe l'extraction de l'aliment à la complexification du cerveau nécessite une petite tentative de phylogenèse de la bouche.

Chez les oursins, l'expression des émotions est modérée parce que leur anatomie ne leur donne qu'un seul orifice pour communiquer avec le monde extérieur. Ils ingèrent et exonèrent par le même trou. Chez les chenilles, un pôle antérieur et un pôle postérieur commencent à se différencier. Quand les organismes deviennent plus complexes, les lieux du corps se spécialisent. Mais plus les cerveaux deviennent capables de traiter des informations éloignées, plus les canaux de communication avec le monde extérieur se concentrent autour de la face. Les antennes du papillon captent, loin de sa tête, une seule molécule de phéromone. Les abeilles frétillent et dessinent dans l'espace une carte de la source alimentaire. Les oiseaux utilisent leur corps pour tracer des courbes de postures, mais leur bec ouvert, chantant, offrant ou quémandant des aliments commence à rassembler des communications éparses. Les mammifères associent aux séquences alimentaires une forme de sonorité, d'exhibition des dents et de mouvements des oreilles. Et l'homme rassemble tellement de modes de communication autour de sa bouche et de ses yeux qu'il pourrait oublier son corps sans nuire à la relation.

Les animaux ont bien compris l'importance de cet orifice, puisqu'ils effectuent leurs offrandes alimentaires, leurs quémandages et leurs menaces par cet orifice. Et les bébés humains, dès le quatrième mois, cessent de téter le doigt, l'oreille ou la couverture qu'on leur tend. Ils savent orienter leurs offrandes vers la bouche de la mère, de la poupée ou du chien de la famille.

Cette orientation comportementale permet de comprendre que la bouche de l'autre (homme ou chien) est un analogue de sa propre bouche et que c'est là qu'on introduit les aliments. Très tôt, l'alimentation est intégrée dans une relation d'altérité grâce à une pensée analogique : « Il possède une bouche comme moi, par laquelle il se nourrit, comme moi. » Pour réaliser cette performance intellectuelle, il faut percevoir une séparation (c'est la bouche de l'autre), et une analogie (c'est une bouche comme la mienne).

Le liant se fera par l'offrande alimentaire, et ainsi, dès le début de la construction de l'appareil psychique, la bouche devient l'organe de la séparation liante. S'orienter vers la bouche de l'autre exige une séparation qui permet un début de représentation. Ce n'est pas le cas de la tache rouge du goéland ou du mamelon du mammifère qui, étant un stimulus immédiat, permet une orientation comportementale sans apprentissage.

Partager un aliment

L'altérité s'enrichit progressivement en passant des oiseaux aux mammifères, puis aux grands singes et à l'homme. Les oiseaux mangent souvent côte à côte. Au cours de leur vie, ils passent un peu de temps, lors des parades sexuelles, à offrir des aliments à l'autre, puis à nourrir leurs petits.

Dans les espèces sociales, les animaux mangent ensemble. C'est le cas du commensalisme où le poisson pilote mange les débris laissés par son requin. Les herbivores se côtoient pour brouter, et chez les animaux qui chassent en groupe chacun doit percevoir sa propre place et la fonction de l'autre pour s'y adapter. Les loups les plus rapides collent au train des bœufs musqués qu'ils n'arrivent pas à rattraper, tandis que les loups les plus lourds partent latéralement. Mais un bœuf, en faisant des crochets, finit par « se jeter dans la gueule du loup » le plus lent. Quand la meute partage ensuite le repas, la hiérarchie sociale se met à l'œuvre. Le dominant mange le premier sous le regard des autres. Il attaque le bœuf par les intestins farcis d'herbes. Puis il laisse la place aux suivants qui déchirent les cuisses et les côtes. Restent les dominés, à distance, qui attendent leur tour. Les petits fourrent leur nez partout sans provoquer la moindre agressivité car ils ne participent pas encore aux compétitions sociales.

Cette structuration en meute, hiérarchisée à l'occasion des repas, explique le contresens comportemental si souvent observé entre homme et chien. Quand un chien affamé quémande auprès de son maître, celui-ci s'empresse de remplir sa gamelle. Il regarde amoureusement son fidèle compagnon se goinfrer, avant de passer à table à son tour. Or, dans un monde de chien, celui qui mange le premier sous le regard des autres, c'est le dominant. L'homme, par son offrande alimentaire affectueuse, façonne ainsi le monde de son chien où il installe un sentiment de dominance que l'animal exprimera plus tard en menaçant son maître... en guise de remerciements [14].

Même dans la vision freudienne, l'oralité s'étaie sur plusieurs pulsions partielles. Dans les années 1960, le couple Harlow avait entrepris de manipuler expérimentalement cette proposition de Freud : « l'alimentation fonde l'amour ». Malgré l'imprécision du terme (le mot « amour » employé à propos des animaux se transforme en cinq systèmes d'affectivité, ce qui n'est pas la même chose), la très élégante manipulation expérimentale des Harlow a démontré que la pulsion alimentaire est secondaire et provoque moins d'affectivité que le simple contact des corps [15].

Le dispositif expérimental comportait deux leurres de mère : l'un, en fil de fer, portait un biberon plein de lait et l'autre, en feutre, ne nourrissait pas. Il fut aisé d'observer que les petits macaques s'orientaient régulièrement sur le leurre en feutre qui ne nourrissait pas et se contentaient de bondir sur le leurre en fil de fer pour s'y nourrir. En cas de stress, ils ne se sécurisaient jamais contre le leurre nourricier, mais au contraire contre le leurre en feutre.

Cette observation dirigée a servi de base à des dizaines d'autres observations et à de nombreuses interprétations psychanalytiques. Il en ressort que l'importance attribuée à la bouche ou au contact diffère selon l'espèce, mais que, dans l'ensemble, nous avons sous-estimé l'importance du corps à corps.

L'ensemble fonctionnel, paroles maternelles et bouche du bébé, avait déjà été isolé en 1977 quand Miles avait utilisé la tétine à manomètre pour rendre observable que, lorsque la mère parlait, le bébé accélérait ses succions. Plus tard, Jarvik avait filtré au magnétophone les hautes fréquences et rendu observable que seules les basses fréquences de la voix maternelle accéléraient les succions du bébé [16].

Bien avant la naissance, les corps se séparent, puisque les rythmes biologiques de la mère et de l'enfant commencent à se désynchroniser. Un lien se tisse entre les paroles maternelles et la bouche de l'enfant, structurant ainsi une biologie périphérique qui se perfectionnera avec l'accentuation de la séparation. Le tissage de ce lien utilise aussi les autres canaux de communication, pour étayer les comportements de bouche. Ainsi, il existe une confluence harmonieuse des pulsions partielles, à l'occasion de la mise au sein. L'odeur de la mère constitue une atmosphère familière. Sa voix stimule l'oralité de l'enfant. Et l'accrochage des regards immobilise les postures de la dyade. La mère se tait dès que le petit commence sa rythmicité buccale.

Chacune de ces phrases est le résultat d'une observation éthologique. Dire : « Le creux des bras réalise un contenant à ciel ouvert » implique un dialogue tonique des partenaires avec un ajustement parfait de leurs corps pourtant séparés [17]. Il arrive que cet ajustement soit imparfait et provoque un trouble dans le système établi par les partenaires. Quand l'enfant s'ajuste mal, la mère éprouve un sentiment de fatigabilité dont elle ne connaît pas l'explication. Parfois au contraire, c'est elle-même qui, pour des raisons organiques ou psychologiques, se dispose maladroitement (abcès au sein, maladie, dépression, isolement affectif ou social). Quel que soit le point de départ du malajustement, le symptôme se traduit par un trouble de la tétée.

L'odeur de la mère constitue une atmosphère familière qui sécurise l'enfant. Il suffit de prendre un nourrisson âgé de quelques jours et de le coucher sur le côté contre de gros cotons imprégnés d'odeurs. Quand on le couche contre le coton imprégné par l'odeur maternelle, il se met à mastiquer en baissant les paupières. Il suffit de tourner l'enfant contre l'autre coton, imprégné d'une odeur non maternelle, pour le voir aussitôt cesser de mastiquer en ouvrant de grands yeux [18].

Le contact des yeux aurait pour fonction d'harmoniser les comportements de tétée. C'est autour de l'accrochage par le regard que s'harmonisent les autres comportements. Or les mères qui nourrissent au biberon cherchent moins le regard du petit que les mères qui nourrissent au sein. L'ensemble fonctionnel « bras de la mère-yeux dans les yeux » explique peut-être pourquoi certains nourrissons s'endorment dans les bras de leur mère, alors qu'ils se réveillent et se mettent à téter dès qu'on les place dans d'autres bras (ceux du père, de la grand-mère ou de la voisine). À l'inverse, d'autres nourrissons, qui se familiarisent bien, ne tètent que dans les bras de leur mère, et ferment la bouche dans tout autres bras.

L'ensemble fonctionnel paroles maternelles-bouche de l'enfant connaît une ontogenèse particulière. La mère peut parler à la cantonade ou au bébé, mais dès qu'elle met l'enfant au sein elle se tait, s'immobilise et cherche son regard. Ce scénario gestuel capte l'attention de l'enfant, le concentre sur la tétée et coordonne les sensations diffuses, ce qui permet l'harmonisation des deux corps. L'observation directe montre que, dès la naissance, le nourrisson manifeste des saccades oculaires, des comportements oculomoteurs de balayage qui finissent par accrocher une brillance, un mouvement, à trente centimètres (ce qui correspond à peu près aux postures d'allaitement). Les regards s'accrochent, tout le monde s'immobilise, l'enfant tète et la mère donne une forme verbale à la sensation : « J'ai l'impression que, tant qu'il me regarde, il n'avalera pas de travers. » Dans le monde du bébé, c'est une perception partielle qui le fascine et le concentre, alors que dans le monde maternel c'est une sensation à laquelle elle donne un sens : « il est goulu comme son père » ou « il me reconnaît ». La mère vit dans un monde historisé, alors que le petit est fasciné par une sensorialité. Mais c'est ensemble qu'ils fonctionnent.

Dès les premières tétées, les premiers nœuds du lien s'organisent en harmonisant l'histoire et la sensorialité. La rythmicité constitue le scénario comportemental qui permet de rendre observables les premiers emboîtements, les premières articulations du monde intermental.

Quand on observe un petit mammifère en train de téter, il est aisé de noter un rythme de succion-pause. Un petit veau à la mamelle tète et puis s'arrête, alors que, nourri dans un seau, il aspire sans s'arrêter. Lorsque l'animal s'oriente directement sur l'aliment, le rythme ne se met pas en place. C'est le détour, un début de triangulation, de médiatisation de l'aliment qui, obligeant à retarder la satisfaction orale, impose la naissance d'un rythme.

Le sein, le biberon et plus tard l'aliment solide lui permettront d'organiser des manifestations rythmées. L'altérité exige une rupture. La manifestation de rythmicité alimentaire implique que la mère et son nouveau-né sachent traiter des signaux d'alternance : ce qui vient de l'un s'harmonise avec ce qui vient de l'autre. Dès la première interaction alimentaire, le rythme naît du retard de la satisfaction. Si l'enfant était satisfait instantanément, comme avec une sonde gastrique ou une perfusion, il serait privé d'une occasion de structurer son altérité.

Les séquences comportementales du scénario interactif pourraient se décrire de la manière suivante : une sensation de faim crée chez le petit une tension interne qu'il exprime comme un bébé sait le faire. Il suffit qu'un autre entende cette expression pour lui donner une forme de prédialogue. Si bien que, dès les premières semaines, les pleurs d'un enfant qui a faim sont déjà structurés comme un code (un agencement de sonorités qui transporte de l'information), dont la composante biophysique, l'intensité, la mélodie et les silences composent un rythme que la mère apprend très vite à décoder : « quand il pleure comme ça, c'est qu'il a faim... », « quand il détourne le regard et qu'il fait " pfff " avec la bouche, c'est qu'il n'a plus faim ».

L'enfant exprime des signaux d'alternance, mais c'est la mère qui garde l'antériorité de l'interprétation. On retrouve ainsi l'idée que la mère injecte son histoire dans le traitement des signaux sensoriels, posturaux, sonores ou visuels du petit. Ce qui veut dire que l'empathie de la mère structure le champ sensoriel qui impressionne l'enfant et le façonne en partie. Quand la mère est empathique, elle perçoit et décode en comprenant que son enfant a faim, a soif, a sommeil, a mal... Mais elle ne peut pas ne pas avoir de passé, alors, dans la fulgurance de sa perception, elle intègre l'indice dans sa propre histoire : « quand il est comme ça, il me rappelle... » Ce qu'elle perçoit évoque un souvenir qui provoque une émotion. Elle exprime ce sentiment par des gestes, mimiques et paroles qui structurent le champ sensoriel autour de l'enfant, et façonne ainsi certains comportements.

Un trouble peut s'originer en n'importe quel point de ce monde interactif. Certains enfants s'expriment mal dès la naissance ou parfois n'expriment rien. Certaines mères ne sont pas empathiques parce que, déprimées, malades ou psychopathes, elles ne décodent pas ce qu'elles perçoivent. Le plus souvent, envahies par leur propre histoire, elles attribuent à ce qu'elles perçoivent un sens venu de leur passé. Dans tous les cas, le champ sensoriel, mal formé, trouble le tissage du lien.

La dramaturgie des repas

Le nouveau-né perçoit des signaux tels que la configuration sensorielle du sein ou du visage. Il perçoit aussi les indices sensoriels émis par le corps de sa mère, sans savoir d'où ils viennent. Il ne dit pas : « Elle a des comportements brutaux envers moi parce que je lui rappelle son père qu'elle a toujours détesté. » Il perçoit, pleure ou ne peut pas manger, constituant ainsi son premier texte de base comportemental, à partir duquel plus tard il composera sa version parlée. Mais ce texte de base, constitué par une impression affective, ne sera pas forcément traduit en version parolière. Par exemple, on observe que certaines mères ne perçoivent pas ou ne décodent pas les signaux qui expriment la satiété de l'enfant. Elles continuent à lui proposer des aliments, créant en lui une sensation d'intrusion. L'enfant y réagit par des réactions de peur, de détournement ou d'hostilité que la mère ne comprend pas.

Souvent, elle ne répond pas tout de suite aux signaux d'appel. En quelques jours, l'enfant trouve des substituts masturbatoires dont les plus habituels sont des auto-suçages du pouce, de la lèvre ou des balancements rythmés. L'enfant éprouve une sensation de distance affective qu'il verbalisera plus tard en disant : « Ma mère ne m'a jamais compris. » On peut imaginer que cette mère a renoncé à toute aventure personnelle pour se consacrer à son petit, et que cette phrase constituera pour elle une grande injustice. Mais les interactions précoces, dissociées des représentations maternelles, auront tracé cette impression dans la mémoire de l'enfant.

La mère, inévitablement prisonnière de son histoire, interprète l'événement actuel en fonction de son propre passé et y adapte ses comportements : « Ah, tu veux me punir en refusant les aliments que je te donne. Eh bien, on va voir ce qu'on va voir ! » Cette interprétation modifie la structure des interactions précoces. Le tempérament du petit est ainsi puissamment façonné lors des interactions précoces quand l'histoire et la biologie donnent forme à la relation.

Certains bébés, hyperkinétiques dans l'utérus, deviennent des nourrissons très solliciteurs, alors que d'autres attendent sagement. La mère éprouve une rythmicité différente et l'interprète selon sa propre personnalité. Un même comportement de sollicitation enfantine sera interprété avec gaieté ou hostilité, si bien que, dès les premiers repas, l'alimentation devient le théâtre où se joue la mise en scène du premier monde intermental.

Le scénario comportemental change dès le premier repas solide. Désormais, la dramaturgie du repas s'effectue en face à face et non plus au corps à corps. La séparation, plus marquée, nécessite un perfectionnement de la structure interactive. La mère, qui se taisait quand elle mettait l'enfant au sein, se met à parler dès qu'elle lui propose un aliment solide. Dans cette nouvelle stratégie interactive, la parole s'ajoute au regard. Au sein, la mère captait l'attention de l'enfant par son regard. En face à face, elle capte son regard et stimule sa bouche avec des paroles, autant qu'avec la petite cuillère. Les mélodies verbales s'associent aux mimiques et aux gestes pour solliciter l'enfant : le spectacle commence.

Lors des repas solides, l'enfant doit à son tour décoder les signaux maternels qui ponctuent le théâtre de l'alimentation. Un scénario comportemental permet de repérer que, dès le troisième mois, le bébé regarde fixement le pot ou l'assiette, émet des sonorités rythmées, brèves, peu intenses, peu mélodieuses, comme une sorte d'interpellation « Aaaooh... Aoaah... Aaah », de structure biophysique très différente des pleurs et des cris de joie. En même temps, il avance les épaules et les bras, comme de petits mouvements d'anticipation. Cet ensemble « direction des regards + vocalités rythmées + anticipation des épaules » ne s'observe que lorsque la mère dispose la table.

L'enfant décode correctement la fin du repas : dès que la mère devient moins sollicitante, elle modifie ses interactions parolières et change ses interactions visuelles et gestuelles. Le petit s'y adapte par un apaisement gestuel et détourne à son tour ses regards. Dès les premiers mois, un petit humain utilise les indices de son contexte pour échafauder une représentation à venir : « elle va me nourrir » ou « ça va être la fin ».

À l'occasion des premiers repas, les mondes mentaux de la mère et du petit se rencontrent, s'affrontent et se forment. La banalité du scénario d'alimentation permet d'observer l'ontogenèse du signe : depuis les paroles de la mère jusqu'à la bouche de l'enfant, ce qui au départ n'était qu'un toucher, un frémissement sur les lèvres, s'organise sous l'effet de la séparation en scénarios comportementaux. Le regard, l'avancée des épaules et surtout la vocalisation viennent là pour indiquer un objet qui s'éloigne dans l'espace ou dans le temps. Plus tard, ce qui n'était qu'un indice sera intentionnellement mis là pour agir sur la représentation de l'autre, la mère, cet être particulier, ce géant sensoriel qui remplit le monde de l'enfant. Plus les corps se séparent, plus les comportements préservent le lien.

Ce qui revient à dire que le vide, la perte, le retard à la satisfaction, et plus généralement tout manque sont nécessaires à l'impulsion de la vie psychique. Il faut souffrir d'un manque pour structurer l'entre-deux et inventer les signes qui maintiendront le lien. À ce niveau de la construction psychique, l'ensorcellement ne se passe plus dans le corps, mais dans le signe qui remplit l'entre-deux. Ce qui conduit à penser qu'un milieu nourricier, empressé à la satisfaction immédiate des indices émis par un bébé, en supprimant le retard qui fait souffrir, supprimerait l'espoir de satisfaction.

Satisfaire désespère, quand on se précipite.

Les mères trop dévouées le sont presque toujours à cause de leur propre histoire : « je veux être une mère parfaite, tant j'ai peur de répéter ma mère qui m'a tant fait souffrir », ou « je me sens coupable d'avoir envie de réussir socialement alors que je suis responsable d'un bébé », ou encore « seule la maternité peut me revaloriser tant j'ai honte d'avoir échoué socialement ». Le sens que la femme attribue à sa maternité la pousse à réaliser autour de son enfant un champ sensoriel trop fourni qui, en supprimant l'angoisse du vide et la souffrance du manque, engourdit le démarrage de la vie psychique.

On peut imaginer que l'enfant ne ressent alors que son propre corps puisque l'altérité est mal constituée. Il éprouve un trouble en lui, car il ne peut le percevoir ni se le représenter dans le corps d'un autre. C'est peut-être ce qui explique que tant d'adolescents hypocondriaques aient été d'anciens bébés surprotégés, alors qu'il y a très peu d'hypocondries chez les anciens enfants abandonnés. Au contraire même, les enfants carencés négligent leur corps, ne le décorent pas et ne sont pas attentifs aux signaux de la maladie. Quand ils sont isolés, ils se remplissent d'eux-mêmes, et leurs incessantes activités autocentrées (balancements, tournoiements, autoreniflements, autotripotages...) constituent leur unique monde. Quand ils se laissent mourir de faim au milieu des victuailles, on ne peut les inciter à manger qu'après avoir établi avec eux une relation qui les invite à l'altérité. Alors, seulement, ils tentent l'aventure de l'aliment solide. La nourriture n'est pas pour eux source d'énergie, de vitamines ou de substances chimiques, mais de moyen utilisé pour combler le vide de la relation. Avides de l'autre, à la moindre rencontre, ils habitent son monde et négligent le leur.

Manger, parler et embrasser

Les paroles sensorielles touchent la bouche du petit. Mais autour de ce canal s'organisent d'autres voies sensitives qui le renforcent : l'odeur, la chaleur, la manipulation et toute information utilisée plus tard pour préparer au signe. C'est pourquoi un trouble de la construction de ces passerelles se manifeste souvent par la bouche où elles convergent. Bien des manières de mal parler ne sont pas des troubles de la parole [19] : un enfant qui bégaie, crie, murmure ou ne finit pas ses phrases ne souffre pas d'un trouble de la parole, il éprouve une difficulté relationnelle, car sa passerelle vocale est branlante.

Bien avant la parole, quand les mouvements de la bouche se mettent en place, on peut observer un trouble de l'avancée des lèvres. L'enfant, contrôlant mal ses émotions, contrôle mal les muscles de sa bouche, du larynx et du pharynx qui permettent la déglutition et l'articulation des mots. Ces muscles-là doivent se coordonner de manière étonnamment complexe, afin de permettre deux fonctions différentes exprimées par les gestes buccaux.

Les petits enfants craintifs articulent mal leurs protomots. Ils déglutissent mal et refusent souvent tout aliment nouveau. Ce comportement néophobique n'est pas rare puisqu'il concerne soixante pour cent des petits. Dans un contexte sécurisant, ils tentent l'exploration et s'en trouvent fort bien, car en agissant de la sorte ils familiarisent l'aliment. Cette peur de l'exploration buccale dure probablement toute la vie. On peut voir des adultes immigrés qui, effrayés par la culture d'accueil, n'en apprennent ni les rituels culinaires ni la langue. On constate aussi que les âgés ont beaucoup de difficultés à acquérir un goût nouveau ou une autre langue.

Ce goût pour l'aliment nouveau que certains bébés manifestent dès les premiers mois pourrait constituer un bon indice de développement. À l'inverse, les enfants qui, à l'âge de huit ou dix ans, se nourrissent encore au biberon indiquent leur peur de grandir... ou celle de leur mère. La familiarisation active de l'aliment nouveau témoigne de l'élan vital de l'enfant, de même que la familiarisation active des vocalisations nouvelles révèle que l'enfant éprouve un désir de jouer avec les représentations verbales. Dès l'instant où le petit tente de manger un aliment nouveau, il révèle son plaisir à découvrir le monde. Dès l'instant où il tente d'articuler des sonorités nouvelles, il révèle par ce comportement vocal qu'il a compris qu'on peut partager le monde mental d'un autre et en éprouver du plaisir. La première performance intellectuelle abstraite est très liée au plaisir de la bouche. Il y a dans ce processus de la verbalité et de l'alimentation une homologie de développement. C'est peut-être pour ça qu'on s'invite à dîner et qu'on parle si bien au restaurant. Les enfants qui ont peur des aliments inconnus ont souvent peur des rencontres où la maîtrise des gestes et des mots est nécessaire. Craintifs, ils mangent des bouillies, et leur verbalisation reste pâteuse.

Il en est de même de ces adolescents qui, face à leurs parents, articulent mal, pour mal se faire comprendre et gâcher la relation. Ils boivent encore chez eux un bol de chocolat, mais dans un autre groupe social ils prennent du café dont l'amertume est moins agréable, mais qui donne la signification d'un comportement alimentaire d'adulte.

Le marqueur comportemental face à l'aliment nouveau semble plus fiable et plus facile à manipuler que l'angoisse devant l'étranger. Il s'agit d'une situation naturaliste qui existerait même si on ne l'observait pas. Elle est naturellement standardisée, car c'est notre culture qui fixe les règles des apprentissages alimentaires. Elle est plus précoce que l'angoisse de l'étranger, car elle nécessite un moindre niveau de développement neuropsychologique. Pour découvrir un aliment nouveau, il suffit de mettre en bouche un morceau du monde comme le font les fœtus bien avant leur naissance. Alors que, pour percevoir un visage étranger et le différencier des visages familiers, il faut plusieurs semaines après la naissance.

Très rapidement, l'alimentation devient le théâtre où se joue le drame du premier monde intermental. Je prendrai à nouveau les exemples de taper dans la purée et du chocolat mâchouillé pour démontrer qu'à la crèche la table devient le moment sensible de la dramaturgie du quotidien, où les enfants préverbaux mettent en scène leur socialité. On a faim, on partage, on ritualise, on imite, on reformule... C'est alors qu'on voit apparaître les premiers phénomènes d'harmonisation. Nos petits bonshommes jouent le drame de « taper dans la purée ». L'inducteur du groupe, le parangon social, découvre qu'on peut taper dans la purée et que c'est très amusant. Simultanément, la plupart des petits bonshommes l'imitent et tapent à leur tour dans la purée. Ce jeu n'est pas une singerie, c'est un discours comportemental, une sorte de scénario présémantique qui veut dire : « Je t'observe, je sais ce que tu fais, et, en faisant de même, je partage ton monde mental et ton plaisir qui nous fait tant rire. » Cette petite transgression culinaire est révélatrice de l'aptitude des enfants à créer un monde mental et à y entrer tous ensemble pour le partager. Scénario présé-

mantique révélateur d'un haut niveau intellectuel et socio-
affectif [20], dommage qu'il salisse tant !

L'offrande alimentaire permet de gouverner les émotions
des participants. Quand un enfant préverbal tend un morceau de chocolat sucé ou de gâteau mâchouillé, il exprime
par ce comportement son intention de partager son émotion comme s'il disait : « J'éprouve du plaisir à sucer ce
chocolat, et, en te le donnant, je vais provoquer en toi un
plaisir analogue. » La pensée analogique témoigne d'un
début d'empathie, de représentation des représentations de
l'autre, et de la possibilité de les manipuler grâce au chocolat présémantique.

Cette préparation émotionnelle à la parole ajoute dans la
bouche des petits humains une pulsion partielle qui
décontextualise [21]. La bouche est le carrefour des pulsions
partielles, chez les animaux comme chez les hommes, mais
très tôt la préparation à la parole ajoute dans la bouche de
nos enfants une pulsion décontextualisante.

La culture, étonnamment tôt, marque son empreinte
dans les comportements de bouche. Il est difficile de parler
de culture animale, quoique certains éthologues prennent
ce risque. Ils disent que les mésanges anglaises savent
décapsuler les bouteilles de lait que le laitier dépose sur le
seuil au petit matin, alors que les mésanges françaises,
quoique de même espèce, ne savent pas le faire. Ils rapportent que Imo, femelle macaque de l'île de Cayo-
Santiago, a découvert qu'on pouvait dessabler les patates
en les lavant, puis les saler en les faisant tremper dans l'eau
de mer. Trois générations plus tard, tous les enfants de son
groupe ne mangent les patates que de cette manière. Il y a
donc une transmission des apprentissages au corps à corps,
entre apparentés, chez les animaux [22].

Chez le petit humain, le comportement de bouche le plus
ritualisé, celui qui acquiert très tôt une fonction de signali-
sation, en utilisant un mouvement spontané, c'est le baiser.

On peut décrire le début de l'ontogenèse du baiser avec le
comportement de fouissement qu'on observe chez tous les
mammifères nouveau-nés et qui leur permet de trouver le
mamelon sans aucun apprentissage. Ils le cherchent par un

balancement bilatéral de la tête. Cette orientation s'observe
à l'échographie dans l'utérus quand la vocalité maternelle,
comme un diapason vibrant contre la bouche, fait avancer
les lèvres du petit. Cette observation a été clairement faite
chez les chinchillas comme chez les humains [23]. Durant les
premiers mois, toute stimulation péribuccale provoque
l'avancée des lèvres, tout contact avec un mamelon, un
doigt, une tétine ou un nez provoque ce même réflexe.
Mais, dès le quatrième mois, quand le petit cherche des
yeux le visage de sa mère, on assiste à une séparation
comportementale : il cesse de répondre à une stimulation
péribuccale pour s'accorder à une image complexe, perçue
au loin. Le petit, gardant dans sa brève mémoire que la
bouche constitue un mode de relations privilégiées avec la
mère, cet être unique, répond à l'émotion provoquée par la
perception de son visage par un mouvement exploratoire
de la bouche. Il attrape un bout de nez, un bout de joue, un
bout de lèvre que la mère veut bien lui tendre. Alors, ce qui
n'était qu'un réflexe de fouissement devient en quatre mois
un mouvement intentionnel.

À cet âge, l'observation de ce mouvement découvre un
changement de scénario comportemental. Le petit attrape
avec ses mains et sa bouche une aspérité du visage maternel, ouvre la bouche et, arrivé au contact, il ferme les yeux
avant de mordre en souriant : il anticipe le plaisir de
mordre ce visage aimé [24].

Vers l'âge de sept mois, le bébé sait mordre pour établir
une relation : il continue son cheminement vers l'abstraction, guidé par les réactions comportementales de sa mère.
Souvent, elle rit et offre sa joue, créant chez lui un sentiment de plaisir qui l'encourage à continuer. Parfois, elle
interprète cette exploration amoureuse comme un acte
d'agression et se venge du petit en le mordant « pour lui
apprendre ». Cette réaction interprétative arrête, en effet,
l'exploration amoureuse et la transforme en début de
troubles relationnels.

Quand la mère recule et manifeste des sonorités verbales
en fronçant les sourcils, elle fait naître chez l'enfant un sentiment de limite à ne pas franchir. L'inhibition comporte-

mentale installe un frein émotionnel analogue à celui qui sera posé plus tard par l'énoncé de l'interdit. Dès l'âge de sept mois, l'enfant éprouve un sentiment de limite comportementale, tracé par une expression émotionnelle de la mère.

Ce qui n'était, lors des premières tétées, qu'un comportement de fouissement a subi un façonnement ontogénétique tel que, dès le septième ou le huitième mois, il a pris la forme d'un comportement de bouche ritualisé, donnant forme à un désir. La pulsion affective est orientée vers une figure privilégiée, mais l'interprétation historique de la mère a donné une forme humaine à la pulsion. En moins d'un an, l'enfant a appris qu'il devait limiter sa morsure affective. Dès cet instant, la réciprocité s'installe. À son tour, il tend la joue pour être « mordu-embrassé ». Par cette exposition de la joue, il anticipe un plaisir dangereux, mais il sait que sa mère, elle aussi, limitera la morsure. L'enfant manifeste ainsi qu'il accède à l'empathie, aux représentations des actions et des émotions des autres. Ce jeu du baiser permet de voir que, dès le huitième mois, c'est un monde intermental qui est engendré par la manipulation réciproque du monde des autres. Cette joue *mise-là-pour* est une prémice comportementale du signe. Sous l'effet des pressions culturelles, ce comportement prendra mille formes : l'accolade (col à col) du Moyen Âge se transforme en baiser sur la joue à la Renaissance, les Russes pratiquent le baiser sur la bouche entre adultes, les Esquimaux préfèrent se frotter le nez, et de nombreux peuples asiatiques, chez qui le baiser n'existe pas (contrairement à ce que pensait Darwin), n'ont jamais façonné cette pulsion de bouche [25]. Dans ces cultures où la table est peu acculturée, il arrive même qu'on mange en se cachant la bouche ou en détournant la tête [26].

Tables et cultures

Les comportements de table chez l'adulte représentent une part majeure de la culture. Il est difficile de s'approcher d'un autre sans effectuer un rituel alimentaire : petit verre, chocolat, cigarette. Tout manquement déclencherait un malaise.

La plupart des événements familiaux sont marqués par un rituel alimentaire, et l'histoire du groupe pourrait se raconter par les aliments. À l'origine de la formation des communautés, les interdits alimentaires ont joué un rôle fondateur puisqu'il n'existe pas une seule culture où l'homme peut manger tous les animaux qui l'entourent[27]. Les animaux non plus ne mangent pas toutes les viandes vivantes autour d'eux. Un chat, friand d'oiseaux, n'est pas mis en appétit par un aigle. J'ai même eu l'occasion de constater que mon chat avait tendance à s'en détourner, alors que les protéines de ce rapace sont très proches de celles du moineau domestique. Les chats ne sont pas logiques, et les hommes ne le sont pas non plus, puisqu'ils ont fait de l'interdit de manger certains animaux une règle qui unit ceux qui respectent la même prohibition. La semaine dernière, j'avais invité une Colombienne qui a refusé le canard aux navets que ma femme avait cuisiné, en expliquant qu'on ne peut pas manger un animal qui rentre dans les maisons. Et quelques jours plus tard, c'est un Américain horrifié qui nous a fait la morale parce que nous mangions du lapin. Je ne les critique pas, tant je suis moi-même horrifié par ceux qui mangent du chien. Et j'ai eu bien du mal à avaler un morceau de serpent, pourtant délicieux. Alors que j'ai éprouvé un étrange sentiment de triomphe en dégustant un morceau de requin.

De même que pour l'ontogenèse du baiser, un frein émotionnel déclenché par une représentation d'image se met en place, bien avant la verbalité qui énonce l'interdit. Et ce frein reste serré plus longtemps que celui de l'énoncé, puisque les Juifs convertis au christianisme, de gré ou de force, pouvaient adhérer à leur nouvelle religion, mais finissaient leur vie sans manger de cochon[28].

Les religieux ont senti l'effet liant de l'interdit, car chaque religion prescrit un code culinaire si rigoureux qu'un adepte qui le respecte ne peut manger ailleurs que dans le groupe qui se soumet à la même censure. Le frein émotionnel inhibe la sexualité entre proches dans le monde vivant. Mais l'interdit de l'inceste caractérise la condition humaine, qui dans sa grande générosité interdit aussi de tuer son prochain, de convoiter la femme du voisin, de faire l'amour pendant la sieste et de porter un peigne pendant l'orage, prouvant ainsi l'étonnant relativisme culturel des interdits majeurs [29].

La pulsion fondamentale alimentaire ou sexuelle a pris forme sous la pression successive des représentations maternelles puis des discours sociaux. L'ontogenèse échappe à la biologie pour se poursuivre dans le monde de l'artifice qui s'est manifesté dès les tout premiers gestes.

Les rites d'intégration des adolescents sont clairement énoncés et mythifiés dans toutes les cultures, mais aujourd'hui, en Occident, ils sont masqués par des scénarios mal mis en scène. C'est le cas du « passe ton bac d'abord », rite d'intégration cruel qui dure plusieurs années et installe dans la culture les conditions expérimentales du développement de l'angoisse : prendre conscience de tout et ne rien pouvoir faire. On peut, en laboratoire, simuler la chute d'un avion. Quand on dit aux personnes observées : « Il n'y a rien à faire », les indices d'angoisse s'élèvent rapidement. À l'inverse, il suffit de donner une conduite à tenir, même inutile, pour les voir s'apaiser.

L'apparition de néo-rites est repérable lors des changements de comportements alimentaires. Quand les jeunes boivent de la bière et des alcools forts, ils signifient qu'ils inventent un moment sensible « entre jeunes », et rechignent à s'intégrer dans le monde des adultes où le partage d'une bonne bouteille exige de se former le goût et d'employer les mots du vin [30].

Dans la première moitié du siècle, il fallait rompre le pain et mettre un couvert en bout de table pour le pauvre. En une décennie, les plats mono-portions ont envahi les supermarchés, permettant de repérer l'amélioration des performances individuelles, au prix de la pulvérisation sociale. La disparition des rites de table où trônait le grand-père rend observable la modification des structures familiales où l'on peut remarquer l'absence fréquente des adolescents qui s'arrangent aujourd'hui pour éviter ce rituel de partage. Mais attendons le futur rite qui réhabilitera la maison familiale.

Les boissons signifiantes se portent comme un insigne et attirent l'attention sur le style du groupe : ceux qui ouvrent une boîte de Coca ne créent pas le même événement de vie que ceux qui débouchent une bouteille de bordeaux, hument le bouchon, puis versent le vin dans une carafe à fond plat. Et même la vie de couple se temporalise par ses boissons : champagne pour les naissances, vin rouge pour les adultes et verveine à la retraite.

L'éthologie de l'alimentaire ne permet plus de considérer la nutrition sous son aspect purement chimique. Absorber les molécules indispensables à la survie ne constitue que le soubassement de l'individu. Même chez les animaux, l'aliment sert à bien d'autres choses qu'à alimenter. C'est un liant biologique chez les insectes sociaux. C'est un lien entre la mère et son enfant chez les oiseaux. Chez les mammifères, il hiérarchise les adultes et organise le groupe où il est utilisé pour agir sur les émotions de l'autre et gouverner ses comportements, préparant ainsi les animaux au symbole.

Chez l'homme, l'éloignement progressif du monde sur lequel on s'informe permet de mettre de plus en plus de représentations à la place des perceptions. Quand un objet perçu représente l'imperçu, un aliment devient un transporteur de significations. Mais n'importe quoi ne peut pas faire symbole de n'importe quoi : un cactus ne peut pas symboliser la tendresse, ni un clou représenter la mère. L'objet *mis-là-pour* doit évoquer une émotion qui lui corresponde. Alors seulement, nous pourrons faire symbole et le partager. Le miel symbolise la douceur de vivre ensemble en paix, le fruit évoque l'abondance facile et généreuse de la terre, et la viande se charge d'une signification tragique où il faut triompher de la mort pour survivre.

Les hommes consacrent à l'alimentaire un temps fabuleux, bien supérieur à ce qu'exigerait une simple incorporation chimique. Ce surcroît d'investissement correspond à la fabrication du mythe. Dès que l'on mange ensemble, on prépare un récit. Autour de la pulsion alimentaire se lient les individus, se structurent les groupes et s'organisent les sociétés. La pulsion sexuelle, moins vitale pour l'individu, organise des représentations encore plus éloignées de la perception : la filiation, la descendance, l'après-mort et le sacré.

Donner la mort pour faire de la culture

On ne fait pas de rituel avec l'oxygène de l'air. On en fait peu avec l'eau des rivières. En revanche, on en invente beaucoup avec les aliments, parce que le besoin qu'on en a nous donne le temps d'en faire autre chose qu'une satisfaction immédiate. L'aliment nous offre une activité de prédilection pour fabriquer du social et de l'humanisation. La cueillette possède un effet liant quand on se déplace côte à côte pour ramasser les fruits et les manger en bavardant. Mais la chasse, bien plus tragique, exige la coordination des rôles, l'apprentissage des spécialités, l'usage des armes et des outils. L'harmonisation du groupe met en scène une représentation de victoire sur le gibier qui impulse une intense sensation d'existence pour le chasseur et sa collectivité. Tout se passe comme si les premiers chasseurs disaient : « La mort des autres nous donne vie. »

Tuer devient alors un événement, peut-être fondateur de l'humanité. Le groupe se spécialise et s'ordonne à cette fin. Il met au point les signaux de fumée qui signalent le gibier, sa direction, son éloignement, son abondance et même l'espèce afin d'y adapter la technique de chasse. Puis il passe la convention des signes gestuels[31], sans bruits ni odeurs, afin que le corps des chasseurs n'alerte pas les chassés.

Quand la mort a été donnée, j'imagine que les hommes préhistoriques ont éprouvé un intense sentiment de puissance, car l'animal tué témoignait de leur domination sur la nature et de la maîtrise de la vie. L'intelligence que leur apportait le simple fait de constituer un groupe ordonné vers un but leur permettait de devenir plus forts que les fauves. En donnant la mort, ils maîtrisaient la vie. Enfin, déposer dans sa famille le corps d'un gibier honoré ne faisait certainement pas du tout la même impression que rapporter une charogne dérobée à un chacal.

Le gibier tué par l'homme lui accordait une place au-dessus de la nature. En abattant un mammouth ou une girafe, la victoire donnait un prétexte à fables, sociales et surnaturelles. Alors qu'un petit singe ou un lézard n'apportaient qu'un surplus pour le repas du soir. Le goût des viandes devenait accessoire, puisqu'il suffit de les cuisiner pour les rendre presque toutes mangeables.

Dès le début de l'aventure humaine, la signification de la viande devenait fondamentale et même fondatrice, puisque pour chasser il fallait organiser le social et inventer les artifices linguistiques et techniques.

L'animal tué donnait aux chasseurs un tel sentiment de vie qu'ils éprouvaient pour lui une véritable reconnaissance. Aujourd'hui encore, en Amazonie et en Nouvelle-Guinée, le chasseur adresse un discours affectueux à l'animal qu'il vient de tuer. On entend des discours analogues chez les amateurs de corridas qui parlent du taureau avec les mots qu'on adresse habituellement aux divinités, aux héros ou aux femmes aimées.

Si les hommes étaient des êtres logiques, la cueillette des fruits, le ramassage des escargots et le recueil d'eau claire devraient leur suffire. Mais, comme ils sont des êtres psychologiques, ils doivent imprégner de sens ce qu'ils mangent. Alors ils transmutent l'eau en vin, la cueillette en culture et la mort du gibier en événement qui organise leur vie collective.

Cette idée n'est pas nouvelle [32]. Mais les descriptions récentes de l'éthologie animale permettent de la préciser [33]. Les animaux chasseurs les plus typiques sont les carnivores tels que les lions, les léopards et les loups. Les charognards les plus caractéristiques sont l'hyène, le chacal et le vautour. L'orientation vers la viande nécessite, dans les deux cas, une coordination du groupe. Les lionnes se répartissent les lieux du corps attaqué. Celle qui attrape le mufle immobilise la gazelle, tandis que les autres l'éventrent et coupent les muscles des pattes. La chasse des loups est plus connue puisque les chasseurs les plus rapides rabattent le gibier qui se jette dans la gueule d'autres loups à l'affût. Le partage de l'animal tué se fait selon le rang de l'animal, son sexe et son âge. La coordination de la meute est gérée par l'émotion des animaux qui s'écartent devant le dominant et laissent passer le petit prépubère, parce qu'il ne déclenche pas encore l'agressivité de la compétition.

Depuis quelques années, les observations en milieu naturel ont révélé que les singes sont carnivores, surtout les babouins et les chimpanzés. Un loup meurt s'il ne mange pas de viande, alors qu'un singe néglige la charogne et ne mange que ce qu'il a tué [34]. De nombreux témoins l'avaient déjà signalé, mais comme ils n'étaient pas universitaires on disait d'un ton condescendant qu'ils rapportaient des anecdotes. En fait, les babouins et les chimpanzés, très carnivores, chassent de nombreuses espèces parmi lesquelles on trouve d'autres primates et des petits cochons, plus faciles à attraper.

Les chimpanzés eux aussi coopèrent quand ils chassent. Ils rabattent, traquent et même tendent des embuscades. Quand l'un d'eux entend un gibier, il le signale à ses congénères par une posture. Le dominant expérimenté donne alors le signal du déplacement silencieux. Les mâles encerclent le gibier, et l'un d'eux le charge pour l'effrayer. L'animal traqué se précipite alors dans les bras des autres singes à l'affût. La mise à mort est ritualisée, au sens animal du terme, car les gestes sont ordonnés mais non historisés. Le groupe se coordonne et ne tue pas le gibier n'importe comment. Il l'éventre d'abord et finit par la tête en se répartissant les quartiers de viande [35]. Mais le fait de commencer par l'abdomen ne veut pas dire qu'il y a trois mille ans, en Égypte, les chimpanzés ont eu de l'eau jusqu'au ventre en traversant la mer Rouge, car alors ils historiseraient leur rituel.

Quand les singes chassent en groupe sans armes, ni signes convenus, ils s'entendent pour se répartir les rôles, comme ont dû le faire les premiers hominidés. La différence fondamentale vient de la représentation de la mort. Le singe perçoit l'autre animal à attraper pour le manger, il perçoit ses congénères avec lesquels il doit s'associer, puis il perçoit le gibier mort autour duquel se répartissent les animaux chasseurs en fonction du statut social, du sexe et de l'âge.

Monsieur Neandertal, lui, percevait le mort et se représentait la mort. Cette représentation le poussait à la chasse, bien plus que le besoin de viande. Là où l'animal attrape une proie et la mange, l'homme donne la mort. Il n'y a pas d'acte plus humain que celui de tuer, car les hommes tuent toujours deux fois, dans le réel et dans la représentation. Avec la chasse qui théâtralise la mort et donne l'impulsion du processus d'humanisation, les forces qui nous gouvernent quittent le monde du perçu, et, dès lors, l'imperçu nous ensorcelle.

C'est pourquoi, lorsqu'un animal souffre d'un trouble des conduites alimentaires, il faut chercher la cause dans son développement ou son contexte émotionnel. Mais, quand les comportements alimentaires d'un homme sont altérés, c'est dans la représentation qu'il se fait de l'aliment qu'il faut chercher la source. L'ensorcellement d'un animal par un aliment commence avant sa naissance. Bien sûr, son programme génétique le pousse plutôt vers l'herbe ou le gibier, mais le choix n'est pas si tranché qu'on le dit : les carnivores mangent leur proie en commençant par la panse pleine d'herbes farcies, et les hervivores n'hésitent pas à brouter les insectes ou les petits animaux protidiques cachés dans l'herbe.

Peut-on manger ses enfants ?

En fin de gestation, de nombreuses espèces subissent déjà le poids du milieu alimentaire de la mère. Chez les insectes qui mangent d'autres insectes, les nouveau-nés entomophages ne chassent qu'à l'intérieur de l'habitat dont ils se sont nourris quand ils étaient encore à l'état de larves [36]. Chez les carnivores, il suffit de donner quelques gouttes d'essence de thym à un lot de femelles gestantes pour constater qu'après leur naissance les chiots placés sur le ventre de la mère se dirigent de préférence vers les mamelles parfumées au thymol. Alors que ceux dont les mères n'ont pas ingéré ce parfum en fin de gestation ont tendance à éviter les mamelles parfumées [37].

Il arrive que la chaîne perceptive soit altérée parce que l'appareil à percevoir le monde est malformé comme dans les encéphalopathies, ou parce que le milieu lui-même fournit des informations altérées. Dans ce cas, la conduite alimentaire de l'animal peut mener à l'ingestion d'objets non alimentaires. Les jeunes ont tendance à avaler de la terre ou des cailloux, tandis que les âgés s'orientent sur leurs propres excréments... comme chez les humains !

Il n'est pas rare que les poissons mangent leurs propres petits [38]. Ils veillent sur leur progéniture, éventent le nid avec leurs nageoires pour y envoyer de l'eau oxygénée, et, quand les petits tendrement choyés sortent des nids, les parents attentifs les gobent jusqu'au dernier. C'est ainsi que le brochet, l'anguille et la carpe dégustent souvent leurs propres alevins.

Les oiseaux peuvent défendre leur nid en attaquant l'intrus, mais, si au cours de la bagarre un œuf est cassé, le père se retourne et le gobe sans gêne. Buffon a observé une jolie mésange qui nourrissait tendrement ses enfants, jusqu'au moment où, le plus naturellement du monde, la mère a percé le crâne de son petit préféré pour déguster son cerveau. Les mammifères n'échappent pas à cette régalade naturelle. Les truies, les chattes, les chiennes, les ourses, les furets, et même les herbivores comme les lapines, les vaches et les juments consomment quelques-uns de leurs propres enfants.

Ce comportement fréquent en milieu naturel l'est encore plus en élevage, au point de ruiner certains éleveurs. Les premiers observateurs ont aussitôt pensé que le cannibalisme était le fait des pères car l'instinct maternel aurait empêché de tels crimes. Ce raisonnement dit « naturaliste » relève en fait d'un anthropomorphisme culturel où le penseur attribue à la nature l'idée qu'il se fait de la condition humaine. Dans cette représentation où les femmes sont soumises à l'instinct maternel, le cannibalisme est impensable. Il ne peut donc s'agir que de féroces papas.

En fait, les vétérinaires qui se donnent une formation éthologique décrivent un trouble des interactions entre la mère et ses petits. Certaines truies sont terrorisées par leurs propres enfants, d'autres deviennent agressives. La plupart du temps, il s'agit d'un trouble du façonnement émotionnel. Mais il ne faut pas chercher l'origine du malaise à l'intérieur de l'individu mère, comme nous y entraîne notre pensée occidentale centrée sur la personne. Il faut décentrer notre observation dans l'espace et dans le temps pour se demander quelle défaillance a pu survenir au cours de la gestation ou dans l'alentour de la mère.

Quand tout se passe bien, la mère mammifère mange le placenta qu'elle considère comme un bifteck, puisqu'il vient par moitié du père et par moitié d'elle-même, comme un corps presque étranger. Le simple fait de l'absorber lui fournit des hormones qui stimulent sa sécrétion de lait. Elle grignote le placenta jusqu'au cordon, ce qui libère le petit. Mais, si un événement a troublé son développement quand elle était petite, si un accident l'a stressée pendant sa gestation, ou si l'alentour n'est pas sécurisant, les comportements maternels sont moins bien adaptés aux stimulations du milieu. Elle peut alors ne pas s'arrêter au cordon et le ronger avec rage. Parvenue au ventre de l'enfant... elle continue ! L'observateur humain nomme ce comportement « perversion », « folie animale » ou « maladie organique » selon sa propre idéologie, alors que, dans un monde de chatte, l'enchaînement des comportements troublés par un événement passé trouble la perception de son petit. Elle est donc parfaitement adaptée à l'image que son passé et son milieu lui font faire de son enfant. Récemment, une chatte primipare de mes amis a mis au monde trois petits. Excellente mère pour les deux premiers, elle se comportait étrangement avec le troisième, hésitant entre un tendre comportement maternel et une vive attaque de prédateur. Il fallait, sans perdre de temps, changer la représentation ambivalente qu'elle se faisait du nouveau-né, moitié enfant et moitié proie.

Pour la soigner, il a suffi de badigeonner le flanc du chaton avec un peu de crème d'anchois afin qu'elle le considère comme un analogue de placenta. Elle l'a donc léché, puis, arrivée au cou, elle a saisi la peau comme doit le faire toute bonne mère chatte. Le petit s'est adapté en prenant aussitôt la posture habituelle du bon petit qui se laisse porter. Et tout le monde s'émerveilla de l'instinct maternel des chattes.

Je ne connais pas de cas où une mère humaine a cuisiné son propre enfant, mais si cela se produisait je prendrais le pari qu'elle ne se le représente pas comme un enfant. Cette énormité psychique est pensable, tant nous nous soumettons à nos propres représentations. La preuve clinique nous est fournie par les cas d'infanticides où le contexte maternel et les conditions de la grossesse ont été tellement terribles que la jeune femme affirme qu'elle a eu une sciatique alors qu'il s'agissait de son accouchement, ou prétend qu'elle a jeté son fibrome dans le vide-ordures, alors qu'il s'agissait du bébé [39]. Le déni n'est pas psychotique puisque la mère est par ailleurs tout à fait lucide. Mais le geste, lui, est psychotique. Et je pense que nous sommes tous capables d'en faire autant. La guerre nous en fournit un exemble banal. Nous voyons l'ennemi comme une horreur évidente, alors qu'en fait nous éprouvons pour lui les sentiments déclenchés par nos représentations culturelles. C'est pourquoi nous pouvons tuer huit à dix jeunes gens ennemis à la mitrailleuse, en éprouvant une impression d'euphorie et de Bien, mais si nous personnalisons les relations, en voyant leurs visages ou en découvrant quelques photos de leurs familles, nous éprouverons cet acte comme un crime insurmontable [40].

L'infanticide, qui nous paraît si monstrueux, n'est même pas pensé dans un grand nombre de cultures où tuer un petit garçon ou de préférence une petite fille n'est pas vraiment considéré comme un crime. Il y a quelques millénaires, le sacrifice des enfants était si courant que, pour en sacrifier moins, il a fallu que les religions inventent le bouc émissaire. Abraham s'est enfui d'Ur en Mésopotamie, tant il était horrifié par les sacrifices que les Cananéens offraient à Melek (Moloch). Les sacrifices de garçons étaient tellement habituels que Dieu mit à l'épreuve Abraham en l'autorisant de justesse à mettre un agneau à la place de son fils. Les sourates musulmanes (6e, 16e, 60e) combattent elles aussi l'infanticide, prouvant ainsi qu'il existe et se donne à penser en tant que crime horrible bien plus qu'offrande morale [41] !

L'enfant sacré est une invention récente de l'Occident qui gagne lentement d'autres continents. Dans la Rome ancienne, l'infanticide n'était pas pensé puisqu'il était possible d'exposer son enfant, ce qui le condamnait à mort sans avoir à le détruire soi-même. Quand Néron a tué sa mère, mille nouveau-nés furent exposés le lendemain en signe de protestation politique, pour affirmer qu'il était plus moral d'adopter un esclave affranchi qui lui, au moins, avait fourni les preuves de son affection, plutôt qu'élever un enfant biologique qui un jour, comme Néron, pourrait tuer sa mère.

La notion d'infanticide, dans un tel contexte de représentation sociale, ne pouvait pas être pensée : on ne tue pas un excrément sexuel ! D'ailleurs, la toilette après les rapports sexuels avec la servante (qui servait aussi à ça) était le rituel le plus moral de la sexualité romaine et toscane jusqu'au xve siècle [42], où l'on pratiquait couramment l'élimination des filles, des bâtards, des albinos, d'un jumeau sur deux et des enfants de veuves.

Si le xixe siècle industriel a connu tant de procès pour infanticide, ce n'est pas parce qu'on tuait plus d'enfants, mais parce que notre culture commençait à criminaliser cet acte.

Quand le cannibalisme rituel des enfants a été pratiqué par les Esquimaux, les Océaniens et les Aztèques, ce n'est donc pas à cause d'un enchaînement de perceptions troublées qui aurait amené les hommes à confondre les petits garçons avec un rôti, c'est plutôt parce que les humains se soumettaient à un récit culturel qu'ils éprouvaient comme une évidence, au point de ressentir comme un crime le fait de ne pas tuer son enfant !

Les Chimbus, en Nouvelle-Guinée, tuent le garçon premier-né et profitent de la montée de lait de la mère pour mettre au sein un chiot ou un porcelet [43]. Dans cette culture, l'acte immoral consisterait à ne pas respecter ce rituel qui n'est pas considéré comme un crime, mais au contraire comme une preuve de culture. Après le sevrage, le cochon ou le chien qui a tété la femme fouille les ordures comme il sait le faire. Puis la mère met au monde d'autres enfants dont elle s'occupe avec amour et dignité, car elle a désormais prouvé qu'elle est capable d'échapper aux lois de la nature, et d'accéder à une dimension humaine, culturelle.

Ne croyez pas qu'il faille voyager loin pour trouver des sacrifices d'enfants. Ils viennent facilement à l'esprit de ceux qui inventent nos discours sociaux. Tous les tyrans l'ont fait, et ont été adorés. Napoléon a envoyé au massacre des régiments entier de « Marie-Louise » âgés de douze à quatorze ans. Les nazis, quand ils battaient en retraite, interposaient des enfants pour freiner la progression des Alliés. Aujourd'hui encore, c'est par millions qu'il faut compter les enfants qu'on sacrifie à l'idole « Argent » en les faisant travailler à mort, ou à l'idée de « Nation » en leur donnant des armes pour les envoyer au casse-pipe.

Les mères chimbus sont donc comparables à nos anthropologues qui attribuent à la culture un déterminisme radical[44]. En déniant les motivations naturelles et personnelles, ils nous soumettent exclusivement à nos représentations sociales. Ces mères ne commettent pas de crimes plus terribles que ceux qui, au nom d'une idée, envoient leurs propres enfants à la mort. Le déterminant ethnologique de l'infanticide s'enracine dans une régulation verbale et mythique. C'est au nom d'un discours qu'on tue le plus grand nombre d'enfants. Et cela provoque un effet paradoxal, car dans les cultures qui prescrivent la mise à mort de milliers d'enfants, l'infanticide n'est même pas nommé, puisque cette élimination n'est pas pensée comme un crime ! Le fait existe dans le réel, mais pas dans la verbalité. Les personnes qui se soumettent à un déterminisme culturel exclusif sont susceptibles de commettre bien plus de crimes innommables, qui ne seront jamais appelés « crimes », que ceux qui acceptent un déterminisme biologique relatif. Les culturalistes radicaux pensent qu'il est merveilleux de faire de ses enfants des « martyrs de la révolution » ou des « sauveurs de chef », et, à l'inverse, les matérialistes radicaux pensent que la mort des enfants n'est qu'une sélection naturelle, une élimination de mauvais produits biologiques. Qu'il s'agisse de culturalisme ou de matérialisme, c'est toujours un discours qui motive ces événements humains.

Si bien que la phrase classique : « c'est la perte des valeurs traditionnelles qui explique l'abandon des enfants, l'infanticide, l'avortement, le viol, la délinquance... » ne tient pas la route puisque, justement, aucune valeur n'a tué plus d'enfants que les « valeurs traditionnelles ». Le massacre des Innocents, la Saint-Barthélemy, les Croisades, l'Inquisition, le nazisme et les idéologies modernes en ont massacré des millions, au nom du Bien.

Le palmarès du carnage des enfants dans le monde aujourd'hui revient encore à la défense des valeurs traditionnelles. C'est pour défendre une nation, une religion, un chef ou une conception de l'économie que, ces dix dernières années, deux millions d'enfants de moins de dix ans ont été tués, cinq millions sont infirmes, un million cessent de vivre à l'intérieur de murs appelés « orphelinats », six à dix millions d'enfants soldats participent aux combats récents dans vingt-cinq pays, et douze millions de réfugiés sans famille, sans pays, sans école et sans métier se préparent une vie sans racines et sans espoir. Sans compter les moins de quinze ans qui travaillent à mort pour une industrie traditionnelle ou pour le tourisme sexuel, plus difficile à chiffrer [45].

La soumission à des représentations culturelles radicales explique aussi l'étonnante variabilité culturelle des punitions infligées à ceux qui tuent les enfants. Non seulement l'infanticide n'est pas toujours pensé comme un crime, mais il arrive qu'il soit considéré comme un acte moral : purification par élimination des enfants de parents impurs, ou assainissement par destruction de la petite vermine qui altère nos villes. Selon que le discours social crée une représentation qui suscite un sentiment de victoire ou de crime, la sanction sera une décoration ou une condamnation.

Le plus grand criminel, c'est souvent l'État. Napoléon a puni l'infanticide, parce que cette pratique dissimulée le privait d'enfants soldats. Sous Vichy, l'avortement était plus sévèrement puni que l'infanticide. Les *Lebensborn* nazis qui rêvaient de fabriquer des surhommes blonds encourageaient l'accouplement de beaux jeunes gens, mais leur représentation d'une biologie raciale les fascinait tellement qu'ils n'ont pas su organiser les structures familiales. Le développement des enfants nés dans ces haras a été catastrophique. Beaucoup sont morts de carences affectives, un grand nombre est devenu délinquant, seuls quelques-uns ont survécu avec de graves blessures affectives.

Très différente de ces culturalismes exclusifs ou de ces matérialismes radicaux, l'éthologie propose une autre manière de voir et de comprendre le monde vivant. Elle défend l'idée qu'une manifestation comportementale résulte de la confluence de divers déterminismes de natures différentes.

Origine affective des troubles alimentaires

Il se trouve que chez les animaux l'origine des troubles des conduites alimentaires se situe parfois dans le diencéphale (à la base du cerveau) où une altération cellulaire peut entraîner un trouble de l'oralité. Un animal au cerveau atrophié vocalise de manière rythmique et avale du plâtre, de la terre, des cailloux ou ses propres excréments. Le plus souvent, chez les animaux domestiques, c'est dans le milieu qu'il faut chercher l'origine de cette conduite altérée. Certains chats, depuis quelques années, deviennent incroyablement obèses, au point que leur ventre recouvre leurs pattes. Le propriétaire les adore et manifeste son amour en les tenant sans cesse contre lui pour les embrasser. Dans un tel milieu affectif, le chat, pattes en l'air, perd la sécurité de son territoire et s'apaise en ne cessant de manger.

Les déterminismes neurologiques existent aussi chez l'homme, comme on le voit lors de certaines tumeurs cérébrales qui stimulent l'oralité. Mais plus l'ontogenèse se construit, plus la racine des comportements s'éloigne du corps pour aller se planter dans une représentation d'image, de sentiment, ou dans un discours social.

Le meilleur exemple nous est proposé par le pica, trouble alimentaire fréquent où l'enfant absorbe des substances non alimentaires. Mme Mel... souffrait beaucoup des conduites sexuelles de son mari. Il amenait chez lui de jeunes maîtresses et s'étonnait que sa femme le lui reprochât. Jamais M. Mel... ne s'était mis à la place de sa femme. Il ne pouvait donc pas imaginer la torture qu'il lui infligeait. Et s'il manifestait si peu d'attention pour elle, c'est parce que jamais elle ne lui avait parlé de son enfance, tant elle se sentait honteuse. Considérant que son mari était bien bon de l'avoir épousée, elle l'avait donc très mal élevé. La gentillesse morbide de cette femme s'enracinait dans son sentiment de honte. Personne ne savait que dans son enfance elle mangeait le plâtre des murs autour de son lit et que souvent, le matin, ses parents horrifiés l'avaient découverte encore barbouillée par ses propres excréments qu'elle venait d'avaler.

Le développement de la petite fille avait été excellent malgré quelques comportements étranges qui n'avaient pas attiré l'attention sur sa souffrance. Une sagesse anormale cachait la tristesse que l'enfant ne savait pas exprimer. La tranquillité, si bien supportée par les adultes, témoignait d'un faible élan vers la vie et d'un médiocre intérêt pour les humains. À l'école, la docilité fut pire, et personne ne s'en plaignit.

Son profil comportemental avait changé vers l'âge de deux ans et demi, après une petite séparation d'une semaine quand ses parents l'avaient placée en pension pour partir en vacances. Les enfants réagissent très différemment à l'angoisse de séparation : certains s'adaptent facilement à leur nouveau milieu, alors que d'autres s'éteignent [46]. Faiblement attirée par le monde, la petite se mit à sucer son mouchoir, ce qui est banal à cet âge, puis à manger du papier, ce qui l'est moins.

Les parents aussi étaient étranges. La mère se réfugiait souvent dans le lit de sa fille pour échapper à son mari. Pourquoi ce lit ? Elle aurait pu coucher ailleurs. Le père se mit à maltraiter les deux. L'enfant, qui ne parlait pas, devint presque mutique et commença d'avaler du plâtre. Le pica « participe de ce fait à l'étude de la relation orale, en tant que moment organisateur de toute relation de l'enfant à lui-même et à son environnement proche, tout particulièrement la mère [47] ».

La bipédie est probablement un marqueur important de l'évolution des hominidés. La position debout, en permettant à nos mains de ne plus servir de pattes antérieures, nous a donné la possibilité de fabriquer des outils. Cet argument qui a tant plu à Engels et à Marx risque d'être un peu simple. Je connais beaucoup de bipèdes dont les mains totalement libres ne fabriquent pas d'outils : les dinosaures, les kangourous et les oiseaux. Je connais aussi nombre de bipèdes humains qui ne font rien de leurs dix doigts. Et quand Monsieur Australopithèque se déplaçait avec élégance sur ses deux jambes, il y a 3,7 millions d'années, il se comportait comme un singe brachiateur qui se déplace dans les arbres en se balançant d'une branche à l'autre [48]. Les singes brachiateurs, malgré un bassin dont les os et les muscles latéraux sont comparables à ceux des hommes, n'ont toujours pas inventé le silex taillé. Ils savent utiliser un objet pour agir sur la matière (taper sur une noix avec un caillou), mais ils ne savent pas fabriquer un objet qui fabrique un objet pour agir sur la matière (aiguiser une pierre avec une autre pierre pour gratter une peau et s'en couvrir).

Pourquoi l'homme, seul parmi les êtres vivants, en se redressant, aurait-il pu moins se soumettre à l'olfaction, se spécialiser dans un monde visuel et libérer sa main pour fabriquer des outils qui permettent d'agir sur la matière au-delà du corps [49] ? Probablement parce que son cerveau, en devenant moins olfactif et plus visuel, a pu traiter des informations de plus en plus éloignées. Le cerveau gauche, qui chez les mammifères commande à la bouche et aux vocalisations, a ajouté chez l'homme deux commandes : l'une pour la main qui fabrique l'outil et l'autre pour la bouche qui module les sons. La bipédie a certainement été importante, mais Monsieur Australopithèque ne parlait pas, alors que Monsieur Neandertal, avec trente grognements signifiants, dix consonnes et trois voyelles, pourrait aujourd'hui faire une carrière politique.

La bouche et la main, en ajoutant chez l'homme deux aptitudes cognitives pour agir sur un monde de plus en plus éloigné, et se communiquer des représentations, lui ont donné une puissance évolutive bien supérieure à celle de la libération des pattes.

Ce schéma pourrait expliquer pourquoi les troubles alimentaires, au cours du développement de l'appareil psychique, passent à nouveau par les mêmes étapes. En fin de grossesse, il est facile, grâce à l'échographie, de voir comment le bébé suce son pouce quand il perçoit une stimulation sensorielle (toucher, vibration, parole maternelle). À ce stade de son développement, le pouce est un objet flottant extérieur à son corps, sur lequel il peut agir avec l'autre main qui l'attrape et le porte à la bouche. En réponse à une information maternelle, le bébé explore son monde utérin grâce à son ensemble bouche-main.

Après la naissance, un comportement de bouche entraîne des troubles parfois graves : le mérycisme. Un nourrisson, dès qu'il est isolé, régurgite et rumine une partie du bol alimentaire avalé quelques minutes auparavant. Il suffit que l'enfant perçoive un objet stimulant dans le monde extérieur pour qu'il ne manifeste pas ce comportement. L'altération de l'état général paraît d'abord inexplicable puisque la simple présence de l'observateur stimule l'enfant et empêche ce comportement. Mais, dès qu'il est seul, son monde se vide. Alors il le remplit en provoquant une régurgitation qu'il rumine, comme en extase. Quand il n'y a rien à explorer dans le monde extérieur, l'enfant explore l'intérieur de son corps, et ça lui suffirait mentalement si les régurgitations ne provoquaient pas des brûlures digestives et des déshydratations.

L'anaclitisme, qui définit la perte de tout objet extérieur sur lequel l'enfant s'appuie pour poursuivre son développement [50], est devenu une observation banale chez les millions d'enfants qui aujourd'hui sur la planète sont privés d'alentours protecteurs et d'éducateurs affectueux. Le nourrisson a tout ce qu'il faut pour manger, sauf l'appétit, car, n'ayant aucune figure d'attachement, il n'a personne pour qui manger. L'éthologie permet de comprendre que, dès les premières semaines, manger cesse d'être une inter-action pour devenir une relation.

Le pica se mettrait en place lors d'une étape plus tardive du développement. Ces enfants-là expriment dans leurs dessins une grande chaleur affective, mais ils ne trouvent pas ceux à qui ils pourraient exprimer leur amour. Toute séparation constitue pour eux un total isolement. Ils y sont vulnérables et, pour combler ce vide désespérant, ils ne trouvent que l'ingestion de matière sans forme, telle que plâtre, terre ou excréments. La rencontre avec un objet formé tel qu'un crayon ou une gomme ne provoque pas l'ingestion puisque c'est un début de relation. D'ailleurs, quand ces enfants deviendront adultes, et que ces compor-tements disparaîtront, ils deviendront trop tolérants pour leur conjoint dont ils souffriront sans se plaindre, tant ils craignent d'avoir à subir encore une perte affective, un vide angoissant qu'ils n'ont jamais appris à remplir par une action ou par une mentalisation.

Il ne s'agit donc pas d'une carence de soins maternels. La relation de cause à effet qui soutient que toute souffrance de l'enfant est attribuable à une défaillance maternelle est un piège de l'évidence puisqu'il n'y a pas d'enfant sans mère. La relation des premiers mois est tellement proche qu'elle ne peut pas constituer une structure de parenté. L'enfant vit dans les sensorialités mêlées de la mère et de la sienne. Il n'y a pas encore assez d'espace pour y mettre une représentation. Une défaillance précoce de l'environnement trace dans la mémoire du petit une extrême sensibilité à la désensorialisation de son milieu. Il éprouve la moindre perte comme un vide qu'il ne sait pas remplir avec une action (jouer avec ses mains ou ses pieds) ou avec une représentation (un rêve éveillé, un jeu de fiction ou un objet transitionnel). Alors il remplit ce désert avec des percep-tions de choses (plâtre, terre).

Ça l'apaise dans un premier temps, mais la réaction hor-rifiée de l'entourage crée en lui une représentation de soi honteuse qui expliquera plus tard sa docilité, comme s'il disait : « C'est incroyable que cette femme veuille bien d'un minable comme moi, je ne la mérite pas ; je ferai ce qu'elle veut pour ne pas la perdre... » Il mène alors une vie de renoncement douloureux, ce qui établit un couple parfait ! Comme le laissait échapper un patient dans un lapsus magnifique : « Ma femme et moi on s'entend parfaitement bien. Elle, elle mène sa vie. Et moi, je mène sa vie... ma vie. »

Un comportement proche du pica, mais mieux toléré culturellement et plus facile à dissimuler, est celui des adultes qui continuent à sucer leur pouce. Ce trouble main-bouche n'est pas alimentaire. Le simple fait de sucer leur pouce provoque chez eux un incroyable et délicieux apaisement. Nous disposons là sans doute du premier tranquillisant naturel, puisque toutes les femmes adultes qui ont conservé cet autoremplissage apaisant témoignent de l'intense et instantané sentiment de bien-être et de plénitude qu'elles éprouvent. Le fait de sucer son pouce dans l'intimité de l'endormissement, ou dans l'isolement des toilettes (en cas de tension au travail), n'empêche pas le développement intellectuel, au contraire. La disponibilité permanente de ce tranquillisant et sa faible toxicité assurent à ces femmes une bonne réussite scolaire et sociale. Mais, au moindre conflit professionnel et affectif, elles s'isolent... avec leur pouce ou leur bout de couverture mâchouillée qu'elles frottent contre leur nez. Le patron ne connaît qu'une femme sereine et souriante. Seul le conjoint s'étonne parfois. Il faut une demi-heure à une molécule de tranquillisant pour commencer son effet, alors que dès la première tétée l'adulte s'apaise, éprouvant même un délicieux bien-être : « Dès que je suce mon pouce en tournant mon chiffon, me disait cette jolie " directeur du personnel ", je suis heureuse car je n'ai besoin de personne. » L'apaisement apporté par l'ingestion de plâtre ou d'excréments provoque un trouble relationnel à cause de la représentation honteuse de soi. Mais l'intense plénitude offerte par la succion du pouce est tellement efficace qu'on n'a plus besoin de l'autre. Cet auto-apaisement provoquera plus tard d'autres troubles relationnels, car l'absence d'angoisse, en ne poussant plus à la quête de l'autre, oriente vers un destin de solitaire. À l'inverse, l'hyperattachement anxieux contraint à la socialité. C'est ainsi qu'un grand nombre de personnes sont gaies et entourées, parce que la moindre privation fait émerger en elles une torture anxieuse.

Dans l'éthopathologie des comportements de bouche, je classerai l'anorexie, la boulimie, la kleptomanie et la compulsion à acheter.

Il est classique de constater que les femmes attribuent aux aliments une fonction affective. Faire une tarte, ce n'est pas agencer la matière glucidique, lipidique et y ajouter quelques fruits. C'est un discours comportemental qui permet d'anticiper le partage d'un plaisir dont elles seront la source. C'est pourquoi cette manière de s'apaiser et d'être heureuse leur vient si facilement à l'esprit, en cas de petit chagrin. La jeune femme qui entre dans une pâtisserie parce que son amoureux l'a stressée en est l'illustration quotidienne. Lorsque les difficultés affectives sont constantes, un comportement de grignotage sans faim se met en place, comme chez les anorexiques qui, à cause de cela, soutiennent sincèrement qu'elles ne cessent de manger. Les boulimiques, dans leur désir de puissance, ne se refusent rien : elles se remplissent jusqu'à la nausée, dans un analogue de pica.

Parfois, c'est l'acte de saisir, de serrer contre elles, de presque incorporer en mettant dans la poche qui les apaise. On observe alors des comportements de kleptomanie ou d'achats compulsifs où la femme, au moment où elle se saisit de l'objet, éprouve un grand sentiment de joie. Or elle n'a aucun besoin de cet objet. C'est l'acte de s'approprier, c'est la représentation d'un « c'est à moi » qui crée en elle un sentiment délicieux. C'est pourquoi elles achètent mille petits objets bon marché, de façon à pouvoir répéter le scénario incorporant. Elles en arrivent parfois à remplir une armoire entière avec une centaine de pulls et un millier de petits bijoux sans valeur qu'elles ne mettront jamais.

J'ai employé le féminin parce que la signification de ce comportement n'est pas la même pour un homme. Il achète une voiture ou un bateau pour montrer de quoi il est capable, construisant lui-même sa représentation de soi.

Ses économies disparaissent en un seul achat. Le plaisir sera désormais provoqué par l'exposition de l'objet. Alors que les femmes n'achètent que de petites choses afin de répéter le plaisir de prendre, de serrer, d'incorporer, de mettre dans la bouche, dans le sac, dans la poche, dans l'armoire... et de les y laisser.

Bien avant d'y mettre des mots, la bouche est déjà un lieu de représentations. Le nourrisson comble ce manque en y mettant le pouce. Après la naissance, il y mettra le mamelon dont il perçoit la forme, l'odeur et la couleur. Au cours de l'ontogenèse psychique, certains enfants qui ne supportent pas l'angoisse du vide y mettront des substances sans formes, pour se sentir comblés. Ils révèlent ainsi leur difficulté à remplir un vide par une représentation, car « le vide de la bouche est nécessaire pour que les mots puissent y prendre place [51] ».

La bonne distance est difficile à trouver, car une angoisse précoce trop vite comblée supprimerait le temps de la représentation et priverait l'enfant de son effet tranquillisant. Pour faire apparaître ce phénomène, il suffit de comparer une population de bébés suceurs et de bébés non suceurs. Au lieu de chercher la cause du comportement dans le bébé, comme le propose une idéologie de l'homme seul, il faut observer l'alentour. Les bébés suceurs ont presque tous des parents qui les laissent s'endormir seuls. Alors le pouce vient combler le manque. Tandis que les bébés non suceurs s'endorment dans des bras qui, en les contenant, empêchent la sensation de vide alentour, avec la nécessité de le combler par un acte, un cri ou un pouce [52]. Cette empreinte laisse des traces (et non des souvenirs) dans la mémoire. Longtemps après, à l'âge adulte, elle peut se manifester par des comportements signifiants quand, chez une femme, l'aliment s'imprègne d'affectivité et de sens : « Je m'attache tellement... que, lorsque l'autre s'en va, il me manque tellement, que je me remplis avec du sucre. Alors je me sens mal et je suis furieuse contre moi-même. Alors je ne mange rien et, quand j'arrive à dominer mon appétit, je me sens forte et heureuse », me disait cette brillante jeune femme qui alternait la boulimie et l'anorexie.

Les cassettes familiales, quand un membre de la famille filme les Noëls et les anniversaires, analysées quelques années plus tard, en cas d'autisme ou de trouble du comportement alimentaire, permettent souvent d'observer ce qu'on n'avait pas su voir, mais que la mère avait éprouvé comme une vague impression : « Il me fatigue, je m'ennuie avec ce bébé, alors que je me suis toujours amusée avec les autres... »

Quand le petit Julien est devenu autiste, les cassettes familiales nous ont permis de voir en direct ce qui s'était passé quelques années avant : la dramaturgie de l'alimentaire était déjà altérée [53]. Julien n'a jamais avancé les lèvres pour aller au-devant de la cuillerée. Il n'a jamais manifesté d'attention envers l'aliment, repérable aux regards, aux vocalisations rythmées, à l'avancée des épaules et des lèvres. Il n'a jamais exprimé non plus la fin de l'interaction. Si bien que, de cassette en cassette, nous avons pu voir la mère forer un passage de la cuillère entre les lèvres de Julien, puis regarder ailleurs en bavardant avec celui qui filmait. La dramaturgie des premiers repas nous révélait ce que nous n'avions pas su voir : une interaction dépourvue de dialogue préverbal.

À l'autre extrémité de la vie, nous avons observé que, lorsque les âgés se rendent au réfectoire d'une maison de retraite, c'est beaucoup plus pour y parler que pour y manger. Leurs difficultés de marche les handicapent et leurs tremblements les gênent. Malgré cette entrave, ils entreprennent un voyage d'un quart d'heure pour aller s'asseoir, en espérant que quelqu'un autour d'eux produira un événement de parole. On observe alors, comme chez les enfants à la crèche, comme chez les adultes lors d'un repas d'affaires, que l'un d'eux prend la fonction d'inducteur de la parole, autour duquel s'organiseront tous les scénarios comportementaux du repas [54].

La bouche, le cerveau et la parole

Autour de la bouche s'organise la manière de vivre qui caractérise l'espèce. L'homme par sa bouche doit, dans

l'immédiat, absorber l'oxygène, l'eau et les substances qui
lui fourniront suffisamment d'énergie pour faire marcher
la machine. Mais il peut aussi, par la bouche, créer un
monde transcendant, chanter, prier, parler et faire vivre un
monde de représentations imperçues, intensément éprouvées.

La voûte du palais de Monsieur Neandertal était très
plate, et son os hyoïde, qui chez l'homme après l'adolescence donnera la pomme d'Adam, était planté très haut
sous la mâchoire, réduisant ainsi la caisse sonore de sa
cavité buccale. Monsieur pouvait grogner, exprimer des
émotions et probablement quelques belles idées, grâce à
trois dizaines de grognements signifiants, mais il ne pouvait pas chanter la tyrolienne. Il en souffrit beaucoup et
compensa ce défaut d'articulation par une hypergestualité
du visage, de la bouche et des mains. Cette forme de langage, symbolisée par les gestes du corps, mieux que par les
gestes de la bouche, lui permettait déjà d'exprimer des
émotions, d'indiquer des intentions et d'enseigner les techniques de fabrication des outils. Il pouvait donc inventer
l'artifice du geste, de la sonorité et de l'objet qui lui permettait déjà d'habiter un monde culturel.

Il y a quatre cent mille ans, le larynx se transforma, et la
voûte du palais devint concave, l'os hyoïde s'inséra plus
bas, sur la colonne cervicale, créant ainsi une caisse sonore
où la langue pouvait mieux s'agiter. Monsieur Cro-Magnon,
qui perfectionna le langage humain, ne savait pas que son
cerveau gauche commandait à sa bouche autant qu'à sa
main. « Ce couplage, qui jusqu'alors n'avait été utilisé que
pour l'alimentation, se mit au service de la parole [55]. »

Ce raisonnement paléo-éthologique est régulièrement
observé aujourd'hui quand, à l'échographie, nous voyons le
fœtus porter sa main à sa bouche chaque fois qu'il éprouve
une émotion, comme il le fera encore à l'âge adulte. Le
nourrisson tend la main pour attraper son monde et
l'explorer avec la bouche. Le petit enfant crie et mord parce
qu'il n'a pas encore appris les mots qui feront plus de mal
qu'une morsure. Dès ce niveau de la construction de son
appareil psychique, l'enfant utilise la symbolisation verbale

pour s'exprimer et agir sur l'autre. À cause de ce couplage originel, toute sa vie, il emploiera sa main en même temps que sa parole.

Comme tout cerveau, celui de l'homme est à nul autre pareil. Mais, quand on joue à comparer les cerveaux entre espèces, on fait émerger l'idée que le cerveau humain se caractérise par l'importance qu'il consacre à traiter des informations non perçues, hors du contexte spatial ou temporel. La décontextualisation des informations se repère à trois aptitudes : la quantité de matière cérébrale consacrée à traiter des problèmes qui ne sont pas posés par le milieu immédiat ; la lenteur extrême du développement, qui se poursuit encore après que les organes sexuels sont arrivés à maturité, ce qui autorise la persévérance des apprentissages ; l'aptitude à produire des images de rêve qui n'existent pas dans le réel extérieur.

Dès le niveau biologique et grâce à ce cerveau particulier, l'homme possède une formidable aptitude à vivre dans l'imperçu. Un cerveau seul, même s'il possède l'aptitude au langage, se contente de traiter les perceptions et de les transformer en représentations de choses, de produire des images et des évocations qui lui permettent d'évoquer quelques traces du passé. Tout cela crée un monde mental non sémantisé. En revanche, dès que deux hommes inventent le truc du signe et partagent des symboles, ils deviennent capables de produire des représentations de mots et d'idées abstraites. Pour passer la convention du signe, il faut être deux, et pour partager un symbole dont le relativisme culturel est important, il faut éprouver des sensations voisines qui permettent de coexister.

Dans le monde vivant, il est impossible d'observer des organismes sans cerveau et soudain de voir apparaître un corps avec un cerveau d'homme. Mais, quand on compare les êtres vivants, on peut dire que, si le propre de l'homme est sa parole, le propre de son corps est son cerveau [56].

La cérébralisation est un processus qui, graduellement, se met en place dans le monde vivant et qui, graduellement, se développe chez un individu. Avant toute organisation neurologique, deux cellules ne peuvent se côtoyer sans

« converser », sans échanger des informations sous forme de signaux chimiques où le calcium joue un rôle important de messager. Puis les neurones prennent forme et se groupent pour structurer les voies de communication jusqu'au moment où les carrefours de neurones s'organisent pour trier l'information et la circuiter en composant des ganglions nerveux.

Chez les mammifères, le système nerveux central devient un organe majeur qui hiérarchise les informations en « trois cerveaux [57] » superposés et harmonisés : le cerveau des instincts, enfoui sous le cerveau des émotions, lui-même chapeauté par le cerveau de la raison. Ce schéma est un peu simple, mais donne le reflet de l'organisation des cerveaux dans le monde vivant. Le cerveau des instincts règle les problèmes végétatifs, ceux qui permettent la survie (réflexes moteurs, sommeil, température et hormones). Cette structure constitue l'essentiel du cerveau des reptiles. Chez l'homme, un analogue de ce cerveau persiste, caché dans les profondeurs, enfoui sous les autres superstructures cérébrales.

Le cerveau des émotions, encore modéré chez les reptiles, se développe nettement chez les mammifères. Il recouvre le cerveau des instincts et lui-même est recouvert par le chapeau du cerveau nouveau. Il traite surtout la mémoire et les émotions. Il permet aux animaux d'éprouver aujourd'hui les traces du passé et, en leur offrant la possibilité biologique de l'apprentissage, il leur offre la chance de vivre dans un monde toujours nouveau. Schématiquement, les reptiles vivent dans un monde contextuel auquel ils sont soumis : la température de leur corps varie avec la température externe, et ils répondent instantanément aux stimulations externes. Les mammifères, eux, vivent dans un univers qui peut ne pas exister dans le contexte. Les traces du passé et la quête du nouveau remplissent un monde qui a été perçu ou reste à percevoir.

Les reptiles possèdent quand même quelques lamelles de néocortex. Mais chez les mammifères le cerveau nouveau s'épaissit, et chez l'homme il constitue une grosse couverture grise recouvrant l'ensemble des cerveaux anciens. Ce cortex, comme un gros bonnet, traite deux types d'informations : celles qui ont été perçues et extraites du milieu afin d'alimenter des représentations de choses, telles que les images visuelles et sonores. Et d'autres informations qui n'ont jamais été perçues : le lobe préfrontal ne perçoit rien, mais il parvient à évoquer des images imperçues en les associant aux traces passées, gravées dans le cerveau des émotions et de la mémoire.

Chez l'homme, la zone temporale parvient, elle aussi, à décontextualiser les informations. Quand on entend une phrase, on n'écoute pas le bruit des mots, on perçoit ce qu'ils évoquent tant leur sonorité devient accessoire : comme si l'on percevait d'emblée une représentation ! S'il arrive qu'un élément accroche notre regard, tel le corps de celui qui parle nu, ou habillé de vêtements ridicules ou articulant étrangement, alors nous serons à nouveau capturés par le contexte perçu et nous perdrons l'accès à la représentation évoquée.

Il faudrait, à ce schéma évolutif, ajouter un quatrième cerveau : celui qui se structure dans le vide entre deux personnes. L'imperçu absolu est rempli par nos signes et par nos symboles. Dans ce monde, le perçu n'est perçu que pour évoquer l'imperçu. Ces quatre cerveaux donnent accès à autant de mondes différents, tous nécessaires pour comprendre un seul être vivant.

Un homme vit obligatoirement dans un monde contextuel, comme un serpent ou un poisson. Comme eux, il extrait de ce monde l'oxygène et la nutrition dont il a besoin pour survivre. Comme tout mammifère, l'homme vit dans un monde non contextuel où agissent les traces du passé. Puis il vit dans un monde de représentations, d'images sonores et visuelles où certains animaux commencent à mettre la patte, comme les chats, les chiens, les singes, et bien d'autres espèces dont nous n'avons pas fait la connaissance. Mais l'homme habite surtout le monde de l'artifice symbolique et technique qu'il invente sans cesse et qui remplit son monde.

Au cours de l'ontogenèse, quand un individu se développe, on observe à nouveau ce processus de cérébralisa-

tion continue [58]. Sur le dos de la moelle épinière se
soulèvent deux crêtes qui se rejoignent et se collent pour
former un tube neural, encore ouvert à ses extrémités. La
partie postérieure se ferme, et les racines des nerfs médul-
laires vont y pousser, tandis que la partie antérieure ne se
bouchera jamais. Au contraire même, quelques orifices
s'organisent en canaux de communication, en pores qui
permettent de palper le monde extérieur et d'en extraire
des informations que le système nerveux recomposera.
Même chez l'homme, la partie antérieure reste ouverte sur
l'extérieur puisque le cerveau du nez ne se ferme jamais et
que les molécules olfactives qui nous pénètrent touchent
directement ce lobe.

Dès les premières semaines, trois hernies gonflent sur le
pôle antérieur comme sur une chambre à air de vélo. Elles
donneront les trois cerveaux : rhombencéphale pour l'instinct des reptiles, mésencéphale pour l'émotion des mammifères et prosencéphale pour le cortex de l'homme
raisonnant.

Ce qui est très étonnant, et fournit l'argument qui défend
le mieux la théorie de l'évolution, c'est que le système nerveux se construit et s'organise toujours selon un même processus de développement quelle que soit l'espèce observée.
Les cerveaux se complexifient pour intégrer des informations de moins en moins perçues. Chez les agnathes (poissons sans mâchoires), la partie antérieure du tube
médullaire se gonfle pour donner un cerveau de vertébré
inférieur. Chez les amphibiens et les oiseaux, le mésencéphale gonfle à son tour, pour donner un cerveau apte à traiter les images et les sons, la mémoire et les émotions. Chez
les vertébrés supérieurs, comme les singes et les dauphins,
la troisième vésicule télencéphalique se développe amplement pour donner le néocortex [59] qui associe des informations perçues à d'autres imperçues. Chez l'homme, ce
processus atteint le maximum de sa complexité lorsque le
cortex préfrontal associe la mémoire et les émotions à son
aptitude à anticiper. Enfin, quand les hommes se groupent
pour créer le monde de l'intelligence collective, le cerveau
sert à parler pour inventer un monde imperçu, rempli par

nos artifices, nos signes, nos symboles et nos objets techniques.

Autant les formes du vivant sont incroyablement variées et les corps dissemblants selon les pressions des milieux, autant la comparaison des cerveaux rend observable la cohérence de l'évolution. Jusqu'au moment où, le cerveau des hommes ayant permis la création de mondes intermentaux, de milieux de pensées affranchis de la contextualité, l'évolution n'a plus son mot à dire, c'est la révolution qui parle!

Révolution ne veut pas dire progrès. La parole peut aussi bien innover que pétrifier, comme lors des litanies, des stéréotypies intellectuelles ou des mythes dogmatiques. Mais, dès qu'un homme parle, il remplit un espace intermental, et c'est là, dans ce monde de représentations parolières, qu'il peut trouver de nouvelles solutions. C'est aussi là qu'il crée les problèmes qui gouvernent son existence et expliquent la folie humaine, celle qui n'existe que dans les représentations de mots et s'ajoute à la folie animale qui n'existe que dans les représentations émotionnelles. L'augmentation graduelle du lobe préfrontal et de ses connexions avec le cerveau de la mémoire et des émotions prouve qu'il n'y a pas de discontinuité, pas de coupure entre l'homme et les animaux [60], mais que l'émergence du langage, en créant un monde de représentations verbales, provoque une mutation des mondes mentaux.

Ce raisonnement qui s'enracine dans la nature pour échapper à la nature explique pourquoi, très curieusement, l'observation des cerveaux a toujours été plus métaphysique qu'anatomique [61] : c'est l'organe de la pensée! L'association de ces deux mots, « organe » et « pensée », pose un problème philosophique fondamental. La pensée peut exister sans cerveau dans le quatrième monde, celui de la planète des signes, de l'écriture ou d'Internet. Quand un individu n'est pas là pour penser, sa pensée existe quand même, en dehors de lui.

C'est pourquoi un petit d'homme, le jour de sa naissance, tombe dans un monde déjà structuré par le langage et par la pensée de ses ascendants. Mais, pour s'imprégner de cette pensée qui existe en dehors de lui, il lui faut des yeux et des oreilles, afin de capter les images et les mots. Il lui faut un cerveau pour penser la pensée qui n'a plus besoin de cerveau. Cette phrase n'est pas une pirouette. Ce raisonnement devient logique si l'on veut bien s'exercer à l'échafaudage phylogénétique, ontogénétique puis historique de la pensée.

Tout animal est abouti en soi. Il vit dans un monde pour animal qui n'est ni divinité, ni machine, ni pureté, ni souillure. Mais, pour découvrir quelques mondes animaux, il faut les explorer. Alors on apprend que les lamproies, qui ressemblent à des anguilles, sont déjà capables d'associer des cellules néo-corticales avec des cellules archaïques et parviennent à traiter des informations absentes pour résoudre les problèmes... de lamproies. À l'inverse, les espèces évoluées gardent en elles de nombreux fonctionnements archaïques, comme l'homme qui peut à la fois lire Proust et se laisser influencer par une substance qui modifie son humeur.

La pensée dualiste est pratique parce qu'elle propose des catégories claires, donc des conduites simples. Mais les catégories qui servent à penser ne sont pas nécessairement congruentes au réel : « J'ai tâché de faire connaître que l'âme était une substance réellement distincte du corps [...] la nature ou l'essence de l'âme consiste en ceci qu'elle pense de même que l'essence du corps consiste en ceci qu'il est étendu. » Puis Descartes avoue son choix idéologique quand il ajoute : « que la lumière de la grâce soit préférable à la lumière de la nature [62] ». Le dualisme établit le dogme de la double nature de l'homme : la nature organique, pourrissable, et la nature spirituelle, l'âme, non observable et non manipulable puisque sans étendue. Nos universités sont encore instituées sur ce dogme qui sépare la biologie et la psychologie. On invite les jeunes, du simple fait de leur inscription dans une école, à choisir leur camp idéologique, puis l'enseignement renforcera cet *a priori* théorique.

Chaque matin, nous devons prendre des décisions importantes du genre : « Quelle paire de chaussettes vais-je mettre avec cette cravate [63] ? » Sur un plan éthologique, une fois que la séquence comportementale est terminée, l'organisme peut ne plus être en appétit d'action. Il n'est pas rare que certaines personnes arrêtent leur programme d'action journalière après ce choix ou même avant, comme chez les mélancoliques qui éprouvent la décision d'avoir à quitter le lit comme une épreuve physique insurmontable. La représentation d'un programme d'action à venir : « je vais me lever », exige une préparation émotive, une appétence que certains nomment « désir de vivre ». L'aptitude à l'anticipation témoigne, chez certains animaux, d'un début de dissociation entre le signifiant, là, instrument de la représentation, et le signifié, pas là, mais représenté. L'être vivant capable d'une telle performance émotionnelle (appétence), intellectuelle (représentation) et motrice (hop, debout!) peut inventer une action non présente et pas nécessairement adaptée au milieu.

L'animal réagit non seulement à des informations perçues, extraites de son contexte, mais aussi à des informations intérieures, moléculaires (baisse de sucre, déshydratation, hyperosmolarité, hormones) et à des informations passées. Certaines expériences passées ont laissé dans son cerveau des traces qui modifient les réponses aux stimulations présentes.

Dès qu'un cerveau devient capable de mémoire, toute information perçue s'associe avec une information passée. Dès que la mémoire apparaît dans le monde vivant, le perçu évoque. Or les systèmes nerveux deviennent très tôt capables de mémoire.

La décontextualisation des informations est follement amplifiée par le lobe préfrontal dont on constate l'accroissement régulier quand on compare les espèces, pour aboutir à un maximum chez l'homme. Ce cortex, dernier apparu phylogénétiquement, traite les programmes à initier. Il ne résout aucun problème contextuel. Fortement associé au cerveau limbique des émotions et de la mémoire, il cherche dans le passé la solution des problèmes à venir.

Cette structure cérébrale met en place une fonction qui fait bénéficier d'une expérience passée pour décider d'une conduite à venir, un apprentissage présémantique en quelque sorte, une intelligence du corps. Cette aptitude neurologique n'est pas logique puisque notre cerveau nous soumet, de la sorte, au poids du passé organique. Mais chez l'homme existe une aptitude qui permet que l'avenir ne soit pas contraint à répéter le passé : le langage dont l'émergence change la nature de la mémoire.

Au bonheur des lobotomisés

L'articulation entre le cerveau d'un individu et son histoire explique pourquoi aucun enfant ne parle le jour de sa naissance. Il lui faut quinze à vingt mois pour que le développement de son cerveau lui permette de rencontrer un alentour structuré par le langage. À la limite, l'emboîtement humain entre son cerveau temporalisateur et son alentour temporalisé par les récits permet de soutenir que le présent n'existe pas pour l'homme, et que c'est mieux ainsi. La clinique des syndromes frontaux permet d'illustrer cette proposition abstraite.

Je devais avoir vingt-quatre ans quand, pour la première fois, j'ai eu l'occasion de voir une lobotomie [64]. À l'hôpital d'Argenteuil, un jeune homme avait décidé de se suicider en se tirant une balle dans la tête. La balle avait fait un petit trou dans la tempe droite, et un autre un peu plus gros sur la tempe gauche d'où elle était sortie. La brûlure avait cautérisé le trajet. J'avais donc en face de moi un jeune homme debout, étonnamment immobile et béat !

Le lobe frontal a toujours été une énigme et une controverse chez les neurologues. Les singes agressifs lobotomisés se calmaient dans l'instant même où le scalpel coupait la substance blanche, sous le cortex. La guerre de 14-18 a réalisé un très grand nombre de lobotomies où le lobe frontal en entier était arraché. Mais, face à des dégâts massifs, l'analyse était difficile. Et puis, les neurologues n'avaient pas su individualiser ce syndrome, car on ne sait voir que ce que l'on a appris à voir.

Dans les années 1950, les neurologues s'étaient divisés en deux camps, comme il est de règle chaque fois qu'apparaît une nouveauté. Ceux qui prétendaient qu'une altération frontale détruisait l'intellect et ceux qui prétendaient que ça ne changeait rien. Il y en eut même qui affirmèrent que cette amputation améliorait les performances intellectuelles.

Tous les praticiens ont eu l'occasion d'observer des lobotomisés qui, après un accident de la route ou du travail, se sont transformés en « légume ». Cette métaphore cruelle évoque l'impression que font ces malades. Mais les praticiens racontent aussi leur stupéfaction en découvrant parfois, au décours d'un scanner, un énorme trou à la place des lobes frontaux, alors que le sujet effectue les mêmes performances qu'avant. Il est même arrivé qu'on observe une amélioration apparente. Je pense à ce patient qui, toute sa vie, avait été amoindri par une terrible inhibition émotionnelle. Ses performances intellectuelles étaient médiocres, jusqu'au jour où, à l'âge de quarante-quatre ans, il avait ressenti un éclair douloureux derrière son front. Un bilan neurologique avait révélé un petit anévrysme de la communicante antérieure, une petite hernie sur l'artère qui joint les deux hémisphères frontaux. Le suintement sanguin, en dilacérant les fibres nerveuses, avait réalisé une parfaite lobotomie. Après que l'intervention chirurgicale eut stoppé l'hémorragie, le malade totalement désinhibé par cette altération avait de suite amélioré ses performances relationnelles et intellectuelles !

Dans l'immense majorité des cas, les personnalités sont très affaiblies. Le premier cas, décrit en 1848, s'appelait Phinéas Gage. Il est devenu célèbre, tant il illustre bien ces « personnalités frontales ». Cet homme sérieux, sobre et appliqué était devenu capricieux, versatile et euphorique après qu'une barre de fer lui eut arraché les deux lobes frontaux [65]. Les descriptions ont été affinées par la suite, et l'on a pu décrire la belle insouciance, l'étonnante indifférence des frontaux qui, yeux arrachés ou visage fracassé, s'en moquent éperdument ! On a rapporté aussi de nombreux cas d'euphorie niaise ou d'hypersexualité par absence de crainte des réactions des autres. On décrit aussi la boulimie, la persévération des comportements et les imitations incoercibles [66].

Les personnalités frontales nous font comprendre qu'un homme ne peut vivre sa condition humaine que lorsqu'il parvient à se libérer du présent. Or la personnalité frontale ne vit qu'au présent, un présent incessant, une succession de présents dans un monde où rien de son passé ne persévère et aucun avenir ne se figure. Puisqu'il n'évoque plus les temps révolus, aucun échec ancien ne peut le faire souffrir. Et, comme il n'anticipe plus et ne peut rien planifier, il n'éprouve plus l'angoisse de l'avenir. Aucun espoir déçu, aucune angoisse de perte ne peut le torturer. Immobile, visage figé, il ne répond qu'à ce qui passe autour de lui, le touche, l'interpelle ou le bouscule. Il s'en détache dès que l'événement est passé, car, prisonnier du présent, il ne peut que lui répliquer. Comme cette jeune femme immobile et indifférente qui, dès qu'elle voyait passer un jeune homme, « en proie à des passions [prenait] des attitudes séductrices et des recherches érotiques [67] ». Après l'ablation de la tumeur frontale, elle mourait de honte en évoquant ses comportements passés.

L'homme lobotomisé demeure immobile, alors qu'il a tout pour marcher. Il n'enchaîne pas deux mots, alors qu'il a tout pour parler. Il vit assis, immuable, sans passé, sans projet, sans angoisse, sans ennui, et pourtant personne ne parle de bonheur. La clinique des lobotomies nous conduit à un douloureux paradoxe de la condition humaine : sans angoisse et sans souffrance, l'existence perdrait son goût.

Ceux qui prétendent organiser une culture sécuritaire qui détruirait l'angoisse et nous offrirait des distractions incessantes pour lutter contre l'ennui nous proposent-ils autre chose qu'une lobotomie culturelle ? Si une telle culture existait, nous connaîtrions une succession de bien-être immédiats, nous serions satisfaits, dans un état dépourvu de sens, car nous n'éprouverions qu'une succession de présents.

La manière dont nous organisons nos phrases dépend de la manière dont nous éprouvons le temps. L'imparfait douloureux, le futur angoissant et le conditionnel crispant disparaîtront d'une culture lobotomisée, comme ils s'effacent du langage des lobotomisés. On note chez eux « la conservation d'un langage de niveau élémentaire s'opposant à la difficulté, voire à l'impossibilité d'un langage propositionnel complexe [68] ». C'est en effet très étonnant de bavarder avec un lobotomisé. On le voit inerte, indifférent, sans souffrance ni préoccupations, lorsque soudain il explose parce qu'une pulsion venue on ne sait d'où l'a possédé. Quand la furie s'apaise, il ne fait aucun commentaire, parce que, faute de temporalisation, il ne peut pas se souvenir, ni revivre l'événement sur le mode de la parole.

La verbalité perd son flux, puisque le sujet ne vit qu'une succession d'instants. Les virgules et les pronoms de corrélation disparaissent, et ses phrases se structurent comme un simple énoncé informatif : « oui... non... faim... ça va... » Quand il échoue à parler, il ne manifeste pas plus d'émotion que lorsqu'il a été mû par une pulsion indécente. Quand un sujet historisé bute sur un mot, il manifeste toujours un peu d'agacement. Lorsqu'un lobotomisé cherche un mot et ne le trouve pas, il s'arrête et se tait, puisque, n'éprouvant ni futur ni altérité, il ne peut être déçu. Un sujet historisé anticipe un scénario de plaisir ou de vengeance : « Je vais lui dire, moi, ce que je pense. » Mais quand il rate un mot et que cette anomie empêche la réalisation de son désir, il éprouve une déception irritée. Pas d'imaginaire au contraire chez le lobotomisé sans futur, donc pas de frustration. S'il manque un mot, il ne cherche pas la périphrase ou le commentaire circonlocutoire qui lui permettrait d'atteindre quand même son but.

C'est pourquoi les lobotomisés savent répéter des mots ou des phrases simples, et qu'il en est de même dans les cultures lobotomisées où les théories ne servent pas à penser, mais à réciter des phrases qui servent d'emblème au groupe : « l'exploitation de l'homme par l'homme... la forclusion du nom du père... l'homme est naturellement bon... » Cela ne veut pas dire que ces idées sont fausses, simplement elles n'énoncent plus une pensée. Elles servent à faire du lien en répétant la phrase du maître.

Quand nos enfants maîtrisent le langage au point de devenir des sujets historisés, leurs phrases s'allongent. Ils nous sollicitent par leurs mimiques, la musique de leurs mots, de leurs respirations et de leurs ponctuations. Le scénario comportemental de leur conversation révèle qu'ils s'approprient le temps et désirent agir sur notre monde mental au moyen de leurs mots et de leurs mimiques. Ce qui revient à dire que, lorsqu'un enfant se temporalise, pour des raisons à la fois cérébrales et contextuelles, il devient capable de se décentrer et de se libérer de l'instant. Les lobotomisés, qui vivent le temps comme un pointillé de présents, n'ont aucun sens de l'empathie. S'ils pissent sous eux, ce n'est pas parce qu'ils ont des troubles sphinctériens, mais parce que, soumis à leur envie de pisser, ils y répondent sans tenir compte de l'effet que ça produit sur l'autre. Car l'angoisse nous contraint à la créativité, et la culpabilité nous invite au respect. Sans angoisses, nous passerions notre vie couchés. Et sans culpabilité, nous resterions soumis à nos pulsions.

L'angoisse n'est digne d'éloge que lorsqu'elle est source de création. Elle nous pousse à lutter contre le vertige du vide en le remplissant de représentations. Elle devient source d'élan vers l'autre ou de recherche de contact sécurisant comme lors des étreintes anxieuses. La culpabilité ne nous invite au respect que lorsque la représentation du temps permet d'éprouver les fautes passées, de craindre les fautes à venir, afin de préserver le monde de l'autre et de ne pas lui nuire.

Quand le sentiment de vide provoqué par la représentation d'une absence n'est pas rempli par des créations agies, affectivées et mentalisées, l'angoisse se transforme en force inutile, en pulsion vers rien, comme une violence informe qui nous pousserait sur le bord d'une fenêtre. Quand l'homme coupable ne trouve pas autour de lui les structures affectives, sociales et culturelles qui lui permettent de transformer sa souffrance en surplus d'humanité, il ne lui reste que l'auto-agression... pour moins souffrir ! C'est ce qu'on voit chez les mélancoliques qui s'apaisent en se mutilant, parce que la blessure physique est moins douloureuse que la culpabilité qui les torture.

Plus le développement des individus les mène à l'empathie, plus l'intelligence collective invente des mondes virtuels et plus nous éprouvons le malheur des autres et l'angoisse de l'inconnu. Nous pouvons donc prévoir en toute certitude le développement mondial de l'angoisse et de la dépression[69].

De l'évolution du corps à la révolution de l'esprit

On ne peut parler de pensée que lorsque apparaît dans un organisme, dans son for intime, dans son espace intérieur, une reproduction d'informations sensorielles simples ou complexes, d'images sonores ou visuelles, utilisées pour faire symbole ou signe. Une production mentale est alimentée par des perceptions, des émotions et des connaissances qui donneront graduellement la pensée perceptuelle, la pensée émotionnelle et la pensée abstraite[70].

Les animaux produisent certainement de la pensée perceptuelle puisqu'ils savent faire un détour pour s'approcher d'un objet convoité. Ils apprennent et parviennent à combiner des expériences acquises pour résoudre un problème que le milieu leur pose. Mais l'expression « pensée perceptuelle » est peut-être abusive, il vaudrait mieux parler d'« intelligence du corps ». Par exemple, lorsqu'un cormoran pêche, il plonge sur le poisson réel et non sur l'image diffractée par le passage de l'eau à l'air. Si l'on a beaucoup d'estime pour les cormorans, on interprétera cette observation en disant que le cormoran est un grand physicien qui sait calculer la loi de la diffraction de la lumière. Si l'on connaît la neurologie, on prétendra que son cerveau est organisé de telle manière que la transmission neurofonctionnelle fait d'elle-même la correction[71]. Mais, si l'on est ophtalmologiste, on dira que le cristallin des oiseaux pélécaniformes est tellement mou que, dès qu'il touche l'eau, la correction se fait d'elle-même[72].

Il ne faut pas négliger cette intelligence du corps, les hommes s'en servent chaque jour. Lorsqu'un enfant apprend à rouler à vélo, il n'a pas besoin d'un seul mot d'explication. Son corps éprouve dans les muscles du dos, dans les mollets, les bras et son système labyrinthique les lois de l'attraction terrestre, de la cinétique et même de la chute des corps! Un mathématicien qui voudrait lui apprendre à rouler à vélo grâce à ses formules l'empêcherait d'apprendre. De plus, le matheux ne pourrait même pas formuler les lois du virage de la bicyclette qui sont incalculables. Et pourtant, elle tourne!

Donc ça prépense, dans la mesure où « penser est une attitude mentale suspensive prospective ou rétrospective adoptée par un sujet, pouvant varier de la conscience la plus aiguë au rêve [73] ». Le mot « rêve », au sens de rêverie, est proche du fantasme, scénario imaginaire où le sujet se met lui-même en images, afin de se donner l'impression de réaliser un désir. Mais on peut aussi l'employer dans un sens biologique. Le rêve des animaux et des hommes est une représentation d'images déclenchée par l'impulsion bioélectrique du sommeil paradoxal [74]. Schématiquement, c'est un processus d'incorporation des événements de la veille. Lorsque, le jour précédant l'enregistrement, l'animal a connu des événements émotionnants, son sommeil paradoxal peut augmenter de vingt à trente pour cent la nuit suivante. Cette variation événementielle s'ajoute à l'expression du sommeil paradoxal déterminée génétiquement. Les événements, désormais incorporés, appris, digérés par le cerveau, s'ajoutent aux aptitudes génétiques de l'organisme, ce qui a pour effet de le modifier et de l'adapter au milieu. Cet apprentissage par imprégnation explique que, lorsqu'on vit dans un pays étranger dont on parle la langue, on finit par rêver dans cette langue. L'aptitude biologique à l'apprentissage incorporant que permet le rêve nous offre un bon exemple de la double contrainte d'un programme génétique qui pousse (au sens agricole du terme : ça pousse) à adapter un organisme aux tuteurs de développements structurés par le milieu.

Les espèces dont le développement après la naissance se poursuit longtemps fabriquent plus de sommeil à rêves que les espèces pratiquement terminées. Les fourmis, qui se développent peu après l'éclosion, s'imprègnent rapidement de leur milieu. Les poules et les brebis ne disposent que de quelques minutes pour s'attacher avec « la précision d'une mécanique d'horlogerie [75] ». Mais les espèces néoténiques, qui continuent à se développer alors qu'elles sont déjà capables de se reproduire sexuellement, sécrètent durablement du sommeil paradoxal, révélant ainsi leur grande aptitude biologique à apprendre.

La graisse a permis de stocker l'énergie, l'homéothermie a rendu possible la stabilité interne de la température, le sommeil à rêve confère l'aptitude à apprendre par imprégnation, et le jeu permet l'exploration d'un monde intersensoriel.

Les psychanalystes ne sont peut-être pas très loin de cette démonstration totalement biologique. Freud appelait « pensée du rêve » ce processus primaire de représentations d'images, d'émotions et de mots qu'il distinguait du récit du rêve.

Cette formulation implique que les précurseurs de la pensée, dont le rêve est un ambassadeur chez l'homme comme chez les animaux, doit être distingué du travail de la pensée qui nécessite un effort pour se remémorer et une traduction verbale afin de s'adresser à un autre. Quand la pensée est préverbale, elle n'est ni communicable ni élaborable. Elle naît dans l'organisme, mais, n'étant ni verbalisée ni signifiée, elle ne peut pas participer à un monde intermental. L'organisme qui éprouve ce précurseur de la pensée reste soumis à ce qu'il éprouve. Mais, dès qu'il peut en rencontrer un autre, susceptible d'entendre ce précurseur de la pensée, il devient capable, sous l'effet du partage parolier, de remanier sa représentation et d'éprouver différemment son monde. Freud aurait totalement accepté ces données éthologiques puisqu'il a écrit : « La pensée visuelle se rapproche davantage des processus inconscients de la pensée que la pensée verbale et est plus ancienne que celle-ci, tant du point de vue phylogénétique qu'ontogénétique [76]. »

Le précurseur de la pensée, en tant que représentation d'images, se fait dans un organisme imprégné par son milieu. En ce sens, la pensée émerge du cerveau. Mais il faut que l'évolution ait donné à ce cerveau une structure anatomo-fonctionnelle qui lui permette de traiter des informations absentes. Certains cerveaux parviennent à cette décontextualisation qui crée un monde d'images et d'émotions grâce à trois instances :

– le sommeil à rêve qui réveille les traces du passé ;

– le lobe préfrontal de l'anticipation qui, associé aux circuits de la mémoire, ajoute des émotions à ces apprentissages et à ces plans d'avenir ;

– et surtout la présence d'un autre homme qui saura saisir l'expression de ce précurseur de la pensée gestuel, mimique ou verbal, pour en faire un monde inter-mental.

La pirouette de Descartes qui amarre l'âme flottante sur l'épiphyse est une métaphore de marin. En fait, la pensée s'arrache à l'organisme grâce à l'onirisme. Puis il faut qu'un autre saisisse cette émergence pour en faire un travail de parole, afin de créer un nouveau monde.

CHAPITRE II

L'alentour

L'individu poreux

Le grand piège de la pensée, c'est de croire que l'individu est un être compact. Si l'on se fie à l'apparence, c'est un être vivant qu'on ne peut plus diviser, sous peine de le tuer. L'individu divisé n'existe plus.

Comme nos mots et nos pensées ont pour fonction de sculpter des entités et de les faire jaillir du réel, nous déduisons de ce concept que l'individu est un objet cohérent, clos et coupé du monde, ce qui est faux : « Je revendique cette aptitude que nous avons tous à ne pas être conformes à nous-mêmes, à ne pas être un bloc homogène dont la personnalité serait définitivement fixée... cette possibilité d'être traversé par des courants divers et d'échapper au fanatisme de l'identité [1]. »

Si nous possédons en nous la folie de vivre, nous devons chercher les situations par où nous serons pénétrés par les éléments physiques, tels que l'eau, l'oxygène, ou les aliments ; par les éléments sensoriels tels que le toucher, la vue d'un visage ou la vocalité des mots ; par des éléments sociaux tels que la famille, la profession et les discours.

L'individu est un objet à la fois indivisible et poreux, suffisamment stable pour rester le même quand le biotope varie, et suffisamment poreux pour se laisser pénétrer, au point de devenir lui-même un morceau de milieu.

Cette notion d'« individu poreux » explique que l'hypnose, qui a été commercialisée comme un phénomène de foire, constitue en fait une propriété banale donc fondamentale du vivant. Des organismes, suffisamment séparés pour qu'on puisse les considérer comme des individus, éprouvent quand même la nécessité d'être ensemble : *être-avec* pour être, contrainte paradoxale du vivant. Mais tous les organismes n'ont pas la même complexité. Certains se contentent d'extraire l'énergie, de l'utiliser et de rejeter les déchets. Être-dans le milieu leur suffit pour vivre, comme les plantes et les paramécies, ces animaux unicellulaires à grands cils.

D'autres organismes perçoivent les congénères ou les proies comme des objets hautement stimulants. Être-avec constitue pour eux un événement marquant, une sensation intense.

Enfin, certaines personnes, comme les hominidés, possèdent la capacité de faire comme si. Cette compétence témoigne de leur capacité à agir sur les émotions et les représentations d'un autre.

Être-dans, *être-avec* et *faire comme si* permettent de décrire les stades de l'ontogenèse d'un nourrisson qui, lorsqu'il est-dans, se laisse perfuser par son milieu, lorsqu'il est-avec devient capable d'agir sur le corps et les émotions de l'autre, et lorsqu'il fait comme si mérite le prix Nobel de la construction psychique puisqu'en utilisant des postures, des mimiques et des mots il peut intervenir sur les représentations de l'autre, dans son monde psychique. De tous les organismes, l'être humain est probablement le plus doué pour la communication poreuse (physique, sensorielle et verbale), qui structure le vide entre deux partenaires et constitue la biologie du liant.

Si l'on accepte cette proposition que l'être-avec nécessite la présence de deux individus liés par leurs pores, on peut comprendre l'expérience du baquet de Mesmer, ce médecin allemand du XVIIIᵉ siècle qui prétendait guérir en provoquant des transes, par le simple fait de tenir des cordes reliées à un baquet. J'imaginais ce récipient comme un objet technique réduit à sa simple fonction, mais, quand je l'ai vu, j'ai été surpris par de fines ciselures sur une belle marqueterie. La beauté du meuble m'a fait comprendre que Mesmer avait inutilement compliqué le problème. Il l'avait contextualisé en lui ajoutant l'élégance du siècle et avait rationalisé le phénomène avec le langage scientifique de l'époque, au lieu de simplement se demander par quel mystère un individu influence son prochain. Au XVIIIe siècle, on ne pouvait concevoir le liant qu'en tant que force matérielle, émise par un organisme, et agissant sur un autre. Dans sa thèse de doctorat présentée à Vienne en 1766, Mesmer, fortement inspiré par la physique de Newton, avait assimilé sa notion de magnétisme animal au transport d'une substance entre les astres [2]. Ce fut un mauvais calcul, car autant le phénomène était observable et manipulable, comme à cette époque les scientifiques commençaient à s'y exercer, autant l'explication par le fluide a irrité les commissions d'experts nommés par Louis XVI. Ils ont expliqué les manifestations par l'imagination, et certains ont dénoncé le magnétisme animal comme une pratique immorale, « dangereuse pour les mœurs [3] ». Constatant que le fluide n'existait pas, ils en concluaient que le phénomène n'existait que dans l'imagination, le non-réel, le sans importance.

Le simple fait d'avoir choisi l'expression « fluide » ou « magnétisme animal » pour expliquer le phénomène de transe provoquée autour du baquet permet de comprendre que Mesmer pensait que cette force invisible qui se communiquait et agissait entre les hommes était une force animale, en deçà de ce qui est propre à la condition humaine.

C'est l'idée que je propose de reformuler en termes actuels de l'éthologie cognitiviste [4].

La seule substance qui se transmet entre deux organismes et qui pourrait correspondre à la matérialité du fluide animal, c'est l'olfaction. Or les animaux s'en servent dans un schéma très simple : attirer ou repousser. Cette transmission de matière entre deux organismes met l'autre en mouvement, ce qui est le contraire de l'effet hypnotique qui, dans le monde vivant, vise à immobiliser.

Chez l'homme aussi, l'odeur est une transmission de matière. Celui qui flaire, palpe avec son nez un échantillon de la matière de l'autre, un indice qui le pénètre comme chez les animaux. Le fait que notre système olfactif soit trois cents fois moins développé que celui d'un chien ne l'empêche pas de fonctionner intensément. La palpation olfactive qui nous pénètre provoque une appétence ou un dégoût, une intention de mouvement, comme toute pénétration. Mais surtout, dès que le cerveau du nez a palpé un échantillon de l'odeur de l'autre, l'information stimulante n'est pas relayée vers le cortex, mais d'emblée est envoyée dans les circuits de l'émotion et de la mémoire [5]. À l'information qui nous met en mouvement s'ajoute l'évocation d'émotions et de souvenirs. On peut influencer avec l'odeur, attirer, repousser ou évoquer, mais on ne peut pas hypnotiser, immobiliser. L'olfaction met en branle : on palpe, on évite, on mentalise, mais on ne peut pas captiver. Un peu comme lorsqu'on marche en montagne sur une corniche, on perçoit des informations dans les mollets et dans les images qui nous attirent d'un côté et nous repoussent de l'autre.

Les phéromones gouvernent les animaux avec une puissance et une précision étonnantes [6]. Ils s'enfuient ou se précipitent les uns vers les autres de toute urgence. Et chez l'homme, il semble que ces molécules, intensément perçues, évoquent une émotion non consciente que nous rationalisons ensuite. La pénétration par le nez d'une phéromone attractive ne provoque pas une prise de conscience olfactive. À peine a-t-on pensé « Tiens, ça sent bon » que l'évocation provoquée par la molécule induit la mise en forme verbale d'une émotion et d'un souvenir : « Ce monsieur me rappelle mon cousin que j'aimais tant, il est sympathique, je vais lui parler [7]. »

Avec l'olfaction on peut émouvoir et mouvoir l'autre. Alors qu'avec les autres organes des sens on peut le captiver, prendre sa conscience et le mettre en attente. Si je captive l'autre par une sonorité, une image, une mise en scène ou une parole, je concentre ses activités physiques et mentales sur la sensorialité que j'ai organisée, à son intention, dans sa direction... pour le prendre ! Et l'autre est d'accord avec cette intrusion sensorielle parce que c'est délicieux d'être captivé. C'est un événement sensoriel et affectif intense qui nous rend complice de celui qui nous captive. C'est très différent d'une capture, où l'autre s'empare de nous alors que nous nous y opposons.

Lors des premiers processus de domestication, avant le néolithique qui a systématisé cette emprise, les chiens ont été les premiers captivés par l'homme. On les fascinait tant qu'ils sont tombés amoureux et se sont laissé humaniser avec délice depuis quinze à vingt mille ans. Les phoques sont « fous d'amour » pour nous. Et s'ils n'avaient pas besoin de tant d'eau et de poisson, nous pourrions facilement les domestiquer, ils ne demandent que ça. À l'inverse, l'immense majorité des animaux évitent l'homme, et, si on veut les mettre en zoo, ou les manger, il faut les capturer. Entre ces deux extrêmes, les chameaux, les lamas et les rennes aimeraient bien éviter l'homme qui doit prouver sans cesse son emprise sur eux, sinon ils se marronnent et retournent à l'état sauvage. Mais, comme on les intrigue, ils nous côtoient de loin, hésitant entre la fuite et l'attraction. Cette distance affective a donné à ces animaux un effet civilisateur particulier, puisque les civilisations du renne, du dromadaire ou du lama ont tendance à migrer. Alors que les civilisations de la vache, du chien, et des animaux territoriaux ont été plus faciles à sédentariser.

L'effet civilisateur du chat est particulier. Il est arrivé plus tard dans les relations entre l'homme et l'animal. La passerelle sensorielle qui permet l'hypnose est intense mais étroite. L'animal s'attache au site autant qu'à l'homme. Son contrat amoureux est souvent signé avec un écrivain, parce que l'objet sensoriel constitué par l'homme de lettres est bien accueilli dans un monde de chat. Le plumitif bouge juste assez pour manifester une présence chaleureuse et sécurisante, délicieuse pour un chat.

Quelques passerelles sensorielles sont possibles entre espèces différentes. Elles sont organisées par des promesses génétiques, différentes mais compatibles, et des rencontres aléatoires. Elles sont construites avec de la matière olfactive, des images lumineuses et sonores, et des objets physiques comme l'offrande alimentaire qui autorise la caresse.

Dès l'instant où il s'agit de captiver l'animal, le sens du toucher devient un instrument efficace. Si on lui fait du mal en le touchant, on captive sa conscience. Il ne pense à rien d'autre au moment où il éprouve une douleur, mais la stratégie n'est pas hypnotisante puisqu'on provoque une réaction de défense, de fuite ou d'agression. La bonne stratégie consiste à toucher, juste assez pour captiver sans faire mal.

Les fessées d'endormissement ritualisent ce phénomène. L'enfant est couché à plat ventre sur les genoux de la congaï familière qui dispose sa main en creux pour ne pas faire mal à l'enfant. Elle tape au niveau des fossettes sus-fessières, assez fort pour que l'enfant ne puisse s'intéresser à rien d'autre, avec un rythme parfait, pour que le petit, captivé par ce métronome, attende le coup suivant. En moins d'une minute, il s'endort. Mais l'acculturation des gestes est si précoce que, lorsqu'une mère européenne veut utiliser ce procédé, l'enfant se retourne indigné et proteste parce que, pour lui, les coups d'une mère occidentale signifient une fessée, alors que, de la part d'une congaï, ils annoncent un rituel d'endormissement.

Entre adultes on ne se donne pas la fessée, mais on garde le même principe psychophysiologique. On touche l'autre pour capter sa vigilance, on profite d'une posture pour lui prendre la main et y appuyer nos doigts afin de saisir son attention et la focaliser sur une seule information.

Autant l'olfaction de l'homme est une voie de communication qui nous échappe souvent et que nous acculturons par nos parfums pour attirer, repousser ou évoquer, autant le toucher est facile à utiliser. Il provoque une émotion si forte que le code du toucher est rigoureux : on ne peut pas toucher l'autre en n'importe quel endroit de son corps. La moindre déviation est intensément perçue et aussitôt déco-dée selon les normes culturelles. La manière de se serrer la main ou celle de se faire la bise sont tellement précises qu'elles changent de sens au millimètre près.

Chez l'homme, le toucher est un canal de communication très charpenté parce que c'est le premier à entrer en fonction, dès la septième semaine de la vie utérine. C'est une voie sensorielle où aboutissent d'autres informations. Une sonorité, en faisant vibrer l'eau de l'oreille interne, est un équivalent de toucher dans la tête. Et surtout, parce que l'homme est un singe nu, sa peau dépourvue de poils est très sensible. Quand on la touche nue, tiède et odorante, la perception est si forte qu'elle déclenche une intense émotion. La signification que prend un toucher sur un lieu du corps amplifie l'émotion et constitue un moyen de capturer l'autre, car appuyer nos doigts sur la main ou sur l'épaule ne prend pas le même sens que lui caresser la joue.

Entre le flux aérien d'une substance olfactive et la pression physique d'un toucher, d'autres moyens existent pour transporter l'information entre deux organismes poreux. Les images visuelles et les images sonores réalisent d'excellentes performances afin de captiver l'attention de l'autre. Dès qu'on peut suggérer une image visuelle ou auditive, on change de registre : on captive l'attention en déclenchant une représentation. « La vision est l'art de voir des choses invisibles [8] », à condition de savoir évoquer des images. L'audition permet, elle aussi, de voir des choses invisibles, à condition de savoir articuler les mots qui les font voir.

Ainsi, la molécule meut et émeut, la pression physique capte en touchant, tandis que la gustation et l'olfaction effleurent la bouche et le cerveau du nez. Ces stimulations sensorielles immobilisent un bref instant, juste le temps de provoquer un mouvement d'attraction ou de fuite, de flairage ou de mastication. Ce qui n'est pas le cas des images visuelles et auditives qui captent et mettent en attente.

La physiologie sensorielle fonctionne déjà comme une perception sémiotisante. Les signifiants visuels ou sonores ne sont pas bêtes du tout puisque, aussitôt perçus, ils évoquent l'imperçu !

Si vous ne me croyez pas, demandez à votre chef de bureau de se raser la barbe. Le lendemain matin, aucun de

ceux qui le côtoient ne s'en rendra compte. Ils diront :
« Tiens, il est plus frais, il est reposé... » Presque personne
ne dira : « Il s'est rasé la barbe. » Parce que l'image perçue
est composée de structures élémentaires : barre horizontale
des yeux, barre verticale du nez et rond sonore de la
bouche. Ces perceptions élémentaires suffisent à l'observateur pour se figurer le reste du visage. C'est pour ça qu'on
peut faire des caricatures ou des épures. Plus la perception
est réduite à l'essentiel, plus elle possède un pouvoir évocateur. D'emblée le visage est une figure, comme celle du
patineur, où l'on se représente le mouvement qu'on ne perçoit pas, mais qu'on prévoit. Le patineur nous place dans
une posture physique et psychique d'attente. Notre plaisir
vient de la connivence. Un même raisonnement vaut pour
la musique : c'est tout de même curieux que plus on
connaît un air, plus on éprouve de plaisir, à condition que
le musicien réalise ce qu'on espère.

Cette perception sémiotisante est en deçà de la convention du signe, puisqu'en articulant le perçu avec l'imperçu
elle se place à la jonction de la matière et de la représentation. Alors que pour passer la convention du signe il faut
déjà habiter un monde imperçu. Pour convenir que la
sonorité « POM » va arbitrairement désigner tel fruit, il
faut que chacun des signataires de la convention soit apte à
se représenter les représentations de l'autre. Si j'articule
« POM », chacun comprendra que cette musique verbale
désigne tel fruit. Alors que, dans le jeu de « Coucou »,
l'enfant qui voit disparaître le visage de son père derrière la
serviette part en quête de l'image disparue. Il se la représente, il l'espère, comme la note de musique, comme la
figure du patineur, et, quand le visage familier réapparaît
soudain en émettant une sonorité étrange, « cou cou ou
ou », l'enfant éprouve le plaisir de l'harmonie et de la victoire épistémologique. Il prépense : « Le visage que je perçois correspond à l'image que je pré-voyais. Le réel
confirme ce que j'espérais. Le plaisir vient de la satisfaction
de ma représentation. » Voilà ce que l'enfant dirait, si cette
immense aventure artistique et intellectuelle ne survenait
pas bien avant la parole !

Si je raconte ces histoires de figure et de « coucou », c'est pour dire qu'une image visuelle ou sonore peut constituer une perception sémiotique, une forme perçue qui met en attente d'une représentation. Le plaisir vient de la connivence entre l'artiste et le spectateur (patineur, « coucou »), et l'attente est ainsi érotisée. Même la posture d'espoir est plaisante car elle prépare au plaisir, comme un échantillon, comme une promesse attendue. Le plaisir d'une perception sémiotique agit à plusieurs moments d'une même harmonie : le plaisir d'espérer (le désir), le plaisir d'éprouver (la perception), et le plaisir de le dire (en le faisant vivre encore dans la représentation verbale). La forme du plaisir est donc attendue, éprouvée, puis récitée.

Le feu et la cascade nous offrent des exemples de ces formes naturelles qui ont le pouvoir de nous mettre en attente. Il m'arrive de me fixer devant un feu de cheminée, en plein brouhaha humain. En quelques mouvements de flammes, ma conscience est captivée, délicieusement. Je ne perçois rien d'autre qu'une couleur dansante, une chaleur crépitante. Cette perception me séduit et me possède comme une musique. Le simple fait d'être pris et d'en éprouver du plaisir me vide de tout travail mental ou musculaire, et explique pourquoi cette captivité bienheureuse m'apaise. Je ne peux donc pas être pris par n'importe quelle structure sensorielle : un bruit suraigu touchant mon oreille comme une vrille me pousserait au mouvement, à me boucher les oreilles ou à fuir. Une brûlure acide me contraint à me débattre, alors qu'une douce et chaleureuse pression m'immobilise, en attendant le regard ou la parole de celui qui me touche. Les nourrissons, dès leur naissance, ne sont pas captivés par n'importe quel objet. Ce qui prend forme pour eux, c'est la brillance des yeux qu'ils suivent dès le premier regard et les basses fréquences de la voix qui les captivent dès les premiers mots.

L'homme, du fait de son aptitude à la parole, connaît doublement l'hypnose. Une première fois, grâce aux structures sensorielles perçues, comme un nouveau-né face à sa mère ou un homme devant un feu ; et une seconde fois, par la fonction sémiotique de ses perceptions. Lors d'un rassemblement politique, le décor de l'estrade, la disposition des meneurs et le panurgisme des suiveurs structurent dans l'espace une « géométrie qui veut dire ». Si le chef gravit une estrade haute de trois mètres, équivalent moderne d'un trône, tandis que la foule est vigoureusement ordonnée par un service d'ordre, cette géométrie charpente un discours sans parole. Le comportement et la disposition spatiale d'un chef assis sur un tabouret pour bavarder avec ses disciples tiendraient un autre langage. L'espace et les gestes pré-disent, et, comme les mots, ils peuvent mentir.

Quand Braid, au milieu du XIXe siècle, a introduit le mot « hypnotique [9] », il a lancé un contresens, dans notre culture, en faisant croire qu'il s'agissait d'un phénomène ayant rapport avec le sommeil. L'approche éthologique soutient qu'il ne s'agit ni d'un rêve, ni d'un sommeil, mais bien au contraire d'un état de la sensorialité, liant deux organismes séparés. L'expression de l'un fait impression dans l'autre, et le captive. Le quatrième état de l'organisme après la vigilance, le sommeil et le rêve [10] n'est pas à rechercher dans l'organisme, mais dans le vide entre deux individus séparés et pourtant liés par leurs perceptions échangées.

Peut-être pourrait-on appliquer l'expression de « perception sémiotique » au monde vivant, en entier, dans la mesure où déjà chez l'animal le monde perçu évoque un début d'imperçu, puisque la possibilité d'apprentissage apparaît tôt dans les organismes simples. Alors, il faut décrire une phylogenèse de la perception sémiotique [11], avec une graduation du signifiant et du signifié.

Jeteurs de charme animaux et humains

En évoluant du signifiant au signifié, je suis passé du monde perçu de la peur au monde imperçu de l'angoisse. Mon adaptation émotive et comportementale n'est plus du tout la même. La peur pousse à l'effondrement, à l'immobilité qui protège ou à la fuite effrénée qui, lorsqu'elle se termine par la mise hors jeu du prédateur, provoque une euphorie. Tandis que le fait de vivre dans un monde

imperçu contraint l'organisme à une adaptation représen-
tationnelle. Pour se sécuriser, il doit partir en quête de
l'objet d'angoisse afin de le transformer en objet de peur,
face auquel il connaît une stratégie d'effondrement ou de
fuite. C'est ce que font les phobiques et les paranoïaques
dont l'angoisse se calme dès qu'ils peuvent repérer et désigner l'objet qui les effraie. Dès lors il suffit d'éviter l'objet
phobogène ou d'agresser l'agresseur. Ce qui revient à dire
que vivre dans le monde de la peur contraint à agir, alors
que vivre dans le monde de l'angoisse contraint à
comprendre et à parler.

L'homme et l'animal connaissent la peur qui pousse à
l'acte. Et l'homme connaît l'angoisse qui contraint à la
culture. Ce serait tout bénéfice si un autre groupe humain
n'avait pas inventé un autre monde de représentations,
tranquillisant pour lui mais effrayant pour nous. Les
guerres deviennent alors un processus logique, car le
monde des représentations des autres constitue un objet
menaçant, qui nous effraie.

Le terme d'hypnose est un mauvais terme puisqu'il ne
concerne en rien le sommeil. Quel nom faudrait-il attribuer
à ce phénomène du vivant qui, structurant une passerelle
sensorielle entre deux organismes, captive l'un au point
qu'il se laisse ensuite capturer ? *Captose* ? *Captivose* ? Le
mot *captivare* contient la notion de saisir, de prendre senso-
riellement, d'attacher de force, de capter par les sens : « Il
fut saisi en voyant son visage... il ne pouvait s'en détacher. »
On lit des choses comme ça dans les romans naturalistes.

L'ensorcellement, caractéristique du vivant, consiste à
jeter un charme, instiller un philtre, envoûter par un chant
ou un récit pour s'emparer du monde mental de l'autre.

Chez les animaux, le charme opère à l'intérieur d'une
même espèce. Les petits, imprégnés par leur mère, ne
peuvent pas ne pas la suivre. Les animaux grégaires
contraints à vivre ensemble sont liés par leur sensorialité.
Cette force fascinante peut opérer entre espèces, comme on
peut le voir chez les commensaux quand un petit poisson
de haute mer, le maquereau, perçoit la forme du barracuda
très attirante pour lui. Séduit par ce volume, sombre et

mouvant, le petit poisson se colle au-dessus des mâchoires ou sous le ventre du prédateur où il passe une vie heureuse de maquereau. Il s'adapte au moindre mouvement de cette forme captivante qui, de temps à autre, attrape un poisson et le broie, laissant ainsi des miettes dont le maquereau profite. Le barracuda n'a aucun intérêt à fréquenter les maquereaux. Pourtant, il se laisse côtoyer, car la forme maquereau « ne lui dit rien », ne le stimule pas, ne lui donne envie ni de le happer ni de fuir. Le maquereau l'indiffère !

Il arrive que ce côtoiement facultatif se transforme en contrainte à coexister. Les poissons pilotes ne naviguent jamais pour eux-mêmes, leur stratégie de navigation s'adapte au prédateur qu'ils côtoient. Ils se placent à la hauteur des nageoires dorsales du requin-chasseur et évitent son museau. Ils n'hésitent pas à nager devant la gueule d'un requin-baleine dans laquelle ils se réfugient en cas de danger [12]. Ils ont intérêt à ne pas se tromper, mais pour eux le monde perçu est aussi clairement catégorisé que pour nous, lorsque nous évitons un précipice.

Le commensalisme [13] permet d'illustrer comment la constitution sensorielle d'un organisme agit sur un autre organisme... et le gouverne ! Le quatrième état de l'organisme n'est pas un fluide qui induit le sommeil, c'est une biologie périphérique où la sensorialité se structure, agit sur un autre et le captive.

Freud écrit : « Alors que l'hypnotisé se comporte vis-à-vis du monde extérieur comme un dormeur, il est éveillé vis-à-vis de la personne qui l'a plongé en hypnose, il n'entend et ne voit qu'elle [14]. » Cette définition s'applique aussi bien au maquereau fasciné par le requin-baleine qu'au nourrisson avide de percevoir sa mère, aux adultes en pleine conversation, aux adolescents amoureux et aux foules en adoration d'un meneur.

C'est le plan que je vais suivre pour défendre l'idée que l'influence caractérise tout organisme, quelles que soient sa forme et sa complexité. Un homme sans influence n'apprendrait rien de l'humanité. Il resterait à l'état de promesse et n'en tiendrait aucune. Cet homme virtuel existe :

c'est l'enfant abandonné! Tous les organismes sont poreux, même au niveau biologique élémentaire, c'est l'échange avec le monde extérieur qui leur permet de vivre, de se développer et de tenter de devenir eux-mêmes.

L'homme, du fait de son aptitude biologique à l'empathie et à la parole, appartient certainement à l'espèce la plus influençable, non seulement parce qu'il perçoit la sensorialité du contexte qui peut le captiver, mais aussi parce que, sous l'effet des mots des autres, il peut se mettre à leur place et éprouver un sentiment provoqué par leurs récits.

Mais le choix du mot qui désigne le fait révèle déjà un a priori théorique. On parle d'hypnose animale pour désigner une attraction du poisson, une sidération musculaire de l'oisillon « hypnotisé » par un cri particulier de ses parents, ou du petit mammifère figé par la perception d'une forme vibrante. Le mot qui désigne le fait est déjà une interprétation du fait.

En deçà de la verbalité, tout organisme est naturellement capté par une information sensorielle structurée de façon à monopoliser son attention. Ce phénomène est banal dans le monde animal : l'aventure a démarré en 1646, lors de l'*Experimentum mirabile-De imaginatione Gallinae*, réalisée par le père jésuite Athanasius Kircher [15]. On attache les pattes d'une poule, on la couche, elle se débat, on trace soudain devant son bec un trait de craie, elle s'immobilise, on la détache, elle ne bouge toujours pas, fascinée par le trait blanc. L'explication de ce phénomène admirable était fournie par le discours social de l'époque où l'idée de domination organisait la société : « la poule se soumet à son vainqueur... parce que son imagination interprète le trait de craie comme un lien qui la frappe de stupeur ».

Cette expérience fut répétée au XIXᵉ siècle, à travers l'Europe entière, à Cracovie, Iéna, Leipzig et Budapest, par le Pr Jan Nepomuk Czermak et son équipe qui hypnotisèrent de manière très scientifique des tritons, des grenouilles, des lézards et des écrevisses. Comme il est de règle, cette observation alimenta la culture romantique où, dans un même mouvement, elle se pervertit et se simplifia.

D'emblée, ce phénomène fut commercialisé, et les hypnotiseurs de foire firent des passes sur le corps de l'animal

en prononçant des incantations magiques, jusqu'au jour où
le bon professeur se rendit compte que les passes et les
incantations censées envoyer le fluide magnétique ne ser-
vaient qu'à faire joli dans la mise en scène. Une simple et
rapide contrainte posturale suffisait à immobiliser l'animal
pourtant éveillé. Séduit par tant de simplicité, il refit la
manipulation avec de longues séries de poules, de canards,
d'oies, de pigeons, de cygnes, de canaris, de serins et même
de dindons, confirmant ainsi La Fontaine :

> Pendant que nul dindon n'eût osé sommeiller :
> L'ennemi les lassait en leur tenant la vue
> Sur même objet toujours tendue [...]
> [...] Le trop d'attention qu'on a pour le danger
> Fait le plus souvent qu'on y tombe [16].

La Fontaine pensait que le dindon, captivé par le regard
du renard, devenait plus facile à ensorceler. Or la capture
sensorielle est encore plus simple quand un organisme ne
sait pas décontextualiser une information. Chez les invertébrés, il suffit de taper sur le sol pour que la vibration transmise à distance immobilise durablement un scarabée. Une
simple lampe de poche suffit à faire taire, instantanément,
un club de goélands se disputant la nuit. On peut aussi hypnotiser des crocodiles et des crevettes. Il est préférable
d'essayer d'abord avec un crocodile, car pour hypnotiser
une crevette il faut lui imposer une torsion latérale qui
risque de la casser.

Dès la fin du XIXe siècle, on savait que la capture sensorielle n'avait rien de commun avec le sommeil. Preyer,
après avoir hypnotisé des lapins, des moineaux, des
cobayes, des souris et des écureuils, expliquait ce phénomène par la peur qui cataleptisait l'animal.

Quand on fait le catalogue des espèces hypnotisées et des
conditions hypnotisantes, on voit émerger une constante :
la contrainte sensorielle. Tout miroitement, dessin, posture, pression, sonorité ou rythmicité peut médiatiser
l'hypnose. Sauf l'olfaction qui constitue un système sensoriel à part, puisqu'en palpant avec son nez l'animal éveillé,

émotionné par l'odeur, est stimulé pour effectuer un mouvement de fuite ou d'attirance. D'ailleurs, l'acte de renifler est une quête olfactive, alors que les autres canaux sensoriels captent l'attention de l'animal et l'immobilisent dans une attente vigile. Chez l'homme, l'olfaction est enfouie sous les autres structures cérébrales, ce qui ne veut pas dire qu'elle ne fonctionne pas. Mais son statut neurologique particulier (les neurones olfactifs ne font pas relais dans les noyaux du thalamus) évoque d'emblée une émotion et un récit. La simple perception d'une molécule olfactive est déjà acculturée. Le SH_2, odeur d'œuf pourri, n'est pas une mauvaise odeur. C'est une odeur qu'on perçoit ou qu'on ne perçoit pas, mais qui ne devient bonne ou mauvaise, attirante ou repoussante que selon le récit qu'en fait la culture : « c'est sale, c'est dégoûtant, jette vite ça », dit la mère avec une mimique de dégoût. Tant que la mère n'a pas énoncé la qualité de l'odeur, l'enfant n'éprouve pas le dégoût de l'odeur d'œuf pourri. Comme les animaux, l'homme est capable de percevoir une odeur et, comme eux, de s'en faire une représentation sensorielle, mais le sentiment qu'il éprouve est très tôt façonné par le discours social qui dit ce qui est dégoûtant ou alléchant et provoque ainsi des représentations verbales avec les sentiments impliqués.

Quand l'enfant débarque dans le monde des mots, aucune sensorialité n'est oubliée. Il suffit d'en ajouter une autre : la parole. L'injonction hypnotisante dès lors sera verbale. Le simple fait d'accepter le rendez-vous de l'hypnotiseur prépare une connivence. Quand il demande de prendre la posture qui lui permettra de capter la conscience du futur hypnotisé en créant un monopole sensoriel sécurisant, celui-ci consent et fixe l'inducteur sensoriel qu'on lui propose. Il se soumet de lui-même à la contrainte captivante, parce qu'il en a le désir. La parole devient l'objet inducteur, parce que le sujet attend l'ordre. Les fumeurs qui souhaitent ne plus fumer cherchent celui qui saura leur donner l'ordre désiré. Et l'hypnose dans ces cas-là obtient d'excellents résultats. Le mystère consiste à se demander pourquoi ils n'ont pas pu se donner l'ordre à eux-mêmes.

L'hypothèse serait la suivante : nous sommes tous nés d'une autre et c'est dans son monde que nous avons dû apprendre à vivre. Notre mémoire est gravée par une empreinte fondamentale : quelqu'un d'autre sait mieux que nous ! Ce qui conduit à l'idée : plus nous sommes doués pour l'altérité, plus nous désirons la soumission. Les croyants qui aiment vivre dans l'altérité suprême, dans l'imperçu parfait de Dieu, aiment se soumettre à lui. À l'opposé, ceux dont l'empathie n'est pas adulte restent soumis à leurs pulsions et n'arrivent jamais à se représenter le monde d'un autre. C'est pourquoi les pervers se laissent facilement attraper. Ils ont si peu le sentiment de crime qu'ils laissent traîner les preuves ou même les cassettes qu'ils ont enregistrées, et qu'ils comptaient regarder plus tard pour s'amuser encore un peu. Ils n'ont aucune représentation de la souffrance de l'enfant torturé, ni de l'humiliation de la femme violée. Pour eux, ce n'est qu'un jeu ou parfois même un acte d'amour, tant ils sont prisonniers de leurs propres pulsions.

Le développement variable de cette aptitude à se représenter le monde des autres peut donner deux stratégies de la connaissance. Ceux qui aiment découvrir dans chaque homme un continent mental nouveau et adoptent une attitude individualiste. Et ceux qui, au contraire, préfèrent une attitude holistique pensent qu'il n'y a qu'une seule manière d'être humain et qu'une seule théorie pour la représenter. Les individualistes, curieux de la différence entre les hommes, sont amusés par les diverses théories qui pourraient les expliquer. Ils sont accusés de cafouillis intellectuel. Alors que les holistes, rigoureux, consacrent leurs efforts à renforcer une théorie de plus en plus cohérente et de plus en plus difficile à déstabiliser, même quand elle finit par ne plus être adéquate au réel. Les individualistes, explorateurs de théories et de situations humaines, sont difficiles à suivre car ils sont imprévisibles. Alors que les holistes, renforçateurs d'une seule conception du monde, deviennent inébranlables et parfaitement prévisibles.

L'éthologie propose une théorie du vivant qui exige de l'empathie non seulement entre hommes, pour imaginer le monde des autres, mais aussi entre espèces. Après avoir décrit les différences, il faut trouver un programme commun. Or l'idée qui rassemble le monde mental des êtres différents, c'est la constitution progressive de l'altérité. De la catalepsie animale, si facile à observer, au syndrome d'influence chez les humains, dans un groupe ou dans une foule, il n'y a ni opposition ni différence de nature, il y a gradation et complexification de la manière d'être-ensemble. L'animal perçoit un stimulus qui provoque une émotion cataleptisante. L'homme connaît lui aussi ce type de perception, mais ses émotions sont bien plus fortement provoquées quand il se représente la représentation d'un autre et qu'il l'éprouve encore plus fort que s'il la percevait.

Paradoxalement, c'est une médiatisation matérielle qui permet la transmission de pensée et l'interaction des mondes mentaux. Car il s'agit bien de la transmission d'une représentation avec les inévitables trahisons qui interviennent à chaque étape de la communication. Ce qui hypnotise un animal et l'ensorcelle, c'est une perception telle qu'une molécule de phéromone chez un papillon, ou une vibration chez un scarabée. Quand un cerveau de singe est complexifié au point d'associer des informations différentes pour créer une représentation sensorielle, il peut éprouver une émotion déclenchée par la simple évocation d'une image. Lorsqu'on enregistre le cri de détresse d'un bébé macaque, et que, plus tard, on le fait entendre à la troupe de singes au cours de sa sieste, la mère sursaute et regarde en direction du magnétophone, tandis que les autres femelles du groupe sursautent aussi, mais regardent la mère de ce bébé-là. Le comportement d'alerte des femelles répond à une structure de parenté sensorielle, médiatisée par une information auditive [17].

Le monde émotionnel des petits goélands est lui aussi structuré par l'expression de ses parents, et non par la perception directe du danger. À sa naissance, un petit ne sait pas ce qui est dangereux. C'est la perception de l'émotion de ses parents qui lui permettra d'apprendre à attribuer une sensation de dangerosité à un objet. Cela implique que le petit, pour bien se développer, doit s'attacher à un autre qui lui présentera le monde où il doit vivre. Quand un accident altère les parents, il abîme le développement des petits qui vivent alors dans un monde mal structuré par l'émotion des adultes. Les petits perçoivent tous les objets d'un monde de goéland (cailloux, falaises, courants d'air, hommes, prédateurs) puisque leurs organes sensoriels sont sains. Mais, ne percevant plus l'émotion des parents, ils n'imprègnent plus leurs objets d'une connotation affective venue des générations précédentes. Ils n'acquièrent pas le code sentimental qui leur permet de catégoriser leur monde en objets dangereux, sécurisants, attirants ou repoussants, à manger ou à fuir... Perdant ainsi le code d'action sur leur monde, ils s'affolent, courent en tous sens, se blessent ou se laissent attraper. À l'empreinte sensorielle qui les a marqués dès la naissance s'ajoute l'apprentissage émotionnel transmis par les parents.

Quand les capacités cérébrales permettent de traiter des informations de plus en plus éloignées, comme chez les singes, l'objet sensoriel, perçu à la place du danger, se perfectionne encore. Ce qui stimule un singe provoque sa fuite ou son attraction, sa crainte ou sa sécurité, ce qui l'attire ou l'effraie n'est plus seulement la perception immédiate de l'objet, c'est, de plus en plus, la perception médiate d'un objet sensoriel qui réfère à un autre objet non perçu.

Dans le monde des primates non humains, ce processus de médiatisation du monde est structuré par des cris qui indiquent des objets différents, par des postures, des gestes et des mimiques qui expriment des émotions variées et par des scénarios comportementaux. Les généalogies de dominants, les dynasties de femelles, les lignées de bagarreurs s'expliquent autant par les pressions du contexte qui actualisent une promesse génétique que par la transmission des émotions à travers les générations.

Les événements éprouvés au cours du développement de l'individu créent des aptitudes réactionnelles qui se manifestent en réponse à une stimulation du contexte. C'est l'expérience antérieure qui détermine la réaction présente.

Il devient difficile de raisonner en termes de stimulation-réponse quand les animaux nous invitent à penser qu'un événement présent provoque une réponse parce que l'individu a connu un autre événement formateur au cours de son passé. Cela revient à dire qu'il existe déjà un pour-soi chez les rats, ce qui disqualifie ceux qui disent : « C'est du passé tout ça... ça ne sert à rien de fouiller... ça ne fait que du mal... »

La manipulation expérimentale qui permet d'affaiblir cette attitude intellectuelle a été réalisée chez des rats [18]. Une population de ratons portés par des mères non stressées a été familiarisée dès les premiers jours. Il a suffi pour ça de les placer, quelques minutes chaque jour, dans une boîte d'exploration en présence d'un objet familier. Toute leur vie, ces rats manifesteront des comportements exploratoires et une faible émotivité (peu d'immobilité craintive, peu de tremblements, peu de sursauts, peu de diarrhées émotives).

Un autre groupe de ratons de même souche a été isolé précocement du deuxième au quinzième jour. Toute leur vie, en présence d'un objet ou d'une situation nouvelle, ces rats manifestent de faibles comportements exploratoires et de forts indices d'émotivité.

Des animaux de même équipement génétique expriment des attitudes exploratoires et des réactions comportementales différentes parce que leur environnement précoce a imprégné en eux des aptitudes émotionnelles différentes. Les rats stabilisés par l'acquisition de la familiarité deviendront plus difficiles à effrayer, alors que les isolés précoces manifesteront plus tard des sursauts émotionnels, des diarrhées émotives, des convulsions déclenchées par le moindre bruit et une crainte à la socialisation.

Pour toutes ces raisons, qui conjuguent l'équipement génétique, le façonnement épigénétique et la rencontre avec un objet privilégié, l'hypnose s'observe régulièrement en milieu naturel. On peut considérer que les variations d'un organisme créent des sensibilités variables aux stimulations du milieu. Un chat, engourdi par le confort humain, se lève de temps en temps et part en quête de stimulation. Tout ce qui roule, saute ou bouge déclenche alors son jeu d'attaque : une étoffe qui flotte, un bouchon qui roule, suf-

firont à déclencher la « bagarre ». Alors que les mêmes stimulations au retour d'une chasse ne provoqueront aucune
réponse émotionnelle.

Ces variations de capture sont particulièrement nettes au
moment des parades sexuelles. Quand les canards se
croisent et se côtoient sans émotion, ils peuvent aisément
résoudre les problèmes d'une vie de canard. Mais quand
une hormone sexuelle les motive à la sexualité, ils
deviennent hypersensibles à la moindre perception de
forme et de couleur. Alors capturés par cette information
devenue trop stimulante pour eux, ils ne perçoivent rien
d'autre. Ils se laissent attraper par un chien ou écraser par
une voiture puisque, dans leur monde hypermotivé, ils ne
perçoivent que le cou de la cane ou la couleur d'un agencement de ses plumes.

Ces monopoles sensoriels expliquent l'anesthésie des grenouilles hypnotisées qu'on peut piquer sans qu'elles
bougent, l'insensibilité des canes qui se laissent plumer le
cou sans protester par des mâles ardemment motivés, ou
l'étonnement du rugbyman qui découvre sous la douche les
hématomes qu'il n'a pas sentis lors de son engagement
dans la mêlée.

Chez l'homme, la représentation prend le pas sur la perception. Un accident domestique permet de soutenir cette
idée. Il arrive qu'un homme la nuit, désirant boire du vin à
la bouteille, se trompe et prenne à la place une bouteille
d'eau de Javel. Or il lui faut plusieurs goulées avant de se
rendre compte de son erreur. L'idée de vin a masqué la perception caustique de la soude. La soumission aux représentations dans un monde humain explique la relativisation de
ses perceptions. Cet accident, qui n'est pas rare, explique
pourquoi les bouteilles sont aujourd'hui différentes. Il fait
comprendre aussi pourquoi l'hypnose animale n'est pas
tout à fait l'hypnose humaine, même s'il existe un programme commun.

Chez l'animal, une capture sensorielle rétrécit son champ
de perceptions. Tous les autres canaux de communication
sont mis à l'écart, non stimulés, tant leur seuil de stimulation devient élevé du fait de la capture d'un seul sens. Chez

l'homme, cette capture peut se faire par un commandement utilisant la sensorialité : « Fixez mes yeux, concen-
trez-vous sur ce miroitement. » Parfois, la capture est
spontanée : fascination par un incendie, ou par l'horreur
d'un accident de la route. Mais, du fait de l'existence d'un
monde psychologique, les émotions les plus captivantes
sont provoquées par des représentations verbales, théâ-
trales ou artistiques.

La capture du champ de conscience par nos mots
explique que chez l'homme la parole possède un pouvoir
hypnotisant supérieur aux stimulations sensorielles. C'est
par les mots qu'on attrape un homme. Si vous souhaitez
immobiliser un petit goéland, il faut crier l'alerte comme le
feraient ses parents. Mais, si vous voulez immobiliser un
homme, il faut le tenir en haleine par vos récits charmeurs
ou vos ordres effrayants. La capture est facile quand elle est
désirée. L'hypnose n'est pas un phénomène étrange. C'est
au contraire un échange nécessaire et banal entre un organisme et certains éléments de son milieu auxquels il est
rendu sensible et dont il est avide.

Chez les ruminants, c'est le tord-nez qui les immobilise
et les capture. Une paysanne de cinquante kilos maîtrise
par ce moyen un bœuf de trois cents. Les lionnes ont
découvert le même truc. La plus rapide chasseresse plante
ses crocs et ses griffes dans l'arrière-train du zèbre qui se
débat tant qu'une autre lionne ne lui tord pas le nez. Il
s'immobilise alors et se laisse manger, vivant, en gigotant
à peine.

Tous les organismes sont poreux. Seuls les morts sont
clos et n'échangent plus avec l'environnement. C'est pourquoi les animaux ou les hommes isolés finissent par percevoir leur propre corps comme un objet extérieur. Les
situations de privation sensorielle révèlent à quel point
tout être vivant isolé cherche désespérément à se stimuler.
Il se balance sur ses pattes, passe la main devant ses yeux,
renifle sa propre odeur, pousse des cris stéréotypés ou
déambule sans cesse, pour créer une sensation de vie.
Cette avidité explique pourquoi toute information sensorielle, passant à ce moment-là dans leur désert mental, les

captive pour leur plus grand bonheur. En remplissant leur monde, la sensation d'être possédé engendre un sentiment d'existence.

C'est bien le mot « sentiment » qui convient, puisqu'il s'agit d'une émotion provoquée par une représentation. Sensorielle chez l'animal, elle est complétée chez l'homme par la verbalité. Ce qui ne veut pas dire que les animaux ne soient pas sensibles à nos mots. Au contraire même. Certains animaux sauvages sont interloqués, décontenancés par nos mots, objets sensoriels étranges face auxquels ils ne possèdent pas de comportement adapté. Il paraît qu'il faut parler aux éléphants et aux tigres quand ils nous chargent, mais je ne sais pas ce qu'il faut leur dire.

Les animaux familiers adorent nos mots et y répondent aussitôt par leurs comportements. Les chats miaulent peu entre eux et ne ronronnent pas. En revanche, c'est ainsi qu'ils s'adressent aux hommes car ils ont compris que l'articulation sonore est, entre nous, un canal de communication privilégié. Les chiens répondent aux ordres verbaux dont ils perçoivent la sonorité et la musique comme un objet sensoriel auquel ils savent adapter leurs postures : « AAASSSI... COUOUCHÉ... VACHÉCHÉ... »

Cette passerelle sensorielle a peut-être même joué un rôle dans la domestication. Ces animaux-là, fascinés par nos formes, nos odeurs, nos couleurs et nos sonorités, se sont laissé approcher, comme en état d'hypnose, tant notre monde les captivait. Ce qui n'est pas le cas de la majorité des espèces vivantes dont nous ignorons même l'existence, tant ils savent nous éviter.

Certaines espèces sont plus hypnotisables que d'autres, car elles sont avides de nos sensorialités. Certains hommes sont plus hypnotisables que d'autres, car ils aiment l'impression que nous faisons en eux, avec nos formes, nos mots et l'idée qu'ils se font de nous. Ce qui définit peut-être l'hypnose théâtrale, car les comédiens sont doués pour captiver les sens et la conscience des autres.

La peur et l'angoisse, ou le bonheur d'être possédé

L'hypnotisé éprouve un charme qui le possède, avec toute l'ambivalence que contient ce mot, car être sous le charme ou être possédé désigne autant l'abandon amoureux que l'escroquerie affective.

Le charme ensorceleur ne se lève pas d'un seul coup, d'un seul claquement de doigt, comme dans les cabarets. Même quand le sujet se réveille et redevient sensible aux autres impressions que celles venues de son hypnotiseur, il reste imprégné par ce qu'il vient d'éprouver. La poule désensorcelée s'ébroue, secoue ses plumes et se toilette avant de reprendre sa vie de poule. Le chien fasciné par l'homme qui vient de lui parler s'éloigne à regrets de son envoûteur. Et l'homme, libéré de son attrait pour l'enchanteur, garde en lui la mémoire de ce qui l'a charmé.

La fonction de l'ensorcellement, c'est de nous fondre [19], de nous faire éprouver le délice d'être-avec, fusionnés, dans le monde d'un autre, créant ainsi le sentiment d'existence, de plénitude comme dans l'amour. Pour comprendre cette idée, il suffit de penser au contraste avec le sentiment de non-existence créé par l'isolement sensoriel qui contraint l'individu à considérer son propre corps comme un objet du monde extérieur dont la rencontre suscitera en lui une sensation de vie. Les prisonniers qui déambulent en ruminant de noires pensées, ou les isolés qui parlent à voix haute pour entendre quelqu'un créent une telle sensation, substitut d'existence.

Quand le petit goéland se confond avec la couleur des rochers, il a eu besoin de percevoir le cri d'un autre pour se cataleptiser. Peut-être par la suite éprouvera-t-il un sentiment de bien-être à la simple vue de celui par qui est venue la protection. Cela explique l'étrange plaisir qu'on éprouve à être protégé, à se sentir petit en découvrant que d'autres, plus forts, veillent sur nous. Les événements, dans la vie des goélands, perfectionnent leur catégorisation du monde en objets méchants dont il faut s'éloigner et en objets protecteurs auxquels ils s'attachent. Ces catégories émotionnelles poursuivent et améliorent le processus d'empreinte qui, dès le niveau biologique, avait commencé ce travail de contraste. Le processus d'attachement à celui qui nous protège ouvre la perception du monde en y ajoutant un façonnement sentimental : le bien-être vient d'un autre. Dans un monde privé d'objet d'attachement, toute information prend l'effet d'une peur et empêche l'action coordonnée. La simple perception d'un familier protecteur crée une catégorie sentimentale qui donne un mode d'usage du monde : ceci est un objet à éviter, cela est un objet à côtoyer.

Déjà, chez les goélands, la peur et l'attachement fonctionnent ensemble, comme un couple d'opposés. Le bénéfice adaptatif de ce processus, c'est que la fusion du poussin avec les cailloux de son environnement provoque la confusion des perceptions du prédateur. Se fondre dans son milieu, dans la masse ou dans les bras d'un autre prend un effet tranquillisant pour le sujet effrayé et une valeur de survie pour l'espèce. Ce comportement est la règle dans le monde vivant : les caméléons sont les virtuoses du processus de fusion-confusion protectrice, mais aussi les mantes religieuses, les faons qui se couchent dès que leur mère s'éloigne, et, finalement, tout être vivant qui se confond dans son contexte et qui, en se désindividualisant, cesse d'attirer la foudre. Les poissons ont bien compris ce processus puisqu'ils paniquent dès qu'ils quittent leur banc et s'apaisent dès qu'ils le rejoignent. Et ils ont bien raison, car les prédateurs attaquent moins les groupes que les individus. Dans un poulailler, les renards massacrent toute poule qui bouge mais délaissent les pondeuses immobiles. Le grand butor, effrayé, se confond avec les roseaux quand la peur lui fait dresser le bec et suivre les mouvements du vent[20]. Le torero bousculé, immobilisé par la peur, devient une chose non stimulante pour le taureau qui détourne son agression.

Le monde vivant connaît la maxime « pour vivre heureux, vivons cachés ». Toute forme qui émerge du magma terrestre attire la foudre. Tout individu qui sort de la masse vivante stimule les prédateurs. Toute idée qui sort du ron-

ron intellectuel suscite la colère des imprécateurs. Mais, quand tous les individus se protègent et rentrent dans le rang, l'espèce entière s'adapte et cesse d'évoluer. À l'inverse, lorsqu'un individu tente l'exploration de nouvelles formes du vivant, il prend un risque individuel qui peut faciliter l'évolution du groupe. Tout créateur sort de la norme. Toute innovation est anormale.

On pourrait modifier l'adage et dire : « pour vivre heureux, vivons soumis », à condition de confondre bonheur et bien-être. Le sentiment de sécurité affectueuse imprégné dans un animal par l'attachement qui le fait vivre dans le monde composé par un autre pourrait être illustré par l'expérience de l'hypnose des agneaux : un groupe de petits est élevé par leurs mères, tandis qu'un autre est confié à des « marâtres ». Ceux-ci se développent correctement au contact des mères de substitution, mais ils tissent avec elles un attachement moins profond. Il faut badigeonner les agneaux avec le liquide amniotique des mères adoptives pour leur faire éprouver les agneaux acceptés, comme des vrais petits. Les interactions éducatives sont suffisantes pour développer les adoptés, mais les contacts affectueux sont moins nombreux, les éloignements plus fréquents et les rescousses maternelles moins rapides.

À l'âge adulte, le groupe élevé par les vraies mères est devenu plus hypnotisable que le groupe des agneaux élevé par des marâtres [21]. La réaction à suivre est moins rapide chez les adoptés qui répondent aux cris après un temps de latence et s'intègrent mal dans le groupe.

Cette observation expérimentale fait comprendre que l'intégration des individus qui facilite l'harmonie du groupe dépend de leur aptitude à la soumission, acquise au cours de leur enfance.

La non-intégration des individus désorganise le fonctionnement du groupe. Mais une trop bonne intégration charpente un groupe stéréotypé. Peut-être une intégration imparfaite serait-elle parfaite ? En donnant place à des individus mal adaptés, insoumis, donc aptes à provoquer certains changements, elle constitue une réserve de potentiels évolutifs. Ce qui implique un conflit bénéfique entre le groupe qui désire la stabilité et les insoumis qui ont besoin de changement. Quoique changement ne veuille pas dire progrès, ni même adaptation. L'effondrement d'un groupe est aussi un changement, parfois attribuable à une innovation.

Les soumis, heureux et tranquilles dans un groupe sans innovation, s'opposent aux insoumis malheureux et anxieux dans un groupe en changement. Les soumis sont angoissés par les insoumis qui cassent leur équilibre ronronnant en leur posant des problèmes dont ils ne veulent pas. Alors que les insoumis sont angoissés par les soumis qui les contraignent à une vie frileuse.

Le conflit devient une force bénéfique qui permet aux individus d'adapter le groupe à son milieu, en évitant les maléfices extrêmes de la désintégration des insoumis ou de la pétrification des soumis.

L'angoisse devient alors un moteur de l'évolution !

Ce raisonnement s'applique aussi bien aux animaux qu'aux hommes qui pourtant vivent dans des mondes différents. Mais ils vivent. Le programme commun de la vie prend progressivement des formes différenciées sous l'effet de la constitution des espèces. Ce processus implique une pensée, à la fois commune et différenciatrice. Commune : tous les êtres vivants catégorisent leur ensorcellement en un couple d'opposés, la frayeur et l'amour qui tous deux provoquent la capture. Ils sont entièrement pris par l'autre qui les effraie ou les charme. Différenciatrice : les animaux vivent plutôt dans le monde de la peur perçue qui les pousse à se réfugier dans le bien-être sécuritaire, alors que les humains vivent plutôt dans le monde de l'angoisse imperçue qui les pousse à inventer des représentations tranquillisantes.

Quand on compare les espèces en leur posant la question de la peur et de l'angoisse, une réponse émerge progressivement. La peur est une émotion de base qui concerne tout être vivant, même très simple. Pour tout organisme, il existe dans le monde perçu, dit réel, un objet précis dont le gabarit [22] déclenche une émotion de peur. Le gabarit, terme de marine, permet de dire qu'il existe dans le réel une forme qui s'emboîte si parfaitement à ce qui est en nous qu'elle peut, sans aucun apprentissage, déclencher une émotion de peur ou de plaisir. Le gabarit sensoriel, modèle qui permet de reproduire des pièces à l'identique, provoque dès qu'il est perçu une modification physiologique qui entraîne la réponse comportementale adaptée, toujours la même [23].

Le déterminisme de la peur, qui fonctionne comme une clé dans sa serrure, n'empêche pas la lente acquisition de la crainte qui nécessite une mémoire des événements imprégnés dans l'organisme. L'être vivant peut alors attribuer à ce qu'il perçoit un sentiment de crainte, intermédiaire entre la peur et l'angoisse. La parole, en créant un monde non perçu, ajoute aux peurs naturelles et à la crainte imprégnée dans la mémoire l'angoisse provoquée par la représentation d'un imperçu.

L'homme, grâce à la complexité de son système nerveux qui lui permet de se représenter des perceptions qui n'existent pas, grâce à la lenteur de son développement qui prolonge ses apprentissages, et grâce au monde de ses récits, appartient à l'espèce la plus douée pour connaître la peur, l'alerte, la crainte, l'inquiétude, l'angoisse, la frousse, la frayeur, l'effroi, l'épouvante, la panique et la terreur... tout ce vocabulaire infini qui révèle à quel point nous sommes habités par ce problème [24].

Quand les systèmes nerveux sont simples, l'angoisse ne peut pas exister puisque l'information qui effraie se situe dans un contexte perceptible. On observe facilement des alertes sensorielles dans des organismes sans cerveau, comme chez les limaces de mer, où un simple croisement de vingt mille neurones commande les mouvements du corps. Chez les araignées, où un ganglion cérébral suffit à résoudre les problèmes, chez les insectes, où chaque segment du corps est commandé par son propre ganglion, l'objet sensoriel qui déclenche la sidération de peur est un gabarit très simple, un toucher sur la toile ou une vibration sur le sol.

Quand le cerveau se complexifie, les gabarits n'ont pas besoin d'être appris pour déclencher la peur. On peut isoler un poussin dès sa naissance pour l'empêcher de voir des modèles qui lui auraient permis d'apprendre ce qui fait peur. Il suffit de faire passer une ombre avec un carton au-dessus de sa tête pour provoquer aussitôt un effondrement cataleptique ou une fuite éperdue.

L'eau est un gabarit sensoriel qui éloigne les chats. Les singes qui n'ont jamais vu de serpents émettent des cris d'effroi, s'enfuient ou l'attaquent avec un bâton, même quand il s'agit d'un jouet en bois articulé. Et le feu désorganise le comportement de tous les animaux qui n'ont jamais eu besoin d'éprouver la brûlure pour apprendre à s'enfuir.

La prémice sensorielle de la peur fonctionne sans apprentissage, comme une rencontre qui déclenche une émotion et le comportement correspondant.

Ce n'est plus le cas de la crainte qui s'imprègne dans un organisme au cours de son développement. Très tôt dans le monde vivant, la perception de certains objets peut se connoter d'une émotion de peur ou d'attirance qui dépend des conditions de développement. Les surmulots ont peur des oiseaux prédateurs parce que les adultes émettent des phéromones d'alerte dès qu'ils les perçoivent. Et pourtant les surmulots suédois attaquent et mangent les oiseaux, alors que les surmulots allemands continuent à en avoir peur [25]. Les rats d'égout allemands possèdent le même équipement génétique que les rats d'égout suédois, mais on peut imaginer qu'il y a quelques siècles un surmulot marginal a mangé un oiseau, montrant ainsi aux suédois que c'était possible.

Les macaques japonais s'approchent des feux parce qu'ils ont vu les hommes s'y chauffer, alors que les macaques indiens continuent de s'en effrayer.

Les scarabées et les poussins sont soumis au gabarit qui déclenche leur peur, ça passe ou ça ne passe pas. Alors que les surmulots et les macaques peuvent attribuer à la perception d'un même objet un sentiment de crainte ou de plaisir. C'est le contexte qui, au cours du développement d'un individu ou d'un de ses ancêtres, a imprégné dans leur mémoire une émotion différente vis-à-vis du même objet perçu.

Le phénomène de l'empreinte permet de manipuler expérimentalement cette observation naturaliste [26] : des poussins, dès leur naissance, sont isolés dans des boîtes séparées. Toutes les heures, l'un d'eux est placé dans un couloir où circule un leurre en Celluloïd. On constate que : de zéro à la treizième heure, presque aucun poussin ne suit le leurre, alors que de la treizième à la dix-septième heure, quatre-vingt-dix pour cent s'y attachent quelles que soient sa vitesse et sa direction. À partir de la dix-septième heure, le comportement de suite redevient aléatoire. Ce qui permet de comprendre qu'entre la treizième et la dix-septième heure tout poussin peut s'attacher à tout objet qui passe dans son champ visuel. Cette période sensible est déterminée par un pic de synthèse de l'acétyl-cholinestérase, repère enzymatique de la mémoire biologique [27].

Or, dès qu'un animal est imprégné, son monde perçu est catégorisé : d'une part, en monde familier où tout objet évoque un sentiment de sécurité qui permet la poursuite de ses développements ; d'autre part, en monde étrange où tout objet déclenche des réactions d'alerte. L'animal en milieu étrange désorganise ses comportements de survie, ne dort plus, ne mange plus, souffre de troubles sphinctériens et ne peut plus rien apprendre. Dans un monde non familier, non imprégné dans sa mémoire, toute information devient une alerte et désorganise tellement ses comportements que l'accident devient prévisible.

La pathologie comportementale ainsi manipulée par un objet externe (sans jamais toucher à l'animal) permet de proposer l'idée qu'un trouble peut s'enraciner, d'une part, dans le développement de l'organisme, le rendant ainsi « malformé », et, d'autre part, dans un rapport au monde inadéquat où un organisme sain souffre parce qu'il ne fonctionne pas dans le milieu qui lui convient.

Dans des conditions naturelles ou expérimentales, il n'est pas rare d'observer une pathologie comme l'empreinte aberrante, quand l'animal devenu adulte courtise le gardien auquel il est imprégné, alors qu'il délaisse la femelle consentante à ses côtés. L'ontogenèse participe à l'intensité de l'empreinte : un isolement sensoriel, avant la période

sensible, renforce l'intensité de l'empreinte au point de provoquer un hyperattachement anxieux. Alors qu'un excès de
stimulation, avant la période sensible, dilue l'empreinte au
point que l'animal, mal imprégné, s'attache à n'importe
quel objet, diminuant ainsi l'attachement protecteur de sa
mère. Un singe, isolé pendant sa période sensible du quatrième au septième mois, sera submergé toute sa vie par ses
émotions. Il se socialisera mal et ressentira toute information comme une agression effrayante [28].

Un individu mal imprégné vit dans un monde incohérent
où tout l'agresse, alors qu'un organisme clairement imprégné vit dans un monde catégorisé par un couple de sentiments opposés : les objets sécurisants qui l'attirent
fonctionnent en association avec les objets inquiétants qui
le repoussent. L'animal possède alors une perception émotionnelle claire des objets et un code d'action évident sur
son monde.

Il n'est pas rare qu'un individu sain soit altéré par un
trouble de son rapport au monde. On peut facilement
l'observer en se promenant dans un zoo où l'on voit des
animaux capturés sains, probablement bien développés en
milieu naturel, et rendus malades par la situation d'incarcération. Les contraintes spatiales, le transport aveugle et
la désocialisation les poussent à effectuer des stéréotypies
comportementales, jusqu'à s'en user le coussinet des
pattes, se blesser le museau contre les barreaux, ou éprouver des maladies de stress (ulcère, diabète, hypertension,
dermatites).

Il existe une situation expérimentale qui permet de vérifier l'idée qu'un être vivant ne peut se développer que dans
un monde auquel il s'est familiarisé au cours de son
enfance : un poussin dans une cage où l'on a disposé ses
objets d'empreinte, cube ou bille d'acier, se développe bien
et mène sa vie de poussin moyen. Il suffit d'enlever ses
objets d'empreinte pour aussitôt provoquer de graves
troubles. Le poussin court en tous sens, se blesse, ne dort
plus, ne mange plus, ne boit plus, souffre de diarrhées émotionnelles et ne peut plus rien apprendre. Il suffit de replacer les objets pour que le poussin se calme aussitôt et

recommence ses apprentissages, comme si le poussin pensait : « J'ai mes repères autour de moi. Je sais que je peux picorer autour de cette bille, explorer à distance de ce cube ou, en cas d'alerte, me blottir dans cette anfractuosité entre mes deux repères. » Le monde sensoriel perçu n'est cohérent pour le poussin que parce qu'une information est tracée dans sa mémoire : le perçu commence à s'infiltrer d'imperçu quand le perçu actuel est imprégné de perçu passé.

Tant qu'on vit dans le monde du perçu, la capture sensorielle qui monopolise nos actions crée des émotions gouvernables, puisqu'on s'immobilise quand on est un scarabée et que l'on court après une cane pour lui pincer le cou quand on est un canard motivé. On sait quoi faire, en quelque sorte. L'action fournit une solution, une conduite à tenir qui apaise l'émotion.

Ce n'est pas le cas lorsqu'on est homme et que nos mots nous poussent dans le monde de l'imperçu. L'objet d'empreinte, qui a d'abord été une odeur, un visage, une vocalité ou un site, devient soudain, vers la troisième année, une série verbale qui nous marque à jamais. En disant : « Voici ton oncle », les mères imprègnent dans l'enfant une représentation de parenté. « Tu es ma petite ordure, ma caillasse adorée », disent les mères d'intouchables indiens [29] qui imprègnent ainsi dans l'enfant une identité culturelle et une représentation de soi qu'il accepte.

L'ontogenèse n'est pas l'histoire

Cette deuxième nature de l'homme nous invite à distinguer l'ontogenèse et l'historicité.

Dans l'ontogenèse de l'angoisse humaine, certains événements survenus au cours du développement du tout-petit peuvent laisser des traces émotionnelles qui ne seront jamais représentées. Alors que l'historicité, dès la troisième année, par une parole, un geste ou n'importe quoi, puisqu'il suffit de se mettre d'accord pour faire signe, change le traitement des émotions et fait apparaître des souvenirs qui construisent le récit de soi, de sa famille et de sa culture.

L'épigenèse commence bien avant la naissance, dès qu'un embryon se développe et qu'à chaque étage de sa construction interviennent un architecte et des matériaux différents.

Pendant les dernières semaines de sa vie aquatique, le fœtus sursaute aux bruits intenses dont les basses fréquences sont aisément transmises par le corps de la mère qui ne filtre que les hautes fréquences. Les indices biophysiques, les enregistrements habituels par le monitoring et l'échographie montrent que, lorsque la mère parle, les basses fréquences de sa voix, transmises par le liquide amniotique, viennent vibrer contre la bouche et les mains du bébé. Cette stimulation tactile provoque une accélération du cœur et une réponse motrice exploratoire. Le petit attrape tout ce qui flotte (cordon ou pouce) et le suce, goûtant ainsi chaque jour quatre à cinq litres de liquide amniotique de sa mère [30].

Certains échographistes ont ainsi décrit quatorze items (brèves séquences comportementales : tourner la tête, cligner les yeux, avancer un bras, changer de posture...) composant des profils comportementaux intra-utérins [31], en réponse à un stimulus endogène ou à une perception externe médiatisée par le corps de la mère. Un stress maternel provoque instantanément une réponse comportementale du fœtus comme le hoquet, l'accélération du cœur, ou une brève agitation [32]. Il est important de préciser qu'à ce stade du développement du système nerveux la mémoire biologique ne dépasse pas quelques minutes, si bien que le bébé se calme plus vite que sa mère.

Schématiquement, on peut distinguer en fin de grossesse et dès les premiers jours deux tempéraments très différents, les « routards » et les « pantouflards » intra-utérins. Les routards sursautent au moindre bruit, gambadent, changent de posture, et ne ratent pas une occasion d'explorer leur monde intra-utérin. Les pantouflards au contraire sursautent peu, tournent lentement, et explorent du bout des doigts leur habitat utérin.

Le jour de la naissance, ces petits tempéraments tombent sous le regard de celui qui les perçoit et les interprète selon

sa propre histoire. Cette phrase nécessite deux précisions :
le mot « tempérament » risquerait de devenir un avatar de
l'inné, si l'on ne précisait pas que la poussée génétique, à
peine esquissée, subit les contraintes façonnantes du
milieu. Lorsqu'il arrive au monde, le nouveau-né a par-
couru une bonne partie de son ontogenèse, puisque sur les
quarante-sept divisions cellulaires programmées par la
fusion des gamètes, quarante se sont déjà produites dans
l'utérus. Quant au mot « interprété », il est employé au sens
musical du terme plutôt que psychanalytique.

De nombreuses observations permettent de défendre
cette attitude. Mary Ainsworth, une des pionnières de
l'éthologie clinique [33], avait simplement chronométré la
durée des pleurs des nouveau-nés. Elle avait constaté que,
dès le premier jour, certains bébés pleurent trois minutes
par heure et d'autres vingt minutes. En répétant ses chro-
nométrages à intervalles réguliers, elle avait tracé des
courbes de pleurs qui, pour tous les bébés, chutaient au
second trimestre et remontaient à partir du huitième mois,
comme si un programme de pleurs se déroulait indépen-
damment du milieu. Plus tard, elle a introduit une variable
importante : la rescousse précoce, intervalle de temps entre
l'émission du pleur et la prise en paume par la mère.
L'introduction de cette variable montrait que les bébés qui
augmentent le moins leurs pleurs au cours du troisième trimestre sont ceux qui ont été le plus rapidement secourus
au cours des interactions précoces.

Cette manipulation expérimentale pose d'importants
problèmes de fond : dès les premiers jours, tout nouveau-né exprime un répertoire de pleurs qui caractérise son
début de personne (le cri sonne à travers lui). La rescousse
maternelle dépend de son émotivité, de sa propre personnalité, de ce qu'elle pense qu'une mère doit faire quand son
bébé pleure, et de ce que dit sa culture sur les pleurs d'un
bébé.

L'émotivité est un déterminant instable de la rescousse.
La mère peut secourir le bébé rapidement quand, heureuse
et disponible, elle éprouve du plaisir à le prendre dans ses
bras. Elle peut, au contraire, ne pas le secourir quand, ren-

due malheureuse par son mari ou épuisée par ses conditions de travail, les pleurs de son bébé l'exaspèrent.

La rescousse comprend le plus souvent un déterminant historique enraciné dans l'enfance de la mère quand elle s'est promis de « se consacrer à son petit parce qu'elle-même a été abandonnée et qu'elle ne veut pas qu'il connaisse ce qu'elle a connu » ou, au contraire, quand elle décide de ne pas répondre parce qu'« elle ne veut pas faire de lui un tyran domestique ».

Sa culture aussi lui dit ce qu'il faut faire : c'est pourquoi il faut cinq à dix secondes à une mère bushmen pour prendre en paume son bébé après le premier pleur, alors qu'une mère occidentale répond entre cinq à trente minutes [34]. Ce déterminant culturel explique les très grandes variations de la rescousse. Il n'y a pas longtemps, en France, de nombreux médecins affirmaient qu'il fallait laisser pleurer les bébés pour ne pas les rendre capricieux. Cette prescription comportementale s'enracinait dans un préjugé et non pas dans une réflexion clinique ou expérimentale.

Tous ces déterminants se conjuguent pour créer autour du nouveau-né le bain sensoriel qui gouvernera la poursuite de ses développements. Dans l'ensemble, on sait aujourd'hui qu'une absence de rescousse crée un manque sensoriel qui provoque une agitation anxieuse. Mais on comprend aussi qu'une rescousse trop systématiquement rapide empêche le nourrisson d'inventer l'objet transitionnel, le nounours ou le chiffon symbolique qui lui permet de devenir acteur de son développement.

Sans oublier qu'une cause peut difficilement entraîner, à elle seule, un effet durable. C'est une harmonie de déterminants qui façonne un développement. Un bébé au tempérament pleureur rencontrant une mère dont l'histoire a chevillé en elle le désir d'être dévouée n'aura pas besoin d'inventer l'objet transitionnel, puisqu'il aura sans cesse sa mère auprès de lui. Tandis qu'un bébé tranquille rencontrant une mère active se débrouillera très bien avec son nounours.

En fait, puisque la mémoire biologique s'allonge avec le développement du système nerveux, il est difficile de soutenir qu'une interaction précoce provoque un effet durable, sauf si elle provoque un délabrement neurologique majeur. Il est plus juste de penser que les effets persistent, si la cause de l'altération se maintient, ou si elle instaure un milieu qui trouble les développements. Les croyances individuelles familiales, et surtout culturelles, construisent autour de l'enfant de véritables tuteurs de développement qui gouvernent son destin.

L'exemple historique le plus classique est celui des bâtards, ces enfants nés hors mariage qu'on appelait ainsi parce qu'on pensait que les circonstances de leur conception les rendait bagarreurs. En fait, c'est le préjugé lui-même qui induisait le comportement qu'il prédisait. Les adultes, par leurs attitudes et leurs paroles, les encourageaient à la bagarre, sans compter qu'ils construisaient des institutions pour apprendre à ces enfants à se battre afin de les orienter vers les métiers de la guerre. On pouvait donc observer dans le réel que ces bâtards étaient bien nommés, puisqu'ils ne cessaient de se battre. Personne ne pensait que c'était le regard des adultes qui avait ainsi façonné le comportement bagarreur de ces enfants de corrompus.

Leur condition légale était pourtant meilleure que celle des enfants adultérins, nés d'incestes ou de prêtres. Mais ils subissaient de telles discriminations qu'ils étaient repoussés en marge de la société. Jusqu'au XIXe siècle, on ne sonnait pas les cloches pour annoncer leur naissance ou leur baptême, ils n'entraient pas dans les églises et devaient rester dans la sacristie [35].

Le sentiment de soi est imprégné dans l'enfant par le discours social : « Les bâtards [...] sont la production du vice et les enfants d'iniquité. Les pères les forment dans les ténèbres et les mères en cachent la conception [...]. À proprement parler, ce sont des excréments, desquels à même que la nature les chasse et les pousse dehors, centre d'ordure et de saleté : ils n'ont ny nom, ny race ny famille, c'est pourquoi ils ne peuvent être admis au nombre des proches [36]. »

Lorsqu'un adulte pense qu'un enfant est un excrément, il se comporte avec lui comme on doit le faire face à un excrément. L'enfant se sent regardé comme une chose répugnante et comprend que sa simple présence souillerait une église.

Il n'est pas nécessaire de parler pour qu'un enfant sache comment l'adulte le ressent. Cette représentation des représentations de l'autre imprègne dans l'enfant un sentiment de honte, comme s'il disait : « Je comprends qu'il pense que je suis un excrément, et ça me fait honte. » Cette représentation imprégnée par le regard de l'adulte suscite une émotion que l'enfant exprime par un comportement.

Nous avons eu l'occasion d'observer en situation naturaliste [37] une cinquantaine d'enfants confiés à une gardienne qui les accueillait dans sa maison [38]. Il y avait dans cette petite population trois catégories d'enfants : les trois enfants de la gardienne ; une vingtaine d'enfants confiés le matin, comme à la crèche, et repris le soir ; et une trentaine d'enfants âgés de quatre à dix ans, qui avaient tous été abandonnés lors des petites années et mis en internat dans cette maison.

L'observation éthologique comparait les inévitables moments de séparation et de retrouvailles des enfants familiarisés et des enfants abandonnés. Nous avions pris les items [39] habituels pour caractériser le profil comportemental [40] : les gestes orientés sur les autres (sourires, paroles, regards) ; les contacts médiatisés par un objet que l'enfant saisit ou tend à un adulte ; et les comportements centrés sur soi (se coucher en chien de fusil, mettre sa main devant sa bouche, se frotter le nez avec un chiffon familier, regarder ses pieds, se tordre les mains, et toute autre forme d'autocontact). En juxtaposant ces comportements, nous avons vu apparaître un diagramme évocateur. Dans l'ensemble, les enfants qui avaient été abandonnés précocement manifestaient lors des séparations un profil comportemental très différent de celui des enfants familiarisés. Ils orientaient moins leurs comportements vers les autres enfants, et manifestaient plus de comportements autocentrés. Leur scénario comportemental pourrait se résumer ainsi : lorsqu'un enfant a été abandonné au cours de ses petites années, la privation affective laisse en lui une trace émotionnelle qui se manifestera plus tard, lors des inévitables séparations de la vie quotidienne, par une tendance à se replier sur soi-même, à se périphériser et à moins se socialiser.

Il ne s'agit cependant que d'une tendance acquise, parfois durable, mais réversible, comme une trace émotionnelle. C'est la pensée de l'adulte qui fixe le comportement de l'enfant. Quand nous avons entendu : « Ces enfants sont des monstres, malpolis, brutaux, sauvages. Ils sont fichus. Pourquoi voulez-vous qu'on s'en occupe, alors que nous avons tant de mal à éduquer nos propres enfants ? », cette phrase, en constatant une vérité momentanée, condamnait les enfants à une désocialisation à perpétuité. C'est la pensée collective qui crée ce qu'elle observe.

Les enfants abandonnés dans les orphelinats de Roumanie témoignent que leur devenir change radicalement quand la société accepte de les regarder avec un autre œil [41].

Les institutions qui ont pensé que ces enfants étaient des « voyous foutus » ont adapté leurs comportements à cette représentation. Dans d'autres institutions au contraire, éducateurs, infirmiers, administrateurs ou familles d'accueil n'ont pas maudit ces enfants. La male diction, qui dit le mal et exprime une male vision, pensée qui voit le mal, n'a plus gouverné le destin des petits. Dès qu'ils ont éprouvé un changement dans le regard des autres, ils se sont sentis mieux et ont appris à s'exprimer différemment. Les transformations ont été spectaculaires. La plupart ont acquis en quelques semaines un profil comportemental de socialisation, centré sur les autres, médiatisé par des paroles, des objets, des gestes et des sourires, au point que certains même ont révélé un grand talent relationnel.

Le mystère se trouve là. Pourquoi tous les enfants altérés n'ont-ils pas réagi de la même manière au changement de regard ? Pourquoi certains en ont-ils profité pour s'épanouir à toute allure et peut-être même, par contraste, pour utiliser leur privation passée pour éprouver une griserie, un délice relationnel que les enfants familiarisés, routinisés, finissent par ne plus éprouver ? Pourquoi d'autres ont-ils

souffert de l'ouverture au monde et leur socialisation a-t-
elle été si douloureuse ? Ils ont progressé bien sûr, mais en
gardant au fond d'eux-mêmes une tendance à se rétracter
au moindre contact, à éprouver le monde comme une
agression, et à se défendre contre ce sentiment en inventant
des rationalisations morbides pour donner une forme verbale à leur sensation. « J'habitais là... je reconnais ma maison rouge », affirmait un jeune qui ne cessait de répéter le
scénario du rejet depuis qu'il avait quitté le « Camin Spi-
tal » où il avait été recueilli quand il était nourrisson. Il
disait aussi : « Ma mère était merveilleuse – c'était une
gitane – je reconnais l'endroit. Si je retrouve ma mère, je la
tue... » Mais son intensité émotionnelle ne faisait que
rejouer la scène de l'abandon, quel que soit l'endroit, quelle
que soit la rencontre.

Le plus souvent, les carencés précoces gardent en eux des
traces émotionnelles et des somatisations émotives dépourvues de représentations. Les personnes qui, toute leur vie,
souffrent de colites au moindre événement ont souvent été
isolées, pour des raisons parfois nécessaires, au cours des
premiers mois de leur existence [42]. Les nourrissons mérycistes, qui font remonter leur bol alimentaire dès qu'ils sont
seuls, et le ruminent au point de se déshydrater ou de se
brûler l'œsophage avec l'acide chlorhydrique de leur estomac, illustrent cette idée. Ils deviendront plus tard des
adultes embarqués dans des déflagrations émotionnelles
qu'ils ne pourront pas contrôler. Ceux qui explosent au
moindre amour, à la plus banale frustration de la vie quotidienne, ont souvent été des nourrissons à la voracité
incoercible suivie de régurgitations et de ruminations alimentaires dès qu'on les replaçait seuls dans leur berceau.
Ce qui est frappant, c'est que la plupart des nourrissons
normaux cessent de manger quand on les abandonne. Les
nourissons mérycistes, au contraire, s'apaisent, mangent
normalement et reprennent leur croissance dès qu'on les
sépare de leur milieu familial [43]. Dans leur foyer, ils
éprouvent le moindre isolement comme un vide affectif et
maintiennent une sensation de remplissage en se provoquant des régurgitations qu'ils ruminent, parfois jusqu'à la
mort.

Toute stimulation parentale quotidienne comme le bain, le repas ou la parole provoque chez la plupart des nouveau-nés un apaisement joyeux, alors qu'elle entraîne un affolement émotionnel chez d'autres. Ces séquences comportementales, faciles à observer, posent le problème de leur cause : une différence de réaction émotionnelle (apaisement ou affolement) est-elle attribuable à des tempéraments qui, dès le niveau biologique, seraient différents, ou à des pressions du milieu qui, dès les premières interactions, façonneraient des réactions différentes ?

Pour répondre à cette question, on pourrait, comme il est classique, étudier les variables. Celle du sexe nous apprend que les petits garçons manifestent plus d'affolements émotionnels que les filles. Mais, après la période sensible des premières années, les garçons s'apaisent mieux, et les filles s'affolent de plus en plus jusqu'à l'adolescence où elles seules souffrent de troubles des conduites alimentaires. Celle de la stabilité du milieu permet de comprendre qu'un enfant stabilisé par les interactions précoces acquiert une émotionnalité plus stable et que les petits garçons ruminants s'attachent à toute personne de manière indifférenciée[44], au contraire de la plupart des nourrissons qui ne s'apaisent que dans le bain sensoriel familial fourni par leur mère. Dans l'ensemble, l'étude des variables précise l'objet observé, mais n'explique pas que les réactions émotionnelles soient si différentes.

Chiens de remplacement et choix du prénom

Les éthologues cliniciens se demandent quelle force circule entre deux êtres vivants, au point que l'un puisse agir sur l'autre et façonner son style émotionnel. Pour tenter de répondre à cette question, je propose d'étudier deux situations cliniques, analogues à une expérimentation. Dans la première, un chien de remplacement peut tomber malade à cause de l'idée que s'en fait son propriétaire, et, dans la seconde, des nouveau-nés humains, au style comportemental différent, évoquent chez la mère des interprétations différentes, enracinées dans sa propre histoire.

La découverte des chiens de remplacement n'a été possible que parce que des praticiens de spécialités différentes se côtoyaient et travaillaient ensemble. Le vétérinaire est resté médecin des bêtes et le psychiatre médecin des âmes, mais leurs échanges ont permis de faire surgir une nouvelle clinique qui pose le problème fondamental de la puissance matérielle des fantasmes [45].

Les psychologues ont clairement décrit ce qui se passe quand une mère, après la mort d'un enfant, ne parvenant pas à faire le travail du deuil, décide dans l'urgence d'une souffrance extrême d'en faire un autre, destiné à remplacer le petit disparu. Il ne s'agit donc pas d'un enfant réparateur, que les parents mettent au monde, prénomment autrement, aiment et grondent pour la petite personne qu'il doit devenir [46]. Il s'agit d'un enfant de remplacement qui sera prénommé comme le mort, littéralement ou phonétiquement (Christian = Christine), révélant par ce choix la mission fantasmatique qui lui est attribuée. Habillé parfois avec les vêtements du mort, il est mis au monde afin d'être aimé à la place de celui qui n'est plus. Ludwig van Beethoven, né un an après le décès d'un frère aîné prénommé Ludwig, Vincent Van Gogh, né un an après la mort de Vincent, Salvador Dalí, né neuf mois et dix jours après la disparition d'un petit Salvador, en sont des exemples célèbres.

L'expérimentation naturelle qui nous intéresse a été fournie par M. G..., colonel en retraite dont le chien, un soir, a été tué par une voiture. Très chagriné, il apprend qu'il existe à Strasbourg un élevage de braques allemands où il pourra trouver un chien analogue. Il va le chercher dans la nuit, et, le lendemain soir, le vétérinaire qui avait tenté de sauver Éden, le chien mortellement blessé, voit avec surprise débarquer dans son cabinet le même braque allemand, de même couleur et de même âge. M. G... lui dit : « Il s'appelle Éden. Vous ne trouvez pas qu'il est un peu moins beau [47] ? » Les premiers mois de la vie d'Éden II seront difficiles, car il souffre d'une maladie de peau surinfectée et d'une gastrite chronique.

Comment est-il possible qu'une représentation, dans le monde mental d'un homme, puisse agir sur le corps d'un animal ? Formulée ainsi, la question peut surprendre, car elle donne une apparence magique. Pourtant, la clinique la confirme chaque jour quand nous avons demandé à un petit groupe de vétérinaires de recueillir les troubles présentés par ces chiens-là. Un questionnaire notait l'histoire du propriétaire et les troubles médicaux et comportementaux du chien. Tandis que quelques observations filmées enregistraient les interactions entre ces hommes et leur chien.

L'histoire du propriétaire était toujours la même. Il ne supportait pas de souffrir de la perte d'un chien. Pour la plupart des hommes, tout disparu est irremplaçable. Mais pour certains il s'agit de prendre un chien afin de l'aimer à la place du disparu. Le chien réel ne peut qu'être décevant. Quoi qu'il fasse il sera moins bien, puisqu'il est sans cesse comparé au cher disparu, idéalisé.

Dans l'esprit du colonel G..., le chien mort n'est plus perçu, mais il demeure intensément représenté en images, en souvenirs et scénarios imaginaires. La représentation continuelle du chien disparu provoque en lui un sentiment d'amour perdu, douloureux et pourtant agréable par l'évocation des moments heureux. L'émotion ainsi produite, éprouvée dans le corps et évoquée par une représentation, s'exprime lors de scénarios comportementaux et discursifs, tels que : « Je vais prénommer ce chien Éden, comme le disparu, et ça fera " comme si " il n'était pas mort. » Mais ce « comme si » joue en défaveur du chien vivant, constamment comparé au chien idéalisé, car seuls les morts ne commettent pas de fautes. La simple perception de l'animal vivant évoque le cher disparu et provoque une déception : « Il est moins beau... il aboie bêtement... l'autre n'aurait jamais fait ça... »

Les personnes qui élaborent un tel scénario de défense contre la douleur morale ont souvent une attitude curieuse face à la croyance. Elles cherchent à se faire croire, sans être vraiment dupes. Elles disent « je communique avec les morts », mais dans la phrase suivante elles précisent : « mais je crois que ce n'est pas possible ». La première partie de la phrase permet de dénier la mort, mais dès la seconde elles souffrent. Alors, elles agressent le chien ici-bas, pas même capable d'éveiller autant d'affection que le disparu.

Ce scénario affectif qui les leurre exprime une émotion trouble, d'espoir affectueux mêlé de déception agressive. La moindre de leurs interactions avec l'animal ne peut qu'être troublée à son tour. Le monde sensoriel du chien n'a pas de cohérence. Chaque posture, mimique, geste ou sonorité verbale de l'homme dont l'émotion est troublée par cette représentation constitue, dans un monde de chien, une structure sensorielle qui le réjouit et l'agresse, en même temps, au cours d'un même message. Quoi qu'il fasse, Éden ne pourra participer à aucun rituel d'interaction cohérent, puisque dans l'esprit de son propriétaire il a été « mis là pour » évoquer le disparu et souffrir de la comparaison.

L'histoire du propriétaire et sa représentation mentale constituent autour du chien un champ sensoriel incohérent où il ne peut prendre aucune place. Ses émotions ne pourront jamais être régulées par un rituel d'interaction qui permettrait aux partenaires de fonctionner ensemble. Jamais le chien ne pourra dominer, se soumettre, se hiérarchiser, s'enfuir ou se cacher, éprouver un code clair de comportement avec ce maître-là, parce qu'il est à la fois appelé et chassé, attendri et angoissé.

Or une émotion non gouvernée finit toujours par provoquer un trouble métabolique [48] (rougir, pâlir, accélérer son cœur, crisper ses muscles...). Pour peu que cette émotion soit durable, lorsque le maître l'entretient par des scénarios répétitifs, ces troubles métaboliques finissent par provoquer des comportements altérés et des maladies organiques.

Les indices physiques apparaissent les premiers et constituent les motifs habituels de consultation chez un vétérinaire. La peau semble le récepteur le plus sensible à ces modifications bioémotionnelles. Le chien se gratte et se mordille sans cesse au point de s'user la peau qui souvent s'infecte. Le tube digestif est lui aussi un excellent récepteur d'émotion, puisque dans un grand nombre d'espèces on observe des diarrhées émotives. L'appareil urinaire, rendu lui aussi sensible, donne l'envie d'uriner alors que l'animal vient de vider sa vessie. Le cœur, la respiration, les muscles finissent à leur tour par souffrir de tachycardie, de tachypnée ou de tremblements comme chez tout être vivant effrayé.

On commence à bien décrire ces troubles comportementaux [49]. Le chien ne tient pas en place et se réfugie volontiers sous l'armoire ou derrière le fauteuil. Toute approche le pétrifie, il évite le regard et ne sait plus s'orienter. Ses pattes arrière poussent à la rencontre, alors que ses pattes avant freinent, ce qui lui donne une posture curieuse, craintive, la queue coincée, les oreilles couchées, il tremble de tous ses membres, halète et se lèche le museau. Il cligne des yeux sans cesse et tournoie sur lui-même dans une recherche vaine de posture apaisante.

Certaines situations de la vie quotidienne font émerger des scénarios inattendus auxquels le propriétaire attribue une signification humaine. C'est le cas du saccage tranquillisant : quand le propriétaire s'en va, le chien ne peut pas rester seul puisque rien ne le sécurise. Alors il se fascine sur les indices sensoriels qui ont une signification pour lui : l'odeur des pantoufles sur lesquelles il s'acharne, le fauteuil qu'il déchiquette, le chambranle de la porte qu'il ronge. Il manifeste un hyperattachement anxieux envers la signature olfactive de son maître et mordille cet indice jusqu'à sa destruction. Des selles molles lui échappent au hasard de ses déplacements. Il envoie un peu partout des giclées d'urine pour marquer l'espace où il se sent inquiet.

Quand le propriétaire découvre à son retour un logement sale, puant et ravagé, il donne à ce tableau un sens humain et pense : « Il a fait ça pour se venger... il m'en veut de sortir sans lui... ma visite à mon amie l'a rendu jaloux... » Or « vengeance », « ressentiment » ou « jalousie » ne sont pas des sentiments de chien. Il ne peut pas se représenter le monde mental d'un autre et vouloir agir sur ce monde imperçu. Il peut entrer en compétition affective avec un autre chien parce qu'il voit que son maître le caresse, mais il ne peut pas manger sa pantoufle pour se venger d'une caresse qu'il a donnée à un autre chien, une semaine auparavant.

Le contresens entre espèces s'aggrave quand, en le punissant parce qu'il a saccagé l'appartement « pour se venger », le propriétaire altère encore plus les rituels d'interaction, et, accroissant le malaise du chien, le prépare au prochain saccage.

La réponse animale s'adapte à l'ordre humain. Quand cet ordre est bien structuré, la réponse du chien est adaptée, car le code sensoriel a été partagé [50]. Dans un monde humain, l'intention de faire asseoir le chien s'articule par le mot « assis ». Si le chien perçoit une structure verbale sensorielle, une prosodie « AAASSSIII !!! » exprimée dans un contexte paravocal cohérent pour lui [51], il adapte son comportement à cette passerelle sensorielle. L'homme pense alors qu'il a compris le mot. Il arrive même que certaines personnes en soient tellement convaincues que, lorsqu'elles veulent cacher quelque chose au chien, elles parlent en anglais pour qu'il ne comprenne pas [52].

Plus sérieusement, il arrive que cette passerelle sensorielle soit altérée parce que l'homme, à son insu, a émis un message mal formé ou parce que le chien sourd, rhumatisant ou trop jeune n'a pas su traiter une telle information vocale et paravocale. L'homme interprète la réponse animale en lui attribuant un sens humain : « Ce chien est bête... il est tout fou. » Parfois on entend une idée projective : « Il veut me faire honte... il fait ça pour m'embêter... », alors qu'il devrait dire : « Je ne sais pas affirmer mon autorité... » ou : « Ce chien est trop jeune pour saisir mon message... »

Dans le cas du chien de remplacement, le propriétaire dit : « L'autre n'aurait jamais fait ça... il était mieux... celui-ci est une carpette, l'autre avait sa dignité. » La structure vocale et paravocale se désorganise, altérant la passerelle entre l'homme et le chien. C'est une invitation affective imprégnée de dégoût qui est alors communiquée à l'animal.

Un chien peut sans difficulté s'accorder avec un chef de meute en lui léchant les babines. Il peut se soumettre à un homme agressif afin de le côtoyer sans stress. Mais comment pourrait-il vivre dans un univers d'homme qui lui adresse deux messages contraires en même temps ? Comme s'il disait avec son corps : « Viens ici que je t'aime, va-t'en tu me dégoûtes. » L'émotion de l'animal impossible à apaiser explique l'augmentation constante des indices physiologiques du stress (cortisol, catécholamines, alerte électrique à l'électroencéphalogramme). Les conséquences organiques habituelles sont : hypertension, gastrite, épuisement surrénal, hypervigilance, tremblements et raideurs musculaires, crampes tétaniques qui empêchent le chien de marcher.

Les troubles sphinctériens sont constants, énurésie, encoprésie, chez un animal sidéré par ses sécrétions émotionnelles dont les muscles lisses sont les plus avides récepteurs. Le chien devient phobique, dans un monde où tout ce qui bouge l'effraie. La seule familiarité perçue étant celle de son propre corps, c'est vers cet objet connu que le chien oriente ses rituels altérés. La stéréotypie se met en place, provoquant ainsi des lésions organiques : dermatites de léchage[53] souvent surinfectées, mouvements déambulatoires, paniques comportementales à la moindre information surprenante. Ces réactions d'alerte injustifiées expliquent le nombre élevé d' « accidents » chez ces animaux.

Pour que le chien s'améliore, pour que ses troubles émotionnels, comportementaux, biologiques, sphinctériens, médicaux et blessures « accidentelles » disparaissent, il faut que l'homme ait la possibilité d'effectuer le lent travail du deuil. Parfois il ne le fait pas, parce qu'il cherche à se leurrer lui-même et qu'au cours de sa vie il a souvent préféré se payer d'illusions plutôt que d'ouvrir les yeux douloureusement. Le plus souvent, les hommes ne font pas le travail du deuil parce que leur entourage les en empêche. Pour la perte d'un proche on entend souvent : « Secoue-toi... la vie continue... fais la fête... » Ces conseils sont obscènes pour un endeuillé, car depuis que l'homme enterre ses morts, il doit leur dire « adieu », inventer un rituel, souffrir de leur départ et se sentir soutenu par l'affection des siens.

Chez l'homme, un corps peut être ému et mû par les mots « je t'aime » ou « en avant marche ». L'enfant de remplacement ému et mû par les émotions de sa mère l'est encore plus par le monde de ses mots. Dès qu'un enfant de remplacement est arrivé au monde, il a subi dès les interactions précoces le façonnement sensoriel composé par les gestes de sa mère. Et quand, vers le quinzième-vingtième mois, les mots sont arrivés, ils ont augmenté son pouvoir façonnant. C'est ainsi qu'il arrive d'entendre : « Il s'appelait Daniel. Je l'appellerai Danielle. Avec Daniel, je suis passée à côté d'une merveille... » Une telle formulation donne une forme verbale au monde intime de la mère. Mais c'est dans un tel monde sensoriel que le nourrisson devra s'accrocher et se développer. Une telle phrase organise pratiquement toutes les interactions quotidiennes. Dire : « Avec Daniel, je suis passée à côté d'une merveille », c'est prédire les émotions que déclencheront tous les événements de la relation. C'est presque dire : « Par le choix du prénom, je donne à Danielle la mission de remplacer le mort, et de me guérir de ma souffrance. Elle doit donc devenir aussi aimable que l'aurait été le Daniel disparu. » Mission impossible pour Danielle qui, capturée par la présence de sa mère et son propre élan à l'aimer, ne peut que la décevoir !

Avant la parole, le monde de Danielle est déjà structuré par la mort de Daniel. Quand la parole advient, le pouvoir façonnant d'un événement imperçu agira encore plus fort. Sa mère l'emmenait tous les dimanches fleurir et nettoyer la tombe de sa sœur disparue. À peine a-t-elle su lire, la petite Aline a pu déchiffrer : « Ici repose Aline Enar ». « Je voyais mon propre nom écrit sur la tombe, avec la photo de ma sœur, bien plus belle que moi. »

« Tout compte fait, je suis plus étrange qu'un étranger à la famille », écrivait Van Gogh à son frère [54]. À quoi la petite Aline Enar aurait pu répondre, comme elle l'a dit au cours d'un entretien : « Dans ma famille, on n'aime que les enfants morts. Si je veux être aimée, il faut que je me tue ou que je vive une imposture. Pour devenir moi-même, je dois renoncer à être aimée. »

L'éthologie des enfants de remplacement permet de décrire comment la transmission des fantômes se fait au corps à corps. L'accès à l'univers sémantique amplifie un phénomène auparavant éprouvé et transmis en deçà des mots. Un événement a existé dans un autre espace et un autre temps, mais il vit encore dans la mémoire de la mère et agit sur le corps et l'esprit de l'enfant.

Deux autres indicateurs de cette force façonnante sont aisément repérables dans le choix du prénom et lors des interactions précoces.

Dans un monde humain, il serait pénible de ne pas nommer les objets. On marcherait comme un aveugle parmi des formes imprécises, car il suffit de coller un nom sur les choses pour les rendre visibles et chargées d'histoire. Quand on se promène sur la côte varoise, on voit souvent dans les petits ports des barques côte à côte, anonymes, comme rangées sur un parking. Mais dès qu'on lit sur le passavant d'un pointu qu'il a été baptisé « Toi et moi », on connaît une part de son destin. On devine qu'il a été acheté pour qu'un couple aille pêcher le dimanche, on comprend pourquoi il est soigneusement peint en rouge et en vert, et on imagine presque « Toi » ouvrant une ombrelle pour se protéger du soleil, tandis que « Moi » n'accepterait de barrer que par petit temps. Alors qu'un pointu nommé « Rafale » ou « Commandant Joffre » évoque une utilisation certainement virile.

« Le choix du prénom indique la place attribuée au nouveau-né dans le cosmos, dans la chaîne des générations et dans son groupe social. » Certains pensent même que « donner un nom équivaut à donner la vie [55] ». C'est pourquoi dans la tradition juive on doit nommer les choses créées par Dieu, mais on ne peut nommer Dieu car c'est Lui qui crée, personne ne l'a créé, surtout pas un homme ! Le choix du nom révèle le sens attribué à la chose, l'intention d'agir sur elle, le vœu. Or le désir parental, dont le prénom est un indice, s'exprimera aussi lors de la moindre interaction quotidienne. Certaines cultures attendent de voir sur le nouveau-né un indice corporel ou comportemental qui justifiera son prénom. Par cette stratégie de dénomination, ces cultures-là pensent que l'enfant est coauteur de son développement et non pas un récipient passif, une cire vierge.

« Leurs noms font des enfants des revenants », disait Freud, « [...] le seul moyen d'atteindre l'immortalité n'est-il pas pour nous d'avoir des enfants [56] ? » Il ne faut pas s'étonner que le prénom qu'on leur colle condense une part énorme de notre histoire intime : « Je voudrais qu'il s'appelle Abel comme mon grand-père qui sculptait des marionnettes et écrivait des pièces de théâtre... j'ai juré sur sa tombe que je réussirai... Et puis Abel, c'est un prénom juif. Et les Juifs ont un destin... » On peut imaginer que chaque fois que le petit Abel décidera de se résigner à une vie sécuritaire sa mère manifestera un mépris silencieux, ou une froideur affective. Un mot lui échappera, ou un geste qui créeront autour d'Abel un champ sensoriel morne, froid, peut-être même hostile. Alors qu'à chaque jolie folie de l'enfant, escapade ou poésie, bagarre ou conflit social, il rencontrera une mère attentive et chaleureuse. Par sa réaction émotionnelle, elle mettra l'emphase sur ces petits événements qui, ainsi mis en lumière, formeront des souvenirs. Vingt ans plus tard, Abel racontera : « Je me rappelle bien mon enfance. Elle était faite de poésie et de bagarres. » Il n'aura pas mis en mémoire les moments mornes où, fatigué, il aspirait à la démission tranquillisante.

Le nom qu'on choisit pour un autre révèle notre disposition d'esprit envers un être d'attachement et la mission qu'on lui assigne pour l'inscrire dans une filiation.

Tout être d'attachement subit cette force façonnante dont témoignent le nom et les gestes qui l'entourent. D'une façon plus générale, la force façonnante qui gouverne en partie le destin des enfants et le développement des chiens de remplacement détermine aussi nos choix et structure le champ sensoriel qui les entoure. Les représentations de l'un façonnent l'élu !

Le chien sensé

Dans un monde humain, on peut faire signe avec n'importe quoi du monde, il suffit de s'entendre. Mais on ne peut pas faire signe avec rien. Le simple fait d'acheter un chien et de l'aimer illustre cette idée. Dans l'acte même du choix, il y a révélation de soi : acheter un grand chien, ce n'est pas acheter un poisson rouge. Je ne parle pas du chien outil acheté en raison des performances attendues, chien sonnette, chien de garde, chien de berger, chien de traîneau, chien bouillotte chargé de réchauffer le lit... Je parle du chien signifiant, manifestation incarnée du signe. Ce chien est « mis-là-pour » évoquer et faire vivre.

Le chien choisi devient un délégué narcissique, un représentant du soi intime, un leurre vivant dont la fonction consiste à incarner dans le monde perçu une image de soi imperçue. Comme si l'acheteur disait par son choix : « Ce chien crée en moi une impression de force rustique ou de rigueur guerrière : il est comme moi. J'aime cette impression que nous allons faire sur l'autre. » C'est ainsi que nous disons que le chameau est méprisant, l'aigle impérial et la fourmi laborieuse.

Les qualificatifs qu'on attribue aux chiens ne parlent que de nous-mêmes. Dire : « J'aime les setters parce qu'ils sont gentils et distingués » revient à dire : « J'aime ce qui est gentil et distingué. » Dire : « Les boxers sont braves et joueurs malgré leur gueule aplatie » signifie : « Les boxers sont comme moi, pas très beaux mais tellement sympathiques qu'on peut quand même m'aimer. »

L'impression produite par le chien témoigne de notre manière d'aimer. Le choix d'un boxer indique une rhétorique sentimentale différente de celle d'un berger allemand, d'un afghan ou d'un setter. Si, au lieu de décrire le chien, on analyse l'impression qu'il fait sur nous, on parviendra sans peine à découvrir quelques règles.

Quand on trace la cartographie des chiens et de leurs habitats, on comprend qu'ils n'habitent pas au hasard. À Paris, les grands chiens demeurent dans les quartiers chics, alors que dans les quartiers pauvres les chiens sont plus petits [57]. Ils ne coûtent pas moins cher, mais les logements sont exigus et les immeubles n'ont pas de jardin. On constate des fluctuations dans l'achat des chiens. Une forte baisse dans les années 1960, puis une hausse depuis 1970. On peut en déduire que les déterminants psychosociaux s'ajoutent aux motivations affectives.

Les propriétaires de chien sont très socialisés. Il s'agit d'hommes bien plus que de femmes, âgés de trente à cinquante ans, célibataires, et urbanisés plutôt que campagnards. Les jeunes et les retraités achètent moins de chiens signifiants, révélant ainsi que ceux qui ont un statut social fragile ne possèdent pas non plus ce moyen d'expression. Comme d'habitude, il s'avère que de minuscules indicateurs peuvent révéler un problème de fond, tel ce chiffre qui signale que depuis quelques années les femmes célibataires se mettent à acheter des grands chiens. Sachant que les agriculteurs achètent plutôt des chiens outils et que les célibataires riches et urbanisés achètent plutôt des chiens signifiants, on peut se demander si les femmes ne sont pas en train d'évoluer, comme l'ensemble de notre culture, vers la solitude et la puissance.

Un fort déterminant psychosocial gouverne le choix des quartiers et structure le milieu où se développe le chien. C'est ainsi que les bergers allemands auront à se développer dans des milieux très différents de ceux des lévriers afghans. L'espace de leur maison, les rencontres et les interactions façonneront des chiens aux comportements différents. Les promesses génétiques ne peuvent se développer que dans un milieu structuré par la pensée des hommes. L'idée qu'on se fait de notre relation avec l'animal, le besoin qu'on en a, organisent des structures architecturales, comportementales et affectives qui façonnent certains comportements du chien et gouvernent son destin.

D'abord, on peut s'étonner de la montée des molosses et de la descente des rikikis, comme si les chiens, devenant symptômes de notre culture, tenaient un discours social où le molosse dirait : « je suis un loup solitaire et puissant », tandis que le rikiki témoignerait de la disparition du chien manchon, que portaient autrefois les femmes aimées, décorées et assistées.

Mais, s'il est vrai que les chiens sont utilisés pour signifier, leur signification devrait changer selon les époques. Au même titre qu'il existe une dérive sémantique, le boxer témoigne de cette possibilité de changement de signification selon le contexte culturel. Avant 1965, ce chien était acheté pour sa force, son obéissance et le respect craintif qu'il inspirait aux autres. Depuis 1985, on le dit « bon gros »... « joueur turbulent »... « tellement gentil avec les enfants ». Ce chien dit tellement gentil adapte ses comportements au discours qu'on tient sur lui depuis que son statut a évolué, de chien de combat à celui de joyeux compagnon des enfants... et des chats !

Le programme génétique du boxer n'a pas changé. Il a pris des formes différentes selon la pensée de l'homme qui organise autour de lui des tuteurs de développement différents.

Il convient donc de s'intéresser au monde mental de ceux qui aiment les boxers [58] et, pour mieux le comprendre, de le comparer à la psychologie de ceux qui préfèrent les afghans [59]. Ces hommes vivent dans des univers mentaux très différents. Celui qui a choisi un boxer est un bavard, amical, qui aime le sport et la télé. Alors que celui qui préfère l'aristocratique afghan est un intellectuel, de profession libérale, silencieux et solitaire qui a horreur du sport. L'amateur de boxer s'habille avec des vêtements décontractés, alors que le propriétaire d'afghan porte des vêtements plus recherchés.

Les rares propriétaires d'hyènes que nous avons rencontrés portaient des vestons cloutés, des casquettes en cuir et de nombreux tatouages. Mais ce qui nous a frappé, c'est la sémiotique des poils de propriétaires. Celui qui aime les boxers porte les cheveux courts, le propriétaire d'afghan a des cheveux plus longs, et parmi les maîtres de bergers allemands il y a trente-quatre pour cent de moustachus, contre sept pour cent seulement dans la population témoin.

Comme pour nos enfants, le choix du nom du chien révèle notre conception de la vie en société et la mission qu'on attribue à l'animal élu. On peut sans peine appeler un boxer Brutus ou Socrate, à cause de sa morphologie. Il est très élégant de nommer un afghan Rimbaud ou Giscard. Une jolie petite chienne s'appellera facilement Galipette et quand son maître a raté une vocation littéraire, il le nommera Virgule. Le chien d'un brillant sexologue français s'appelle Clito et n'en souffre pas trop. Mais c'est le berger allemand qui possède les propriétaires les plus typés [60] : travailleur moustachu, de niveau social moyen ou faible, âgé de trente à cinquante ans, commerçant ou artisan. Ce chien n'a pas de propriétaire femme, riche, artiste ou fonctionnaire. Il habite dans des maisonnettes de banlieue ou de ville de moyenne importance, souvent dans des familles de plus de trois enfants. Son maître dit de lui qu'il faut le « dresser », alors que le propriétaire d'un boxer emploie le mot « élever », tandis que le logeur d'un afghan prétend lui « expliquer ». Le choix de ces mots implique une stratégie d'interaction adaptée au vocable, bien plus qu'au chien.

Les chiens ne naissent pas égaux en droits puisque leur apparence physique alimente le discours qu'on tient sur eux. Cette représentation crée des décisions comportementales et des champs sensoriels qui gouvernent des destins dissemblables. Pas d'humour, pas de littérature, pas de sentiment ni d'aristocratie pour les noms de bergers allemands qui claquent comme des ordres ou des diminutifs : Bob... Sam... Tom... Loup... Wolf... Viêt. Avant guerre, on les appelait Rex ou Duc.

Pourtant, ces chiens provoquent une immense affection. Malgré leur mission sociale et l'image qu'ils sont chargés d'incarner, les propriétaires les disent « gentils, affectueux, fidèles, obéissants, francs... » Ils les aiment avec dévotion au point de renoncer pour eux à leurs vacances, à leurs sorties, ou même à des projets personnels. Ce n'est pas toujours le cas pour les afghans auxquels on prépare un repas plutôt que d'ouvrir une boîte, de même que son propriétaire s'achète des vêtements artisanaux plutôt que de confection. C'est le plus shampouiné de tous les chiens, mais, lorsqu'il souffre d'une maladie de peau, l'idée d'euthanasie vient vite en tête du propriétaire. Quand il meurt, le chagrin n'est pas aussi profond que pour celui d'un berger allemand [61]. Ces chiens confirment ainsi la théorie en vogue actuellement chez les sociologues : dans les classes moyennes et faibles, les liens affectifs sont forts, alors que dans les classes plus élevées les liens sont plus faibles, permettant ainsi une plus grande liberté individuelle... au prix d'une manière d'aimer moins viscérale et plus légère [62].

Quant au développement récent de l'effet Frankenstein, quand les éleveurs jouent à fabriquer des chiens malformés pour leur donner des formes amusantes, il participe de l'aventure moderne des manipulations génétiques [63]. Là encore, le chien fabriqué par la pensée des hommes parle du fabricant bien plus que de l'animal. Pourquoi les ouvriers n'achètent-ils que des chiens nobles, des dogues ou des bergers allemands, et pourquoi la cartographie des chiens volontairement malformés les concentre-t-elle dans les beaux quartiers ? Plus le prix du mètre carré est élevé, plus on y trouve des chiens aux pattes tordues par l'achondroplasie, à la mâchoire prognathe qui laisse pendre leur langue, à la peau sans poil ou aux morphologies grotesques.

Le corps de ces chiens, malformés par nos pensées, nous ferait-il comprendre que les gens simples achètent des délégués narcissiques beaux, nobles et courageux, alors que les habitants des beaux quartiers jouent avec l'image de la vie en fabriquant des chiens difformes ? La fonction sémantique de l'image des chiens nous fait surtout entendre que la manière d'aimer n'est pas du tout la même. Acheter un chien-loup veut dire : « J'aime la sensation que ce chien crée en moi. La force, la beauté, la fidélité et l'obéissance sont des mots clés du monde des êtres vivants que j'aime passionnément. » Alors que se faire accompagner par un chien malformé veut dire : « J'aime tourner en dérision les lois de la vie. D'ailleurs je les manipule car c'est moi qui commande. Ne vous méprenez pas, j'aime bien cet être dérisoire que j'ai créé. »

Histoire des interactions précoces

Les chiens seront surpris d'apprendre qu'ils sont devenus des objets sémantiques qui révèlent les fantasmes existentiels de leurs propriétaires ! Si leur développement est en partie façonné par la représentation des hommes, je ne vois pas pourquoi nos enfants ne subiraient pas l'empreinte encore plus forte de ce pouvoir façonnant.

Pour répondre à cette question, la situation la plus classique et la plus riche aujourd'hui nous est offerte par le foisonnement des études sur les interactions précoces.

Quand, dans les années 1970, les éthologues avaient travaillé sur les interactions précoces chez les animaux [64], ces observations avaient fourni à certains cliniciens un argument suffisant pour... ne pas en faire l'étude chez les petits d'homme ! Ils disaient même : « Puisque ça existe chez les animaux, ça ne peut donc pas exister chez les hommes. » Ce besoin angoissé de démarcation entre l'homme et l'animal est une réaction tellement habituelle que le catalogue de ce qui distingue l'homme de l'animal pourrait remplir plusieurs pages.

Un raisonnement évolutif permettrait d'éviter cet énoncé idéologique, tout en soulignant la place de l'homme dans le vivant. Ce qui structure la communication précoce entre toute mère et son petit est matérialisé par la sensorialité qui passe de l'un à l'autre. Chez l'homme, les formes de sensorialités qui établissent les passerelles entre la mère et l'enfant sont essentiellement façonnées par la parole maternelle et les récits de sa culture.

L'objet « comportement » qui fonde la clinique et permet une approche scientifique est difficile à définir, mais tellement facile à manipuler qu'il échafaude l'essentiel de nos observations. Je crois qu'on peut dire ça de tous les objets scientifiques : l'objet « plante », l'objet « animal », l'objet « molécule chimique », l'objet « corpuscule physique » sont plus faciles à manipuler qu'à définir. Et même l'objet « langage » dans lequel nous baignons structure notre milieu et notre vision du monde, sans que nous sachions le définir alors que nous ne cessons de l'employer. Quant à la vie, nous ne savons pas ce que c'est, alors qu'apparemment nous parvenons à vivre, tant bien que mal.

La définition suffisante du comportement consisterait à dire que c'est ce qui produit une manifestation extérieure à l'organisme, un acte moteur ou une émission sensorielle dont la forme est observable et manipulable.

Les manipulations permettent de découvrir les causes : causes passées lors des avatars de l'espèce et tracées dans la biologie au cours du développement de l'individu ; causes à venir, où le comportement anticipé s'enracine dans une représentation sensorielle ou verbale.

Il possède une fonction adaptative, car en répondant à une stimulation extérieure ou intérieure, biologique ou verbale, perçue ou représentée, il modifie le milieu qui vient de le stimuler.

Le comportement éthologique est donc une passerelle sensorielle observable et manipulable qui permet la synchronisation de deux organismes présents, passés ou à venir. Ainsi se constituent une biologie croisée et même une psychologie croisée.

C'est avec cet outil que l'étude des interactions précoces vient de découvrir le nouveau continent des toutes premières rencontres entre un fœtus [65] et sa mère, puis entre un nouveau-né et son milieu maternant.

Avec ce nouveau regard sur le développement du nourrisson, nous devons d'emblée annoncer une mauvaise nouvelle : quand Œdipe a fait son complexe, il était déjà très vieux puisqu'il avait eu le temps d'avoir quatre enfants avec Jocaste, sa mère, avant que l'oracle de Thèbes ne lui annonce la terrible vérité.

Œdipe, comme tout être humain, a d'abord existé à l'état de gamètes. Et ça, personne n'en parle, car un spermatozoïde n'est pas une personne, tout de même. Un ovule non plus, d'ailleurs. Or les déterminants de la fusion des gamètes de Laïos et de Jocaste ont été uniquement physico-chimiques. Température, acidité, liquidité et taux de calcium ont, pour l'essentiel, gouverné la mobilité des spermatozoïdes. Aucun psychologue n'ose penser qu'à l'origine d'Œdipe il y a eu des minéraux, de l'acide et des réserves nutritives dans l'ovule de Jocaste ! Il a fallu plusieurs semaines pour que ces cellules se divisent et se transforment en organisme dénommé « embryon ». Quelques mois plus tard, en fin de grossesse, le fœtus a commencé son aventure interactionnelle avec le placenta de sa mère. Mais il a peu connu d'interactions précoces avec Jocaste puisqu'elle a dû l'abandonner en lui liant les pieds. Quand il s'est crevé les yeux et que Jocaste s'est pendue, Œdipe avait trente ans et déjà quatre enfants. Lorsque Sophocle, Eschyle, Euripide, Sénèque, Corneille, Voltaire et Gide ont questionné Œdipe, c'était pour en faire un récit et non pas une ontogenèse.

Freud, lui aussi, a récupéré Œdipe pour lui faire dire et mettre en scène qu'étant tous nés d'une mère nous sommes contraints à deux mouvements contraires : l'aimer et la quitter.

Les biologistes mettent en lumière les déterminants physico-chimiques de la fusion des gamètes de Laïos et de Jocaste, impulsant les divisions cellulaires des stades morula et blastula d'Œdipe embryon. Les gens de mots mettent en scène la tragédie d'Œdipe roi qui, en plantant quatre enfants dans sa propre mère, a fourni la preuve mythique qu'une union biologiquement possible est psychologiquement insupportable. Mais, à ce stade de la construction de son appareil psychique, Œdipe n'a gardé aucun souvenir, il était trop petit. Il a fallu interroger Jocaste qui nous a dit que, déjà en fin de grossesse, Œdipe donnait beaucoup de coups de pied, certainement déjà gonflés. L'oracle de Delphes colportait alors une rumeur, un discours social stéréotypé qui annonçait aux deux pères, Laïos le père biologique et Polybos le père adoptif, que l'enfant serait un jour dangereux. Laïos, effrayé, avait demandé à Jocaste d'accoucher sous X, puis d'abandonner l'enfant, réalisant ainsi ce qu'il craignait, dans une sorte de prophétie autocréatrice.

Cette petite fable de l'éthologie des interactions précoces entre Œdipe et Jocaste permet de dire qu'il est possible d'occuper la place laissée vide entre les éclairages de l'extrême biologique et de l'extrême historique. Je propose de concilier les deux !

Schématiquement, avant la Seconde Guerre mondiale, les théoriciens de la graine dominaient le discours. Le milieu, la famille et la société n'avaient rien à faire dans le développement d'un enfant. C'était une bonne ou une mauvaise graine. Il n'était pas nécessaire de connaître la génétique pour faire une théorie génétique, les éleveurs d'animaux fournissaient un modèle suffisant. Les médecins de l'époque mesuraient la taille, le poids, ce qui rentrait dans les enfants et ce qui en sortait. Et c'était bien suffisant pour tout savoir sur lui.

Après la guerre, il devint moral de prendre la position inverse et de penser qu'un enfant était une cire vierge sur laquelle le milieu pouvait écrire n'importe quelle histoire.

Depuis les années 1970, l'éthologie des interactions précoces a mis en lumière ce qui est observable lors de la rencontre entre la mère et l'enfant. Chacun, participant à l'interaction, devient coauteur de la relation.

Le problème de l'observation directe devient brûlant. Les phrases habituelles : « C'est évident... C'était pas la peine de faire une expérience pour arriver à ça... Il suffisait de demander aux mères... Y a qu'à voir... » sont des stéréotypes qui empêchent de voir.

De nombreux praticiens âgés racontent comment dans l'après-guerre le discours social instituait de brutales séparations. En 1948, on parlait fréquemment d'« enfants délaissés [66] ». Il n'était pas rare qu'une fille mère, un couple en difficulté, une mère malade ou débordée voient arriver chez eux une voiture de police. Au nom de la morale et de l'aide sociale, on lui enlevait ses enfants, qu'on plaçait au « Dépôt » de Denfert-Rochereau d'où ils étaient souvent envoyés à la campagne. Quelques mois plus tard, l'enfant délaissé ne reconnaissait plus sa mère quand elle venait le récupérer. Le lien était brisé, parfois difficile à réparer.

Un discours social stéréotypé est né au cours des débats politiques des années 1930. La gauche vantait le « bon air » du ski en montagne et de la nage en mer, tandis que la droite lui préférait la vertu des forêts et des longues courses à pied dans la nature. Ce débat hygiéniste justifiait des séparations souvent irrémédiables. La culture de l'époque, n'ayant pas travaillé l'idée du lien, privilégiait le corps et son environnement.

C'est pourtant à cette époque que certains précurseurs tentaient l'aventure de l'observation directe, en mélangeant d'emblée l'éthologie et la psychanalyse. Anna Freud en

1936, René Spitz en 1946, décrivaient « les effets de la séparation mère-enfant ». Myriam David, Geneviève Appel s'engageaient physiquement pour aider les « enfants délaissés ». John Bowlby, en 1958, réfléchissait à « la nature du lien de l'enfant à sa mère ». Le couple Robertson en 1962 filmait le désespoir de leur propre fils placé à la crèche. Françoise Dolto, Margaret Mahler et Melanie Klein, le trio des « psychomamies », popularisaient leurs observations, changeant ainsi le discours culturel. Aujourd'hui, Caroline Éliacheff prend le relais avec surtout le « Groupe de la WAIMH [67] ».

Le bataillon des observateurs directs est très avancé sur le plan international. Il se divise aujourd'hui en deux compagnies. L'une, essentiellement composée d'éthologues, cherche à observer et à manipuler la manière dont la biologie de l'enfant s'articule avec l'histoire de la mère pour structurer le champ des interactions. Elle recueille essentiellement des faits comportementaux et historiques. L'autre compagnie, fortement psychanalytique, s'interroge beaucoup plus sur « les différences entre l'enfant observé et l'enfant reconstruit [par le récit que le sujet fait de soi] ; sur la nature du matériel recueilli par l'observation en regard du matériel analytique classique ; sur l'observation directe comme éventuelle forme de résistance à la psychanalyse [68] ».

Pour ces deux groupes qui se rencontrent et échangent leurs informations, un bébé seul n'existe pas. Le nourrisson observable et manipulable n'est pas un être : c'est un « être-avec-en-devenir ».

À mon avis, la compagnie des éthologues a mieux étudié le développement des comportements pendant les dernières semaines de la grossesse. L'existence, dans la nature, d'utérus hors de la mère tels que les œufs et d'utérus à ciel ouvert tels que les marsupiaux ou même de fœtus venus au monde prématurément offre des situations spontanées qui permettent d'observer les petits avant leur naissance. Au xviie siècle, on parlait beaucoup d'*homonculus*, c'est-à-dire d'hommes qui sortaient d'autres hommes, comme des poupées russes. Cette représentation fait retour actuellement dans le courant sociobiologique où les individus ne servent qu'à transporter les gènes à travers les générations et sur toute la planète.

AVANT LA NAISSANCE

Comme tout le monde, vous vous êtes certainement intéressés à la vie embryonnaire des crustacés dans la chambre incubatrice de leur mère, et vous vous êtes souciés du développement des larves de blattes qui cohabitent dans l'oothèque maternelle. Vous aurez constaté que le développement de l'embryon, quoique rigoureusement gouverné par sa chronobiologie, extrait à chaque étape une information extérieure différente. Ces petites bêtes démontrent que l'inné ne peut développer ses acquis que sous la pression du milieu, disqualifiant totalement les idéologues qui prétendent faire la part de l'inné et celle de l'acquis.

Ce qui caractérise la vie prénatale des poussins, c'est que la motricité apparaît avant la sensorialité. Dès le quatrième jour d'incubation, quelques secousses périodiques se manifestent, alors que les premiers circuits réflexes ne fonctionneront qu'après le huitième jour. Au début, chaque segment du corps sursaute pour son propre compte. Les pattes, la tête, les paupières et le cœur se mettent en marche, chacun en son temps et sans harmonie. Mais, en fin d'incubation, quand les réserves nutritives du jaune d'œuf ont disparu, le poussin commence à balancer son bec, ce qui use la coque et prépare l'éclosion. On entend un cliquetis prénatal quelques heures avant la naissance et même un début de pépiement et de mouvements coordonnés [69].

Cette description pose deux problèmes : quelle que soit l'espèce, l'autogenèse est la même. Dès que des cellules sont suffisamment groupées et organisées pour fonctionner ensemble, une pulsion motrice apparaît. Dès que l'émission comportementale est produite, elle sert de perception à un autre organisme analogue et proche. C'est donc une pensée qui a limité la biologie aux parois du corps. À partir d'un niveau très simple de l'organisation du vivant, les organismes communiquent, coopèrent et fonctionnent ensemble. La motricité de l'un alimente les perceptions de l'autre. Un monde interœufs se crée expliquant la synchronisation des éclosions [70] : lorsque les œufs sont incubés côte à côte, les éclosions s'effectuent au cours d'un éventail d'une vingtaine d'heures. Mais, lorsqu'on les sépare en fin d'incubation, les éclosions se font dans un intervalle de plus de soixante heures. Déjà, dans un monde interœufs, ça communique et ça synchronise. D'abord, les segments du corps d'un seul poussin s'harmonisent, puis, avant l'éclosion, ce sont les corps des poussins séparés qui s'accordent entre eux, afin de débarquer ensemble dans le monde aérien.

Chez les mammifères marsupiaux, ça communique à ciel ouvert entre la mère et l'enfant, puis entre enfants. Et même quand l'utérus est clos, ça communique entre la mère et l'enfant, et entre l'enfant et le monde extérieur.

Chez l'homme, la motricité apparaît d'abord, sous forme de sursauts musculaires, au moment où le sommeil paradoxal se met en place vers le septième mois de la grossesse. Dans les dernières semaines, on peut déjà décrire un petit répertoire comportemental stimulé par trois sources :

– réactions autogènes, comme les sursauts d'endormissement dont le déterminant est essentiellement génétique ;

– réactions à une stimulation sensorielle autour du ventre maternel : bruit intense, coup, température, pression mécanique quand la mère change de posture, ou invitation haptonomique sous la pression chaleureuse des mains ;

– réactions à des objets sensoriels déjà organisés, tels que l'olfacto-gustation ou la parole sensorielle, qui, par ses basses vibrations, caresse la bouche de l'enfant.

On commence à observer lors des échographies comment les bébés, en fin de grossesse, explorent leur petit monde intra-utérin : paroi utérine, cordon ombilical, main, pouce, pied, ou même sexe masculin [71] plus facile à attraper. La mise en fonction des canaux sensoriels avant la naissance est maintenant bien décrite. On analyse un catalogue des voies sensorielles chez le fœtus parce que ça permet des explications plus faciles. Mais en réalité l'activation d'un système sensoriel stimule ou inhibe un autre système sensoriel. Il y a des transferts intermodaux quand une information perçue par un système est traduite et traitée par un autre système [72].

Dès la septième semaine après la fusion des gamètes, le toucher se met à fonctionner. Il perçoit toutes les stimulations physiques, les pressions, les vibrations et les piqûres. La première zone réceptrice du tact se localise sur la lèvre supérieure, puis sur la paume des mains, puis sur la face, puis sur l'extrémité des membres, puis sur l'ensemble du corps, vers la quatorzième semaine.

Ce constat embryologique suscite un premier étonnement théorique : c'est par une perception mécanique des récepteurs du tact et de la vibration qu'un organisme établit sa première communication avec son monde. Or ce type de perception persiste toute la vie. Chez l'adulte, le dos reste l'endroit privilégié des massages, et la parole, en tant que vibration ondulatoire, se transforme en pression mécanique dans l'oreille interne. Toutes les informations mécaniques du toucher, de la parole et de la caresse convergent vers l'endroit qui, sur le cortex humain, rassemble les perceptions et les ordres moteurs consacrés à la bouche et à la main. L'ensemble bouche-main constitue l'outil corporel le plus profondément humain.

Vers la onzième semaine, le goût et l'odorat rentrent ensemble dans la danse sensorielle. On peut stimuler la langue avec une pression, une source de chaleur ou un glaçon. Mais ce qui la caractérise, c'est qu'une stimulation chimique provoque une sensation. Une molécule de menthol donne une sensation de fraîcheur, alors que la température n'a pas varié. Une molécule d'ammoniaque fait naître une sensation piquante alors qu'il n'y a jamais eu d'aiguille. Dès la onzième semaine, l'organisme traduit ce qu'il perçoit.

L'organe voméro-nasal, si important chez le chien et tous les animaux qui vivent dans un monde puissamment olfactif, régresse dès la huitième semaine chez les petits

humains, confirmant ainsi l'hypothèse de Freud et de
Lacan sur la régression de l'olfaction chez l'homme. Mais
chez le fœtus il fonctionne encore en association avec les
papilles, comme si le petit d'homme goûtait le liquide
amniotique avec son nez. Quand le fœtus déglutit chaque
jour quatre à cinq litres de liquide parfumé, comme du
petit-lait, auquel une cuisinière aurait ajouté la flaveur de
ce que mange ou respire la mère, il s'accoutume à l'ail, à la
lavande ou à la cigarette. C'est pourquoi les prématurés
âgés de six mois manifestent des mimiques de sourire
quand on dépose une goutte d'eau sucrée sur leur langue
alors qu'ils font une grimace de dégoût pour une substance
amère, prouvant ainsi que, bien avant la naissance et sans
aucun apprentissage, tous les bébés du monde possèdent le
même répertoire de goûts et de mimiques.

L'audition a été très étudiée grâce aux performances de
nos capteurs techniques [73]. Plus les fréquences augmentent,
moins elles produisent de pression, comme une ficelle
ondulant plus ou moins amplement donnerait un coup
pour les basses fréquences et un frémissement pour les
hautes. C'est dire que les basses fréquences sont bien transmises par le corps de la mère, alors que les hautes sont fil-
trées. Le monde aquatique est loin d'être le monde du
silence puisqu'il est rempli par la rythmicité du placenta et
la voix sourde de la mère. La voix de l'homme, dit « le
père », ne pourrait être transmise que s'il plaçait sa bouche
contre le ventre de la mère et criait très fort avec une voix
grave, ce qui n'est pas une situation banale de la conversation.

Les vibrations de la voix stimulent la cochlée de l'oreille
comme un diapason auquel le petit réagit quand il ne dort
pas. Il accélère son cœur, parfois change de posture, et surtout il s'habitue à cette information : lorsqu'on émet toutes
les quatres secondes un signal sonore de vingt-cinq déci-
bels, il finit par ne plus réagir. Mais, après un petit intervalle, il répondra plus vite à la même stimulation, révélant
ainsi qu'il est capable d'une forme d'apprentissage.

La vision est apte à fonctionner avant l'accouchement,
même si en condition naturelle elle n'en a pas l'occasion.
Au cours des amnioscopies, quand le médecin envoie un jet

de lumière pour éclairer la grotte utérine, le cœur du petit s'accélère, prouvant ainsi qu'il a perçu un signal lumineux et qu'il en est ému.

Le fait que l'oreille soit encore bouchée et que les photo-récepteurs de la macula oculaire ne soient pas achevés n'est pas un bon argument pour soutenir que le bébé ne perçoit rien, puisque le nouveau-né gambade alors que les voies pyramidales qui commandent la motricité sont encore immatures, et qu'il sait crier, pleurer et écouter plusieurs années avant que son cerveau temporal soit totalement développé.

L'apprentissage fœtal est pourtant une illusion puisque la mémoire est extrêmement brève. Elle ne s'allongera qu'avec le développement du système nerveux, rendant ainsi inutile la création d'universités intra-utérines [74]. Nos difficultés avec les adolescents, dans les universités extra-utérines, nous incitent à ne pas ajouter d'autres épreuves. D'autant que nous ne possédons aucune preuve des effets tardifs des événements précoces. Au contraire même, les embryologistes nous apprennent qu'un morceau d'embryon découpé et greffé sur un autre induit des déve-loppements différents selon la compétence du tissu rece-veur, comme si la poussée vitale, très grande dans les premiers temps, parvenait à compenser ou à rattraper une défaillance initiale.

On ne sait pas non plus ce qui fait événement dans une vie de fœtus : un bruit ? un parfum d'aïoli ? une chanson douce ? À ce stade de l'appareil psychique, on est plus près du rodage du système neurosensoriel que de l'autobio-graphie. Ce qui n'empêche que ce stade est pourtant néces-saire à la mise en place d'un sixième sens : le sens de soi [75]. Il ne s'agit pas du sentiment d'être soi-même qui est une émotion provoquée par l'idée qu'on se fait de soi, sous le regard des autres. Il s'agit plutôt d'une sensorialité qui per-met de savoir ce qui est soi et ce qui ne l'est pas.

APRÈS LA NAISSANCE

Un système nerveux non stimulé, non frayé, ne se stabi-lise pas. Il part en tous sens. Les interactions précoces constituent les premiers frayages, les premières traces synaptiques. Mais il faudra de nombreuses révisions, de nombreuses répétitions pour les stabiliser. Et, très longtemps encore, une correction cérébrale reste possible tant la plasticité nerveuse est étonnante.

De plus, toute stimulation ne fait pas trace, car le cerveau n'est pas passif et ne perçoit que ce qu'il veut bien entendre. La vision humaine se moque des ultraviolets, et nos oreilles n'entendent pas les ultrasons. On a l'impression que les zones les plus archaïques de notre cerveau sont les plus intensément gouvernées par la génétique : respirer, manger-boire, dormir, se défendre, permettent à nos pulsions d'extraire du milieu ce dont nous avons besoin pour survivre. Le cerveau émotionnel, lui, a besoin de traces et de souvenirs pour moduler sa réponse. Quant au cerveau récent, le néocortex, il est fortement façonné par les pressions du milieu : si un lobe temporal, qui traite les sons, ne perçoit pas de son, il s'atrophie. Si un lobe occipital, compétent pour traiter les images, ne perçoit pas d'image, la personne ne pourra jamais voir les objets, alors qu'elle n'est pas aveugle !

Si bien que, lorsqu'un nouveau-né débarque au monde, il possède déjà un petit stock de repères sensoriels auxquels il s'accroche : les basses fréquences de la voix maternelle, la brillance, l'odeur et la chaleur lui fourniront ses premiers pitons d'escalade. On ne peut donc pas parler de période sensible ni même de traumatisme de la naissance, même s'il arrive que l'enfant souffre, car sa mémoire biologique est bien trop brève. Quant à la plasticité cérébrale, elle est si grande que les rattrapages restent longtemps possibles.

On peut alors se demander quelle est la fonction de ces stimulations prénatales. Quand le nouveau-né débarque dans son nouveau monde, il ressent peut-être ce que nous éprouvons lorsque, à l'étranger, nous retrouvons un visage familier. Si bien qu'il y a une « continuité de la communication mère-fœtus en fin de grossesse et une matérialisation de communication entre la mère et le nourrisson dès les débuts de la vie postnatale [76] ». Cette continuité sensorielle permet de constituer jour après jour, geste après geste, la perception d'un monde organisé. Les catégories perceptuelles sont binaires, comme toute pensée à ses débuts : le monde se différencie en dur ou mou, intense ou doux, brillant ou sombre, et, grâce à la mémoire récente, en familier ou non familier. Une saillance fait sortir les objets d'un monde qui, sans cette longue catégorisation, ne prendrait pas de forme. Quand tout vaut tout, rien n'a de valeur. Grâce à ces catégories sensorielles, le réel cesse d'être un magma. Le bébé en extrait des formes saillantes auxquelles il répond par des émotions et des comportements.

De l'électricité des cellules qui coordonne les réponses à la perception d'une figure maternelle qui ordonne l'être-ensemble de deux mondes mentaux, tout organisme vivant échappe graduellement aux phénomènes de la matière.

L'acte d'un animal serait une réponse adaptative, une inscription dans son milieu. Alors que l'acte humain serait une quête exploratoire, une avidité sensorielle, une faim de signifiants. Ce raisonnement schématique n'est pertinent qu'aux extrémités de l'éventail du vivant, parce que les actes d'un petit humain ne sont d'abord que des secousses myocloniques, et que certains animaux manifestent des intentions. Un chimpanzé par ses cris et ses gestes sait orienter un homme vers le bol de raisins secs que l'animal ne peut pas atteindre. Un chat motivé pour sortir de l'appartement se colle contre la partie mobile de la porte et regarde alternativement, en miaulant, le loquet et le visage de l'humain.

Dans le monde vivant, tous ceux qui sont nés d'un œuf sont contraints à l'altérité. Quand la reproduction est asexuée, les cellules se séparent ou s'agglutinent sous l'effet des contraintes physico-chimiques. L'altérité devient sensorielle quand le poulain suit sa mère et colle à l'ensemble du stimulus que son corps compose. Mais un bébé humain ne peut pas suivre, malgré ses gambades, ses cris et ses mimiques. Alors il suit du regard cet être fascinant que les adultes appellent « mère », il tend l'oreille et quête le moindre indice comportemental du corps de ce géant qui le capture pour son plus grand plaisir.

L'enfance prolongée de l'homme et son statut moteur particulier expliquent que, là où un poulain perçoit et répond par sa motricité, un petit d'homme perçoit et alimente une représentation sensorielle. Quand un poulain perçoit et agit, un nourrisson quête les perceptions et se les représente. Et c'est à partir de ces représentations, alimentées par des perceptions, que le bébé humain manifeste son intention d'agir sur l'autre.

Depuis les années 1970, grâce à l'éthologie, on sait observer comment un nourrisson répond à ce qu'il perçoit. L'étude des comportements spontanés et provoqués permet d'imaginer son petit monde dont nous avons perdu la mémoire. Dès les interactions précoces (schématiquement de moins six à plus douze semaines), le nourrisson vit dans un monde organisé, auquel il répond et sur lequel il tente d'agir, par ses gambades émotionnelles, ses sourires directionnels et ses cris et ses gestes déjà intentionnels. L'échappée matérielle est graduelle, mais dès les premières semaines on peut observer que, lorsqu'un nourrisson n'est pas soumis aux contraintes de la survie (manger, boire, dormir, éviter la piqûre...), il utilise ce qu'il perçoit pour agir sur son alentour.

Dans cette conception d'un monde présémantisé, les interactions précoces nous montrent comment le nourrisson, en quelques semaines, passe de la secousse au réflexe, puis à la quête sensorielle, pour explorer son monde et agir sur lui, comme il le fera plus tard avec la parole.

L'intelligence préverbale est d'abord sensorielle. Elle permet de comprendre que les perceptions d'un nourrisson ne sont pas des informations neutres déposées dans un récipient passif. Il perçoit une structure du monde et se le représente afin d'agir sur lui et d'y prendre sa place.

Dès la naissance, la fonction tranquillisante du toucher est étonnante. Un tout nouveau-né couché sur le ventre de sa mère s'apaise, alors qu'il suffit d'interposer un tissu pour qu'il s'agite longtemps. Le contact de la peau, sa chaleur et son odeur confectionnent un tranquillisant naturel auquel on ne s'accoutumera jamais puisqu'il reste efficace toute notre vie. Un enfant paniqué se jette dans les bras de sa mère. Deux adultes malheureux se serrent l'un contre l'autre, et les âgés mourants sourient quand on leur tient la main.

On observe deux grandes stratégies comportementales à l'occasion du toucher. La plupart des enfants s'y plaisent, le cherchent et, le faisant durer, le transforment en caresse. Alors que d'autres se raidissent et cherchent à l'éviter, révélant ainsi, dès les premiers mois, une peur de l'attachement.

Pour certaines espèces, le toucher n'est pas un sens privilégié. Les sauriens se piétinent, les insectes se cognent, mais les mammifères commencent à coder certains lieux du corps. C'est l'homme qui fait de sa peau un sens particulier, peut-être parce que, n'ayant pas de poils, il y éprouve une sensation extrême ? Mais surtout parce que le toucher participe plus qu'on le croit à la verbalité. Il n'est pas rare en neuropsychologie d'oberver des sujets atteints d'aphasie optique [77] : une lésion occipitale, postéro-latérale gauche chez le droitier, entraîne un syndrome proche de l'agnosie visuelle. Le malade ne peut nommer ni même désigner par un geste l'objet qu'il voit correctement. Il lui suffit de toucher l'objet ou simplement d'en mimer l'utilisation pour redevenir soudain capable d'articuler le mot adéquat. Il se met à parler en touchant, alors qu'il paraissait aphasique quand il se contentait de regarder. Cette dissection naturelle du cerveau prouve que tous les sens participent à la parole et que nous sommes piégés par nos mots quand, sous prétexte que notre langue distingue cinq sens, nous croyons qu'ils sont séparés dans le réel.

C'est en nous méfiant de ce piège nominaliste que nous avons observé l'odorat des premiers jours. Nous savions depuis longtemps qu'un nouveau-né s'apaise et se met à mastiquer quand on le place près d'un coton imprégné par l'odeur de sa mère, alors qu'il s'éveille et immobilise sa bouche dans toute autre atmosphère olfactive [78]. Dans l'optique synesthésique qui organise nos observations, quand à une perception habituelle s'ajoute une sensation normalement perçue par un autre canal, nous constatons une harmonisation des comportements. C'est ainsi que l'analyse au ralenti des images vidéo enregistrées au cours de la première mise au sein révèle une stratégie comportementale de la bouche et du nez d'une incroyable complexité [79]. Dans la minute qui suit la naissance, lorsque l'enfant sent l'odeur du sein maternel, il s'apaise, détend ses paupières, avance les lèvres, et mastique en aspirant. Ses mains sont associées au mouvement de la bouche, comme il le fera plus tard en parlant. Nous notons alors un minuscule comportement, capital pour la succion, à peine observable en temps réel : le tout nouveau-né, avant de créer dans sa bouche la pression négative qui lui permettra de téter, hume le sein, balance la tête dans un mouvement de fouissement de plus en plus précis, s'arrête sur le mamelon et très souvent le lèche.

Lorsque cette séquence comportementale compliquée ne peut s'effectuer, parce que le bébé dort, parce qu'il pleure ou qu'on se précipite pour lui enfourner le mamelon, cette agression à téton armé empêche le réflexe de fouissement, et souvent lui colle la langue au palais. Un comportement maternel enraciné dans son angoisse, ou son désir de se débarrasser d'une corvée, peut provoquer un trouble des conduites alimentaires. C'est pourquoi, lorsqu'un psychiatre dit à une jeune mère : « Madame, votre bébé refuse votre sein parce que vous avez voulu séduire vos parents quand vous étiez enfant », il provoque éclat de rire ou incrédulité. Le psychiatre devrait prendre le temps de dire : « Votre bébé est mal à l'aise quand vous le mettez au sein parce que deux ou trois tentatives lui ont appris à mal respirer. Il n'a pas pu se familiariser à votre mamelon en le humant, en le léchant puis en s'y fouissant. Dans votre désir de bien faire, vous vous hâtez, ce qui empêche la séquence de ses comportements. Vous vous précipitez parce que vous souhaitez trop devenir une mère parfaite. Et cette promesse, vous vous l'êtes faite, parce que vous avez vous-même souffert de l'indifférence de vos parents. »

Voilà un exemple de cascades d'interactions qui, partant de l'histoire de la mère, empêchent le nouveau-né de téter ! La succion exige un scénario comportemental où les deux acteurs jouent leur rôle à la perfection. La première tétée met en scène une rencontre où l'ontogenèse du nouveau-né s'articule, à la narine près, au moindre mouvement de la langue, avec l'histoire de la mère.

Les autres éléments de la scénographie ne sont pas négligeables. Tout se joue sur scène. Seul notre langage a détaché l'olfaction, la gustation ou l'interaction des regards. Dès que l'allaitement commence, les partenaires accrochent leurs regards, et la mère, silencieuse, pilote son enfant. Le sein, le lait maternel facilitent la mise en place harmonieuse de tous les canaux de communication, puisque les enfants nourris au sein échangent plus d'informations sensorielles que ceux qui reçoivent un biberon [80].

Il n'est pas impossible que la saveur du lait maternel crée aussi un sentiment de familiarité, de déjà-vu, de déjà-goûté, en évoquant la flaveur du liquide amniotique. Car le goût est très proche de l'olfaction. Seul le milieu aérien les sépare. Et encore, on goûte avec son nez un échantillon de l'autre. Certains goûters sont des touchers olfactifs avec la langue, comme certains animaux touchent avec le tubercule voméro-nasal en palpant avec leurs narines l'objet à explorer. La rencontre entre l'organisme et la substance ne nécessite aucun apprentissage. Mais chez l'homme elle est fortement imprégnée de culture.

Le silence devient lui-même un objet stimulant quand il s'associe à la vocalité pour créer un sentiment de rythme, précurseur des échanges corporels et verbaux. Dès les premières semaines, quand la mère parle, le bébé, fasciné par ses paroles sensorielles, ne la quitte plus des yeux. Dès qu'elle ralentit son débit ou qu'à son tour elle se tait en mettant l'enfant au sein, tout se passe comme si le silence immobile de la mère donnait au bébé le temps de vocaliser quand il est face à elle ou de téter quand il est face au sein. Ces conversations préverbales, ou plutôt ces dialogues comportementaux, apprennent aux partenaires à harmoniser leurs émotions, à s'éprouver mutuellement. Dès les premiers repas, c'est le corps qui fait langage. Cette stimulation est un acte total qui constitue l'environnement du nouveau-né et le prépare à la rencontre verbale.

L'objet sonore est tout de même très particulier dans un monde humain. Une crécelle que l'on fait tourner autour d'un nouveau-né provoque une crispation du visage, une ouverture des yeux, un souffle irrégulier et bien souvent des pleurs, car le son de la crécelle est une alerte pour lui. Alors qu'une voix de femme le calme aussitôt, mieux que celle d'un homme mais moins bien que celle de sa mère, comme si le son n'était déjà plus un bruit dans un monde de nouveau-né [81].

Façonné par le dialogue préverbal, il apprend très tôt la forme de ce qu'il écoute, car la musique de la langue maternelle imprime dans ses structures nerveuses une aptitude à percevoir certains phonèmes mieux que d'autres. C'est pourquoi les Japonais, toute leur vie, auront du mal à distinguer le *r* du *l*, alors que pour un petit Français c'est une évidence.

Les interactions précoces constituent une période sensible qui rend le nouveau-né susceptible de recevoir une empreinte verbale. En effet, les enfants de moins de six mois réagissent émotionnellement à des phonèmes prototypiques de leur langue maternelle, alors qu'ils ne réagissent pas à ceux d'une autre langue qu'ils perçoivent comme un bruit. La simple exposition passive à la langue maternelle durant les six premiers mois permet aux tout-petits d'apprendre et de repérer les différentes catégories de sons parlés, comme une musique [82]. Mais ce n'est que douze à dix-huit mois plus tard qu'ils comprendront que les structures sonores particulières peuvent faire signe, en attribuant un sens convenu à ces objets sonores. Ce processus n'est pas observé chez les enfants autistes qui restent fascinés, collés aux mots des autres, comme s'il s'agissait encore d'un stimulus psychosensoriel.

Quand on applique cette démarche synesthésique au canal de la vision, on rend facilement observable que, dès les premières semaines, un simple changement de couleur du pourtour de la tête de lit change la structure biophysique du cri [83]. La maturation rapide de son système nerveux lui permet de s'intéresser très tôt aux formes et aux contours. Il perçoit d'abord le contour, mais dès l'âge de deux mois le nourrisson est captivé par les éléments internes du visage (yeux, nez, mouvements). Il faudra attendre le cinquième mois pour qu'il différencie le visage d'un homme de celui d'une femme [84].

Ces travaux sur la compétence de base du nouveau-né, commencés il y a une vingtaine d'années, servent de point de départ à mille autres observations qui précisent l'objet et renforcent l'idée de l'étonnante précocité des nourrissons. La plus célèbre est certainement celle qui prouve que, dès le deuxième mois, un nourrison peut imiter les mimiques faciales d'un adulte [85]. Le simple fait de percevoir la mimique faciale d'un homme qui lui tire la langue provoque en lui une contagion émotionnelle qu'il exprime par le comportement de tirer la langue à son tour. Il ne s'agit pas d'une mimique sémantique où tirer la langue veut dire : « Je me moque de ta puissance. » Il ne s'agit pas non plus d'un geste quasi linguistique, car un nourrisson ne sait ni faire un pied de nez ni le V de la victoire. Mais la simple perception de cette mimique déclenche en lui une réponse analogue.

Finalement, de cet amoncellement d'observations, il ressort que les compétences du nourrisson réel sont très différentes de celles du nourrisson reconstruit par la mémoire. Les observations directes provoquent alors un net changement d'attitude : c'est dans son environnement humain qu'on trouve la cause de ses comportements. Dès sa naissance, le monde d'un bébé est structuré par la figure d'un autre.

COMMENT L'HISTOIRE SE TRANSMET AU CORPS À CORPS

Il nous est alors venu une idée que je crois simple et fertile. Nous avons demandé à des professionnels de la naissance de noter la première phrase prononcée quand la mère, pour la première fois de sa vie, rencontre son bébé et le prend dans ses bras. En même temps, nous réalisions quelques observations directes, pour voir si cette phrase possédait une valeur organisatrice des premiers gestes. Puis, longtemps après, nous cherchions à savoir ce qu'étaient devenus ces enfants et à entendre leur histoire.

Cette méthode, qui associe l'observation directe, le suivi d'un développement et la recomposition historique, nous fournissait un échantillon relationnel de bonne valeur prédictive.

C'est par un homme que je voudrais commencer. M. Gau, quarante-sept ans, a été bien embêté quand sa jeune amie de trente ans lui a annoncé qu'elle attendait un enfant. Il venait de divorcer dans des conditions douloureuses et, ses deux grands fils devenant autonomes, il a accueilli la nouvelle avec accablement. « Ça va recommencer... le poids d'un bébé... » La grossesse a été lourde pour tout le monde, surtout quand l'échographiste a annoncé l'arrivée d'un garçon. Après l'accouchement, la sage-femme vient chercher M. Gau..., l'emmène près du berceau et lui présente... une fille ! M. Gau... en voyant le bébé éprouve comme un coup de foudre. Un immense espoir lui ouvre la poitrine. Il dit : « J'ai exactement ce que je souhaitais : une fille ! Je vais pouvoir lui donner tout ce que je n'ai jamais reçu ! » M. Gau... raconte alors son histoire. Son père était un ilote qui ne dessoûlait jamais et maltraitait sa famille. À l'âge de quinze ans, le jeune Gau... avait dû s'enfuir. Marié à dix-neuf ans, avec la première femme qui avait bien voulu de lui. Bousculé par le travail, il n'eut guère le temps de se sentir père de deux garçons qui se sont quand même bien épanouis. Quand, après le fracas du divorce, sa nouvelle compagne a mis au monde une fille, M. Gau..., plus âgé, plus calme, moins bousculé par la vie, a pu enfin se sentir père et capable de vivre un désir profond, enfoui sous les urgences quotidiennes : rendre heureuse une petite fille ! Il possédait enfin un bébé fille qui attendrait tout de lui. Grâce à cet enfant, la vie allait prendre sens, il allait devenir celui par qui le bonheur arrive. Enfin, il pourrait réparer son enfance.

Le coup de foudre a presque en même temps déclenché une angoisse insupportable : « C'est la première fois de ma vie que j'aime si fort. Ce serait terrible que je la perde... » Dès lors, M. Gau... ne quitte plus le bébé des yeux, surveille sa femme, la harcèle, la conseille sans cesse. Il lit tous les livres, interroge les médecins et pousse sa femme à sortir et jouer au tennis, car « elle est tellement jeune » ! Alors M. Gau... torturé d'angoisse et ravi de bonheur, seul avec la petite fille, tisse un délicieux attachement anxieux.

L'ontogenèse de l'enfant commence dans l'histoire de son père ! À peine arrivé au monde, un nouveau-né hérite du problème de ses parents. La condition des bébés humains est ainsi faite que c'est presque toujours le problème d'un autre qu'ils auront à porter !

Mme Lem... a énormément souffert, dans son enfance, de la maltraitance que ses deux parents lui infligeaient. Quand, après un seul rapport sexuel, elle comprend qu'elle est enceinte, elle pense : « Je veux ce bébé pour moi », et elle chasse le géniteur. Seule, illettrée et sans travail, elle souffre d'une profonde mélancolie. Quand sa petite fille arrive au monde, Mme Lem... éclate en sanglots et insulte la sage-femme : « Vous ne voyez pas qu'elle a envie de mourir ! » sera sa première phrase.

Dans les jours qui suivent, elle dit : « Je rêve d'être enfermée, seule avec elle ; nous serions heureuses. » Elle dit aussi : « Tous ceux que j'aime meurent... Je ne veux pas la mettre à la crèche, elle s'y sentirait abandonnée... Je ne veux pas qu'elle parle, la parole l'éloignerait de moi... Je ne veux pas qu'elle aille à l'école, elle m'abandonnerait... » Ces phrases des premiers jours ne sont pas comprises par le nourrisson, mais elles possèdent tout de même une valeur prédictive de la manière dont la mère va structurer le champ sensoriel qui façonnera l'enfant. À chaque événement de la vie, ces phrases agiront sur l'enfant.

Quand le bébé plus tard a voulu s'éloigner de sa mère, ce signe de santé a provoqué chez elle une réaction anxieuse et agressive. Quand la petite fille a tenté l'aventure des premiers mots, elle a fondu en larmes. Quand l'enfant a été à l'école, la mère est restée collée contre la grille.

Les premières phrases sont souvent prédictives de la manière dont s'organiseront les interactions quotidiennes et les réponses à chaque événement :

– « Ce bébé me veut du mal... »
– « Elle me ressemble, c'est terrible... »
– « Elle me déçoit déjà... »
– « Quand il est sorti, j'ai vu le visage de mon père entre mes jambes... »
– « Je n'ose pas la toucher, elle est sacrée... »
– « C'est un rayon de soleil, c'est l'homme de ma vie... »
– « On va être copains tous les deux... »

– « Elle va aimer la vie, celle-là... »

– « Je veux un autre bébé, mieux que celui-là. Tu m'en feras un autre ?... »

– « Elle a le regard froid... »

– « C'est un merveilleux petit Bouddha... »

– « Laisse-moi seule avec elle. Va-t'en... »

Toutes ces phrases prononcées, et d'autres plus jolies, plus folles, plus terribles ou merveilleuses, s'enracinent dans les représentations de la mère. Mais ces représentations ne tombent pas du ciel. Elles sont le résultat de son histoire et de son contexte actuel, affectif et social.

Mme Laou... a beaucoup aimé ses quatre enfants, mis au monde en Algérie. Quand son mari a trouvé un travail à Toulon, elle a eu l'impression de tomber dans un trou noir. Elle ne comprenait ni la langue ni les rituels et se désespérait en pensant à sa famille et à ses amis d'Alger. Le fait de tomber enceinte, à peine arrivée, fut une catastrophe supplémentaire. Elle a choisi « Fathma » pour prénommer l'enfant, et mieux évoquer son pays. Mais, chaque fois qu'elle prononçait le nom de l'enfant, elle serrait les dents et devenait sombre en pensant au paradis perdu. Puis elle s'est adaptée et a eu de nouveau quatre enfants. Mais avec un seul la relation fut difficile. Fathma, après avoir été anormalement gentille pour séduire sa mère et gagner son affection, est devenue une adolescente infernale.

« Pourquoi dit-on d'un bébé qu'il se porte bien ? Il se porte bien quand il est bien porté [86] ! » Et il est bien porté quand son porteur se porte bien. Le contexte affectif et social du porteur joue un rôle fondateur dans la constitution du sens que la mère attribue à son nouveau-né : « Dès sa naissance, Cécilia m'a déçue. Elle était frisée et ne souriait pas. Ses cris m'angoissaient. Je ne la portais pas. À la première occasion, je la déposais sur son lit... mais, quand j'ai eu Anna [la deuxième], ça a été comme une déclaration d'amour. Je reconnaissais ses cris et je la calmais aussitôt. Ça me faisait plaisir de la rendre heureuse... » Ces phrases ont organisé des champs interactifs observables très différents qui ont façonné les enfants, rejetant Cécilia et apaisant Anna. Chaque enfant est né dans un contexte affectif et historique différent : « J'ai été mal avant d'être enceinte de Cécilia... elle souriait à son père et s'endormait dans ses bras... j'étais jalouse... j'ai épousé Michel pour ne pas être seule... je souffrais trop d'angoisse... » « Anna est arrivée quand j'avais vingt-deux ans, après la mort de mon père biologique... ma mère m'a dit : " c'est ton père ". Je croyais que c'était un ami de la famille. J'ai dit à ma mère : " Tu aurais dû me le dire plus tôt. Je l'aurais aimé, ce père-là... " » Après cette révélation, la jeune femme s'est sentie soulagée de ne pas être la fille d'un père qu'elle n'aimait pas. Quand Anna est arrivée au monde, dans ce contexte historique là, elle a pris pour sa mère la signification d'un renouveau affectif, comme si l'arrivée du bébé avait signi-fié : « À partir d'aujourd'hui, tu peux aimer comme tu veux. »

Les scénarios qui attribuent du sens à l'enfant sont innombrables. Ils racontent essentiellement des récits his-toriques, affectifs et sociaux. « J'ai des mots-crapauds avec Sandrine. Je la déteste. Je lui tire les cheveux parce que sa présence m'empêche de quitter son père », disait cette commerçante, très estimée. « Je ne me sens mère que seule avec un bébé. Si mon mari voulait faire son rôle de père, il devrait me quitter. Tant qu'il est là, je n'éprouve aucun plai-sir avec un enfant... »

« En naissant trop tôt, Gérald m'a volé le dernier mois merveilleux de grossesse. Je lui en ai voulu, dès le premier jour qu'on me l'a mis dans les bras. » « Le deuxième [enfant] m'a toujours angoissée. Je le portais en attendant la mort de ma mère [démence Alzheimer]. Dès qu'il est arrivé, il m'a paniquée. Il était très long à manger. J'appe-lais tout le temps... l'aîné s'élevait tout seul, comme je vou-lais... Depuis qu'il est ado [le deuxième], mes angoisses disparaissent. Je suis moins maniaque. Je prends l'avion. Je pique-nique... »

Tous les facteurs se conjuguent pour donner du sens. Ce n'est pas parce qu'une grossesse a été heureuse qu'une mère s'attache automatiquement. Parfois même l'angoisse fournit un bon liant affectif : « Pour Sylvain, on m'avait dit : " Ne te penche pas sur son berceau, ça va le rendre capricieux... " Pour mon deuxième, la grossesse a été si difficile que c'est moi qui ai décidé [des conditions de l'accouchement]. Il est né habillé. Il était merveilleux avec sa poche bleutée... Dès le premier regard, j'ai pensé : " On va s'accorder tous les deux... et ça continue depuis quinze ans. " »

Contrairement au préjugé, certaines grossesses non désirées sont suivies d'amour intense : « Je ne voulais pas mettre d'enfant au monde, mais quand j'ai vu sa beauté, sa perfection, sa peau de pêche... je suis restée vingt-quatre heures à l'admirer... Notre relation a toujours été facile. » « Je ne désirais pas la grossesse. Tout s'écroulait autour de moi : mari parti [décès], social effondré. Quand le bébé est arrivé, ça a été mon rayon de soleil... »

L'attribution de sens n'est pas automatique. On ne peut pas dire qu'une cause provoque un effet, car un même événement peut prendre mille sens différents selon l'histoire et le contexte de la personne qui le vit.

Tous les bébés naissent sous influence. Mais « la thématique conflictuelle n'est pas transmise par l'auréole... elle doit s'articuler dans la concrétude de gestes, d'attitudes, de regards, comme plus tard elle s'inscrira dans le langage comme instrument de l'interaction [87] ». Les représentations maternelles qui charpentent la concrétude des gestes, des attitudes et des regards s'enracinent dans son histoire privée et son contexte affectif, mais sont aussi constamment prescrites par le mythe du groupe. On ne donne pas le premier bain avec les mêmes gestes et les mêmes objets chez les Bambaras, les Parisiennes, les Algériennes ou les Mexicaines. Chaque récit mythique raconte comment il faut toiletter un nouveau-né. Chez les Bambaras, le mythe dit que c'est la grand-mère qui doit toiletter les nourrissons. Pour chasser les mauvais esprits, elle doit nettoyer tous les orifices et souffler dedans [88], puis lancer en l'air les petits garçons pour qu'ils ne deviennent pas peureux, car chez eux le courage physique demeure une valeur. Au Mexique, le mythe dit le contraire, et les mères avant la toilette bouchent les orifices du corps du bébé avec des cotons pour empêcher les mauvais esprits de s'y faufiler. En Occident, le mythe pasteurien a tellement pris la parole que les Coton-Tige représentent l'arme de la lutte contre les microbes qui mythiquement caractérisent un équivalent de djinns, mauvais esprits occidentaux par qui le mal arrive.

Le discours conscient est justifié par l'hygiène, alors que la première toilette est un rituel nourri d'esthétique et de sacré où les mères expriment à leur insu leur propre idée du monde.

Voilà dans quoi baigne un nouveau-né. Dès la première minute, il tombe dans un monde structuré par les récits de sa mère et de sa culture, et charpenté par des gestes, des attitudes, des mimiques et de longs scénarios comporte-mentaux sensés.

Aux comportements physiologiques universels, comme la respiration, la déglutition, le sommeil et l'excrétion, s'ajoutent dès la première minute des comportements sémiotiques, qui font signe et mettent en place autour de l'enfant des contraintes de développement, véritables tuteurs de sens.

ON A ENCORE OUBLIÉ LE PÈRE

À ce niveau de l'enchaînement des idées, il est habituel d'entendre : « Et le père... On a encore oublié le père ! » La place du père n'est facile à définir que si l'on refuse de voyager ou de consulter les historiens. Le père est « celui qui a fait l'enfant » aujourd'hui, en Occident. Pour un Romain, l'évidence est tout autre, puisque le père, c'est celui qui adopte l'enfant. Souvent en Afrique, c'est le frère de la mère ; en Extrême-Orient parfois c'est le grand-père, et en Amérique centrale chez les Afro-Américains, il arrive que ce soit un équipage d'hommes !

Le père précoce qui vient de naître est encore plus diffi-cile à définir, d'autant qu'il ne vient pas au monde n'importe où. On le trouve surtout en Europe, dans les familles d'enseignants et de soignants citadins. C'est là qu'il pousse le mieux depuis les années 1970.

Dans les études sur les interactions précoces père-nourrisson, on parle plutôt de dialogue phasique [89]. Il n'est pas difficile de décrire le comportement de ces hommes, dits « pères » quand ils s'occupent de leur nourrisson.

Les structures sensorielles et comportementales ont le même statut que celui des mères puisqu'il s'agit d'attitudes, gestes et mimiques décrits par la physiologie et la sémiotique. « Le père est d'abord une mère [90] », mais les structures sensorielles qui composent le milieu du nourrisson prennent rapidement des formes différentes selon le sexe de l'interacteur. Dans l'ensemble, les femmes sont plus visuo-vocales et les hommes plus tactilo-kinesthésiques. Ce qui veut dire que les femmes sourient plus et vocalisent plus que les hommes, mais que ceux-ci touchent plus les bébés et les remuent plus que les femmes. Le bébé doit soutenir des dialogues préverbaux différents selon le sexe du prélocuteur.

Ces dialogues différents produisent des effets observables, dans l'immédiat et par la suite. Schématiquement, les mères semblent plus apaisantes et moins nourricières ! Alors que les pères semblent plus éveillants et meilleurs nourriciers. Dans l'ensemble, ces différences d'effet sont minimes, alors que les styles d'interaction sont différents. Pour une simple raison, c'est que les nourrissons n'ayant pas encore acquis la stabilité interne s'adaptent à tous les milieux pourvu qu'ils le familiarisent, avec leur petite mémoire.

Les chercheurs ont, d'abord, affirmé qu'il n'y avait pas de différence entre les hommes et les femmes précoces [91]. Mais en précisant l'objet, en affinant la méthode et en créant des situations de dévoilement, telles que les situations étranges ou les séparations-retrouvailles [92], on a pu rendre observable que les nourrissons ne réagissent pas de la même manière dans un milieu masculin et dans un milieu féminin. Dans l'ensemble, ils sont plus sereins dans un milieu féminin et plus explorateurs dans un milieu masculin.

Le milieu précoce a donc une structure sensorielle différente selon le sexe de l'adulte, et les effets retardés sont différents selon le sexe de l'enfant. Au quinzième mois, les garçons façonnés dans un milieu paternel sont devenus plus explorateurs, mais les filles semblent moins sensibles aux pressions sexualisantes du milieu, puisqu'une fille élevée en milieu paternel devient peu différente d'une fille élevée en milieu maternel.

Les pères précoces ont pour effets retardés d'améliorer les performances sociales exploratrices et ludiques, de tous les enfants, surtout des garçons, et de diminuer leurs résultats scolaires [93]. Le style socratique des pères [94] (« Tu vois que tu savais le faire ») se différencie de la stratégie des mères qui hésitent entre Blanche-Neige et Cendrillon. Blanche-Neige dit « on va tous chanter en faisant le ménage », tandis que Cendrillon propose « allez au bal, je ferai la vaisselle ».

Le nourrisson est pensé, senti et manipulé de manière différente selon le sexe du parent et les stéréotypes de sa culture. Mais l'enfant, petit acteur, perçoit, sélectionne et éprouve ce champ sensoriel, à la mode de son propre sexe [95].

C'est probablement la synchronisation des sexes parentaux qui crée le champ sensoriel qui façonne l'enfant : une mère sous le regard de son mari vocalise moins en direction de son bébé. Et un père sous le regard de sa femme chahute moins son nourrisson. C'est pourquoi, en milieu spontané, la répartition affective et culturelle des rôles sexués au cours des interactions précoces donne l'impulsion initiale à la socialisation préverbale des tout-petits. Il existe quatre situations spontanées dans notre culture : 1) la mère qui élève seule son enfant; 2) la mère et le père associés lors des interactions précoces et dont les actes sont indifférenciés (chacun peut faire ce que fait l'autre); 3) la mère et le père associés, mais différenciés (moi je fais ça, et toi tu fais autre chose); et 4) quelques pères seuls. En observant selon cette grille dans les crèches les comportements de socialisation des enfants, on constate que ceux qui se socialisent le mieux à la crèche appartiennent à la population des mères et pères associés et différenciés [96].

En fait, il ne faut plus chercher une cause qui provoquerait un effet. Il vaut mieux étudier autour du nourrisson un réseau de causes multiples disposant les mailles et les tuteurs de développement où les forces intérieures du petit le pousseront à se façonner.

De la masse de travaux sur les pères précoces, dans un contexte culturel où l'on se lamente de son effacement, il ressort peu d'informations fiables. Une absence physique de père n'empêche pas un enfant de se développer. Certains enfants de marins ont un père plus présent quand il prend la mer, car on parle de lui chaque jour. Parfois, lorsqu'il revient à terre, il assombrit son foyer par sa présence physique [97].

Quand le père joue un rôle maternant, l'enfant se développe bien, mais on s'accorde à penser qu'un père, pour devenir père, doit d'abord être non-mère ! Cette différence perceptuelle crée probablement chez l'enfant une forte impulsion à la vie psychique. Dès que l'enfant se demande « pourquoi deux sexes ? », il accède au monde des représentations. Ce qui revient à dire que le père précoce n'a peut-être rien à voir avec le père durable. La permanence du père dans la verbalité change la stratégie relationnelle de l'enfant, comme s'il disait à sa mère : « Aide-moi », et à son père : « Aide-moi à faire tout seul. »

PÉRIODE SENSIBLE ET FOLIE DES CENT JOURS

Il est difficile d'établir la valeur prédictive des interactions précoces. Dans les années 1980, les professionnels de la naissance se disputaient vivement à propos d'un travail qui soutenait qu'« après la naissance un état psycho-affectif particulier définissait une période sensible au cours de laquelle le lien mère-nouveau-né s'établit de manière optimale [98] ». D'autres publications concluaient qu'une prolongation des temps de contact mère-nourrisson de quelques jours après la naissance améliorait le lien affectif pendant plusieurs années. Ces pédiatres soutenaient qu'une augmentation des interactions précoces lors de l'allaitement rendait observable, des années plus tard, l'amélioration de la proximité affective.

Ces travaux ont été critiqués par les auteurs eux-mêmes qui ont reconnu qu'ils avaient surestimé l'importance des premières interactions [99]. Peut-être, tout simplement, le problème était-il mal formulé : une période sensible ne crée pas forcément une empreinte durable. Chez un poussin, un événement survenant au cours d'une période précise du développement de son organisme, rendu hyperréceptif par la sécrétion d'un neuromédiateur de la mémoire, crée une empreinte longuement durable [100]. Mais il faut apporter une information phylétique qui nuance fortement la leçon de ce modèle : plus les cerveaux deviennent capables de traiter des informations non perçues dans l'immédiat (mémoire, anticipation), plus le développement de l'organisme est lent, plus la sensibilité aux informations se dilue dans le temps. Bien que la notion de phase critique ne puisse pas être employée chez l'être humain [101], on peut utiliser celle de sensibilité variable aux événements puisque l'aptitude aux apprentissages se modifie avec l'âge. L'explosion du langage survient toujours entre le vingtième et le trentième mois, quelle que soit la culture dans laquelle baigne l'enfant. La perte de la mère n'a pas du tout les mêmes effets biologiques et psychologiques selon qu'elle survient chez un nourrisson, un adolescent ou un adulte.

Peut-on proposer l'idée que l'ontogenèse émotionnelle de l'homme crée des sensibilités variables ? L'avidité perceptive du nourrisson crée le premier nœud du lien qui, sans être une empreinte, est indispensable pour préparer le second nœud. Les prématurés ou les nourrissons abandonnés et isolés qui ne tissent pas ce premier nœud au moment prévu l'arrangeront plus tard. Après une petite période de désorganisation, ils rattrapent leur retard.

Cette proposition n'est pas possible dans un monde de poussin où la colle affective ne peut prendre que lors d'une période précise du développement biologique. En revanche, chez l'homme où le processus est néoténique, particulièrement lent et long, on devrait formuler différemment l'idée, en évoquant plutôt les changements de sensibilité aux acquisitions selon l'espèce, l'âge et le contexte. Mille autres déterminants de nature différente corrigeront le trouble... ou l'aggraveront. Longtemps en Europe, le mythe de la lutte contre l'animalité recommandait aux mères d'emmailloter les nourrissons dans des bandelettes serrées du cou aux pieds. Cette prescription devait constituer pour les enfants une immense contrainte, puisqu'ils perdaient l'aspect apaisant de la motricité. Il ne leur restait que la bouche pour crier. Certains psychanalystes ont expliqué par cette coutume la constitution de caractères nationaux : « les gens semblent à la fois isolés et expansifs. C'est comme si chaque individu était étrangement emprisonné en lui comme dans un carcan d'émotions sous pression... L'âme russe est-elle une âme emmaillotée [102] ? ». L'emmaillotage était le même à Florence, comme on peut le voir sur les écussons de l'hôpital des Innocents. Les bandelettes serraient les nouveau-nés de Vic-sur-Seille peints par Georges de La Tour, tout autant que les petits Russes. L'âme italienne est loin d'être « emmaillotée » ; quant aux petits Français, on parle plutôt de leur esprit débridé.

Un nourrisson ne peut pas s'attacher à un glaçon, une plaque brûlante ou un paquet d'aiguilles ! Il faut qu'une passerelle sensorielle s'établisse entre lui et l'adulte maternant afin qu'ils s'en nourrissent tous deux. Or l'adulte ne peut lancer une passerelle que si le nourrisson la saisit. Le moment privilégié où les grappins s'accrochent au mieux est constitué, du côté du nourrisson par son avidité perceptive, et du côté maternel par « la folie des cent jours [...], préoccupation maternelle primaire qui connaît un véritable paroxysme émotionnel des cent jours [103] ». La métaphore des « cent jours » correspond à une forte émotionnalité, un moment intense éprouvé par la mère qui vient de mettre au monde un enfant. Cette hypervigilance maternelle la rend tellement attentive à son bébé qu'elle est captivée par le moindre indice de son corps et, grâce à cette extrême sensibilité, elle peut s'imprégner de son enfant et l'apprendre, au cours de ces mois-là.

L'enfant dès sa naissance peut s'imprégner à tout ce qui passe sur cette passerelle sensorielle : l'odeur, la chaleur et surtout la vocalité des mots maternels. Tout environnement qui le stimule et l'apaise peut être familiarisé. La mère est, pour lui, l'objet le plus signifiant. Mais il peut se calmer en percevant le pourtour de son lit, le tube en caoutchouc qui passe dans son estomac et qu'il tète à l'hôpital, ou le bruit d'un aéroport voisin qui empêche ses parents de dormir.

Le paroxysme maternel s'apaisera sous l'effet de la routine, de la fatigue et du réinvestissement amical ou social, extérieur au bébé. Progressivement se structure une forme stable, permanente, qui caractérisera la spirale transactionnelle, la manière dont la mère et l'enfant établissent leurs relations [104].

La fin des cent jours se décèle du côté de l'enfant par deux indices comportementaux : la perception discriminative du visage et l'apparition de petits scénarios intentionnels.

Un bébé aveugle se développe tout à fait bien sans jamais voir le visage de sa mère. Mais la perception de ce visage-là sert d'attracteur du petit et facilite son développement. Le bébé aveugle subit un effet identique par des attracteurs non visuels tels que la vocalité, l'odeur et un style comportemental de la mère.

L'ontogenèse de la perception du visage commence dès la naissance quand le nouveau-né perçoit un visage que Picasso a peint sans le savoir. La brillance et le mouvement créent progressivement la perception des contours, mais, « à l'âge de deux mois, les choses changent : l'attention visuelle des nourrissons est attirée non plus par le niveau d'énergie d'un pattern, mais par sa forme [105] ». À cet âge, le visage de la mère est privilégié, sans être mémorisé durablement [106].

Dès les premières heures, les nourrissons peuvent imiter quelques grimaces faciales. Mais, quand le psychologue tire la langue et que le bébé tire la langue en réponse, l'imite-t-il ? Quand on avance un crayon vers son visage, il tire aussi la langue. Peut-être dans un monde de nouveau-né la protusion de la langue du psychologue ou l'avancée du crayon constituent-elles un analogue perceptuel de mamelon ?

En revanche, quand dès le troisième mois un nourrisson reconnaît le visage de sa mère, sur une photographie ou un écran télévisé. C'est elle-même qui est reconnue, car son image provoque une fixation visuelle et une poursuite du regard. Ce visage-là est préféré à tout autre.

La concordance entre la fin des cent jours maternels et la préférence de son visage par l'enfant peut aussi être coordonnée avec un changement de stratégie interactionnelle. À ce moment-là, les rapports entre l'affectivité et le développement psychomoteur pourraient se décrire en trois étapes [107] : 1) le mimétisme affectif, une sorte de syncrétisme indifférencié où le nourrisson éprouve l'autre par contagion émotionnelle ; 2) un syncrétisme différencié quand il fait la même chose que l'autre, pour l'imiter ; 3) et un transitivisme quand il devient capable de faire « comme si », c'est-à-dire de produire une représentation gestuée ou verbalisée, afin d'agir sur les représentations de l'autre.

Or le passage à la deuxième étape se repère vers le troisième mois quand le nourrisson cesse d'être ce qu'est l'autre, pour être-avec l'autre. Le passage au faire « comme si » se repère un peu avant la deuxième année, lorsque l'enfant saura utiliser le langage des gestes, des mots et des comédies.

Quand, vers le troisième mois, on stimule le petit avec nos grimaces et nos jeux de « coucou », il répond par une joyeuse agitation de cris et de gambades. Cette rythmicité est un échange émotionnel, une sorte de « tour d'émotion », comme plus tard il y aura un « tour de parole ». Dès cet instant, il change de manière d'être au monde. Vers le troisième mois, il quitte l'être-dans, pour être-avec...

Cette sémiologie des cent jours permet de repérer la fin des interactions précoces, quand la mère à nouveau regarde ailleurs, parce qu'elle est moins ensorcelée par son petit. En même temps, le nourrisson reconnaît son visage et le distingue de ceux qui l'entourent. Il découvre qu'on peut rester soi-même en côtoyant des autres.

Pour ceux qui ont l'esprit vraiment expérimental, il conviendrait de supprimer les cent premiers jours afin d'observer les effets de la privation. Alphonse Allais, qui est un grand scientifique, ayant constaté que lors des accidents de chemin de fer les premiers wagons étaient les plus touchés, avait proposé de supprimer tous les premiers wagons afin d'empêcher ce coup du sort. Et il avait raison, car, lorsqu'un être vivant arrive au monde et qu'une catastrophe naturelle le prive des cent premiers jours ou les altère, les cent jours suivants ne seront plus les premiers ! Ce genre de raisonnement mathématiquement absurde est biologiquement fondé, puisque l'organisme n'attribue pas la même signification biologique à la même information, lorsqu'il la perçoit au cours des premiers jours ou lors des jours suivants. Le temps biologique de l'organisme, en traitant différemment une même perception, en modifie l'effet : un bruit envoyé au temps T ne sera pas perçu de la même manière et n'aura pas les mêmes effets qu'au temps T'.

LES ÉPREUVES PRÉCOCES

La vertu maladive du stress et la vertu curative du bien-être sont connues depuis longtemps, mais ce qui compte pour le problème qui nous occupe, c'est l'effet d'une épreuve au cours des premiers jours.

Cette question est plus facile à traiter chez les animaux qui nous font comprendre qu'à une altération précoce de leurs interactions ils répondent par un trouble des façonnements comportementaux, par de mauvais apprentissages et des modifications métaboliques. Ils sont noyés par la cortisone qu'ils sécrètent, qui ramollit leurs muscles et les boursoufle. Au moindre problème ultérieur, ils réagissent par la tétanie, une sorte de crampe musculaire diffuse. Ce phénomène est un drame pour les éleveurs, puique la viande des animaux stressés acquiert un goût pisseux qui fait baisser leur prix.

La qualité des relations précoces mère-petit dans les élevages facilite la socialisation ultérieure des jeunes qui apprennent à s'orienter vers leurs congénères. Or la simple perception d'un congénère familier possède un effet tranquillisant. Lorsqu'on déplace des animaux d'élevage en groupe familiarisé par des interactions précoces, les effets d'un stress ou d'une frustration sont bien mieux supportés : « L'appartenance à un groupe social protège donc les sujets des effets stimulants de la frustration [108] ».

L'idée qui émerge de ces observations comportementales et biologiques, c'est que les relations de l'animal à son milieu dépendent de son passé. Les animaux n'ont pas d'histoire, en ce sens qu'ils ne font pas le récit de leur vie, mais les traces de leur passé créent une aptitude comportementale qu'ils manifesteront durablement.

Nous avons déjà vu que lorsque des éleveurs comparent une population d'agneaux isolés dès leur naissance avec une autre, familiarisée au cours des interactions précoces, ils constatent que les deux groupes ne réagissent pas du tout de la même manière à un même événement. Plusieurs mois plus tard, lorsqu'on les place en situation étrange, en les faisant entrer dans une arène inconnue, les agneaux altérés précocement vocalisent moins, ralentissent leurs mouvements et se laissent périphériser, ce qui en milieu naturel constitue un facteur de risque puisque cette désolidarisation les expose aux prédateurs.

Mais on sait que, dès les premiers jours et même en fin de grossesse, un monde de petits d'homme n'est pas un monde d'agneaux. La parole et le visage y sont des objets sensoriels particulièrement signifiants. Quand l'objet maternel déprime, il change de forme, et le petit n'acquiert pas les mêmes aptitudes. Cette proposition, vérifiable lors des observations synchroniques, devient de plus en plus fausse au cours des observations diachroniques à cause de deux correctifs capitaux : la lenteur du développement du système nerveux qui autorise les rattrapages, et la préparation à la parole qui invite au changement de monde.

Lors des observations synchroniques, tout objet signifiant perçu par le bébé devient attracteur et organise ses comportements. En analysant simplement les tentatives de préhension précoce d'un objet placé à trente centimètres d'un bébé de six semaines, on observe un scénario d'attention captivée. Dans cette situation naturaliste, la tête et le tronc s'orientent vers l'objet quelle que soit sa place dans l'espace. À six semaines, on note une avancée des épaules, des mains et des pieds en direction de l'objet. Le visage est particulièrement évocateur. Le nourrisson oriente son regard vers l'objet et peut le fixer deux à trois minutes, avec une mimique sérieuse. L'avancée des lèvres et de la langue apparaît dès ce moment, prouvant que l'enfant n'imite pas vraiment, mais répond à un objet qui l'intéresse. Cette avancée ne s'observe pas sur les cassettes familiales des enfants autistes. Plusieurs années plus tard, lorsque le diagnostic est devenu évident et qu'on demande aux parents d'apporter leurs cassettes de Noël ou d'anniversaire, on n'observe pas ce minuscule mouvement des lèvres, de la langue et des épaules qui témoigne d'un début d'anticipation [109]. Cette méthode artisanale permet d'observer directement un événement survenu il y a plusieurs années et qui n'aurait jamais été mémorisé si la famille n'avait pas filmé l'événement.

Une fois qu'on possède une description standardisée sur une population témoin, on peut introduire une variable et demander, par exemple, à la mère de garder son visage impassible[110] : dans les secondes qui suivent, le comportement du bébé change complètement. Il continue brièvement à s'orienter vers ce visage qui ne veut plus rien dire. Sans réponse, il se détourne vers le vide, puis revient à ce visage étrange, puis vers le vide... Il se tord alors les mains, augmente ses activités autocentrées, se touche, se suce les lèvres ou un doigt, détourne le regard, devient grave, comme vide, et soudain raidit son tronc.

Un bébé seul ne manifeste jamais ce scénario comportemental. Il s'intéresse aux signaux lumineux, colorés, sonores ou au mouvement de ses mains. Son monde est peuplé d'événements sensoriels passionnants.

Mais, dès que sa mère est coprésente, elle devient attracteur de son psychisme, et c'est par rapport à elle que s'organise le monde. Lorsqu'elle répond naïvement par ses jeux, ses mimiques ou ses activités, ce monde s'élargit et s'intensifie. En revanche, lorsqu'elle est coprésente et ne répond pas, l'enfant ne peut même pas organiser son monde. Il ne peut ni jouer seul, ni rencontrer l'autre, ni être seul, ni coêtre... Comme s'il était fasciné par un attracteur étrange et vide.

La mère aussi peut être découragée ou fatiguée par un nourrisson qui ne répond pas, comme ces bébés qui s'ajustent mal, évitent le regard ou ne répondent pas aux stimulations, créant ainsi un désintérêt mutuel [111].

L'erreur peut venir d'une défaillance en n'importe quel point du système : bébé malade, mère dépressive, parce que son mari la rend malheureuse, parce que son histoire lui fait craindre les bébés, parce que la société lui impose de faire un bébé et lui interdit de s'en occuper... La mère en tant qu'attracteur du psychisme sensoriel de son enfant est un carrefour, un ensemble de pressions qui convergent vers elle.

Quand elle déprime, elle crée un objet qui vide le nourrisson. Si ce trouble ne dure pas longtemps, le bébé se répare dès le premier sourire quand la mère redevient chaleureuse et source de vie. Il peut aussi s'améliorer à la crèche, avec la fratrie ou un animal familier. « Les interactions sociales se produisent fréquemment entre les individus qui ont approximativement le même âge, la même taille, la même expérience, les mêmes compétences sociales et les mêmes besoins psychologiques [112]. » C'est pourquoi les nourrissons face au miroir délaissent leur mère pour jubiler avec leur propre image et pourquoi les petits compagnons ou un animal familier peuvent suppléer à une défaillance maternelle.

Pourtant, s'« il existe incontestablement une relation entre la dépression de la mère et les troubles émotionnels de l'enfant [113] », tous les nourrissons ne possèdent pas le même talent pour se réparer. Peut-être parce que la durée des troubles maternels est un facteur d'épuisement des défenses comportementales de l'enfant. Une population de femmes en dépression postnatale a été observée [114]. Les facteurs de prédiction de la dépression étaient essentiellement historiques et sociaux : antécédents, épreuves répétées et mauvaise adaptation sociale. Il y avait aussi un prédicteur biologique : le taux d'œstriol. Tous les enfants de ces mères déprimées ont manifesté des comportements désorganisés, au départ de la mère et à son retour. Mais, dès que la mère s'est améliorée, les bébés sont redevenus en quelques semaines de petits explorateurs.

En revanche, dans la toute petite population de mères restées longtemps dépressives, il y a eu quatorze fois plus de troubles comportementaux que dans la population témoin. La durée de la souffrance maternelle altère les défenses comportementales du bébé. Ce qui ne veut pas dire que plus tard le grand enfant ne trouvera pas d'autres modes de sauvegarde. Il n'est pas impossible même qu'une souffrance pousse l'enfant à développer ses facultés d'empathie et de créativité qui constituent les plus nobles aptitudes humaines.

Tous les bébés ne réagissent pas de la même manière quand la mère se fait mal, ou mime la souffrance [115]. Certains se pétrifient quand la mère fait semblant de pleurer, d'autres explorent la « blessure », parfois imitent les mimiques de la mère, la caressent, lui font une offrande... ou lui tapent dessus !

Parmi les défenses tardives contre ces souffrances précoces, l'empathie est fréquente. Avant la parole, un grand nombre d'enfants sont très attentionnés pour leur mère et manifestent une empathie précoce par des sourires, des caresses ou des offrandes, comme s'ils disaient : « Est-ce que ça va ? Je voudrais que tu ailles mieux grâce à ma caresse ou à mon offrande de bout de chocolat. »

En clinique adulte, il n'est pas rare de noter que le plus attentif de la fratrie envers sa mère, c'est celui qui a eu une mère mélancolique quand il était nourrisson ! Il souffre plus que les autres de colites ou d'angoisses, mais il est tellement plus gentil ! Parmi les nourrissons qui ont beaucoup souffert de privation affective, dès que le milieu a pu étayer l'enfant, on trouve un nombre très élevé de « compulsions à aider [116] ».

Finalement, la principale différence entre les interactions précoces de l'agneau et celles du petit d'homme, c'est que la période sensible ne détermine pas la même durée des effets. Chez l'agneau, une interaction précoce ratée au cours de sa période sensible troublera la suite de son développement. Alors que chez le petit d'homme un trouble précoce provoque à coup sûr un trouble du développement, à courte échéance, mais au chapitre suivant de son développement d'autres déterminants pourront compenser cette défaillance... ou l'aggraver.

Les interactions précoces permettent l'accrochage comme un Velcro qui assure le contact entre le velours sensoriel de la mère et celui de son enfant. C'est pourquoi ce Velcro n'accroche qu'à partir des derniers mois de la grossesse, jusqu'au troisième mois après la naissance. Avant, ce n'est pas encore possible, la sensorialité du petit fonctionne encore trop peu. Après, il ne s'agit plus d'interactions précoces, puisque d'autres déterminants interviennent. Cette période sensible ne constitue pas une empreinte analogue à celle des animaux, même si elle laisse des traces. Les déterminismes animaux et humains sont trop différents. Là où l'agneau se construit, le petit d'homme ajoute l'écriture des premiers chapitres de sa biographie.

CHAPITRE III

L'artifice

Le leurre dans le monde vivant

Par quel mystère un leurre parvient-il à nous ensorceler ? L'artifice est capable de nous tromper parce qu'il possède un fort pouvoir d'attraction. Et, s'il nous attire, c'est parce que notre organisme en est avide : ce qui nous trompe le mieux révèle ce qu'on désire le plus.

Mais « dans notre vie, le plaisir le plus pur est le vain plaisir des illusions [...] les illusions sont donc nécessaires et font partie intégrante de l'ordre des choses [1] ».

Le leurre nous attrape parce qu'il est une apparence du vrai, alors que l'illusion nous séduit par sa fausse apparence, une image qui ne correspond pas au réel. Il y a pourtant un trait d'union entre ces deux objets sensoriels. Le leurre nous attrape parce qu'il constitue une super-apparence, une perception encore plus forte que la stimulation naturelle, alors que l'illusion nous prend parce que nous nous faisons complice de ce que nous percevons. L'illusion est un mal perçu quand le sujet s'arrange avec son désir, alors que le leurre est un super-signal qui capture un sujet sain.

C'est pourquoi, en éthologie, les leurres servent souvent à explorer le monde intime d'un être vivant. En analysant les stimulations isolées ou combinées qui déclenchent un comportement, on rend observable ce qui intéresse un organisme au point de le capturer.

Il n'est pas difficile d'étudier un crapaud qui gobe une mouche voletante. La manipulation expérimentale de l'ensorcellement consiste à fabriquer des leurres de mouche en carton dont on fera varier la couleur, la brillance, l'odeur et le mouvement. On constate alors que ce qui fascine le crapaud, c'est le mouvement du leurre qui déclenche un saut pour happer, une feuille voletante ou une gouttelette tombante.

Le rouge-gorge est plus stimulé par la couleur que par le mouvement. Il suffit de placer une touffe de plumes rouges dans son territoire pour déclencher des comportements vocaux que l'homme appelle « chants », mais qui indiquent chez l'animal une alerte territoriale.

Les pêcheurs sont virtuoses du leurre puisque, par tâtonnements, ils ont fini par mettre au point l'artifice qu'espère le poisson... qu'eux-mêmes espèrent prendre. Un agencement de formes, de couleurs et de mouvements compose l'escroquerie dont l'animal est friand.

Ces observations naturalistes et quelques expériences en milieu naturel puis en laboratoire conduisent à penser que l'évolution n'est pas terminée. Certains animaux, par leurs comportements, se transforment eux-mêmes en leurre dont ils tirent le plus grand bénéfice. La tortue alligator nord-américaine possède au bout de sa langue deux barbillons rouges en forme de petits vers qui bougent doucement quand l'eau les anime. Dès qu'un poisson les voit, il se précipite dessus, et la tortue n'a plus qu'à le gober [2] (mot parfaitement adapté au monde du leurre).

Il suffit au coucou, oiseau parasite, d'ouvrir tout grand son bec qui expose une gorge plus colorée que celle de ses petits voisins pour que les parents, plus fortement stimulés, les nourrissent de préférence à leurs propres petits.

L'autre jour, à Venise, en prenant un cappuccino sur la Giudecca, j'ai provoqué un drame de l'ensorcellement chez un couple de moineaux. Le mâle commençait à se gorger des miettes de mon croissant quand la femelle s'est posée

près de lui. Elle a rentré son cou, émis de petits cris suraigus et a ouvert un large bec. Cette posture de quémandage
enfantin a invinciblement déclenché chez le mâle un
comportement de nourrissage. Et quand, repue, elle s'est
envolée, il n'avait plus rien à becqueter parce que le charme
de la femelle enfantine avait été supérieur à l'attrait de mon
croissant. Et moi aussi je suis parti.

L'illusion est un signal troublé que l'organisme accepte
parce qu'il le traite mal. Alors que le leurre est un signal
trop clair auquel il ne peut se soustraire. La simple existence d'un stimulus déclencheur exagéré supérieur au stimulus habituel prouve que l'évolution n'est pas aboutie.
Car cette imperfection, modeste inadaptation, offre une
possibilité d'adaptation nouvelle.

Les plantes aussi participent à l'aventure du leurre. Les
orchidées, récemment apparues sur terre, doivent attirer
les abeilles pour se faire féconder. Mais celles-ci ne s'intéressent qu'au nectar. L'orchidée fabrique alors une substance dont la formule chimique est exactement la même
que celle dont se sert la reine des guêpes pour attirer son
mâle [3].

Le leurre le plus célèbre est celui de la danse en zigzag
des épinoches de Tinbergen. Ces petits poissons, après
avoir obtenu le prix Nobel de médecine en 1973, n'ont rien
changé à leurs comportements, ce qui prouve leur grande
stabilité émotionnelle. Leur danse ne peut s'effectuer
qu'entre deux partenaires motivés, dans une véritable
harmonie comportementale où chacun pousse l'autre à
parader.

Je ne sais pas si les épinoches éprouvent du plaisir à dan-
ser, mais je peux dire qu'elles sont sacrément remuées.
Chaque séquence comportementale de l'une entraîne une
réponse mouvementée de l'autre, dans un menuet où l'attitude de l'une met l'autre en branle. Ce menuet des épinoches a fortement excité Lacan qui a voulu participer au
ballet : « Qu'est-ce qui fonctionne dans la mise en route
du comportement complémentaire de l'épinoche mâle et
de l'épinoche femelle ? *Das Gestalten* [...] l'image qui
commande le déclenchement total d'un certain comporte-

ment moteur, lequel produit lui-même et renvoie au partenaire, en un certain style, le commandement qui lui fait poursuivre l'autre partie de la danse [4]. »

À chaque étape de la danse, à chaque pas du menuet des épinoches correspond un leurre différent : nid préparé par le mâle, ventre rond de la femelle, couleur différenciée des flancs du mâle, posture tête en bas de la femelle, ponte, fécondation, protection des œufs... Ces leurres sont déclencheurs de comportements parce que, pour l'animal leurré, ils sont perçus comme une forme saillante dans l'environnement [5].

Les avocettes, échassiers à long bec recourbé vers le haut, expriment un leurre comportemental altruiste : lorsque le mâle est ému par l'approche d'un danger, un côté se paralyse sous l'effet de l'émotion. Il boitille et tourne en rond, tandis qu'une de ses ailes pendouille. Le prédateur, intéressé par tout ce qui semble atypique, donc vulnérable, plonge sur lui, tandis que la femelle entraîne les petits dans une autre direction. Alors le mâle s'envole de ses deux ailes, et l'observateur humain anthropomorphise : il parle de feinte ou de courage, selon sa propre représentation.

Le simple dessin des yeux constitue un super-signal très émotionnant donc très utilisé. Les leurres les plus efficaces sont dessinés sur les machaons grand-porte-queue qui, dès qu'ils perçoivent une variation de chaleur, écartent soudain leurs ailes, ce qui dévoile une image, comme de gros yeux de chouette, qui effraie les prédateurs.

Si le leurre possède un tel effet sur l'autre, c'est parce qu'il fonctionne comme un super-signal qui le capture et le gouverne. Quand un animal est séduit, il perçoit ce super-signal comme une évidence non négociable et plonge dans le piège sans hésiter. Le leurre attractif compose ce qui lui plaît le plus. Les mérous sont fréquemment accompagnés par des poissons nettoyeurs qui pénètrent dans leur bouche pour manger quelques débris entre les dents. Arrivent alors des petits labridés, autres poissons de mer, qui portent la même livrée et exécutent la même danse verticale que le poisson nettoyeur, ce qui provoque l'ouverture de la bouche du mérou, ravi. Alors le petit prédateur plonge dans la bouche, arrache un morceau de langue et s'enfuit.

Quand certains oiseaux, comme le pluvier, ont le choix entre un leurre d'œuf énorme et leurs propres œufs plus petits, ils n'hésitent jamais, ils s'orientent vers le faux !

Le mystère consiste à se demander pourquoi les leurres, si fréquents dans le monde vivant, font plus d'effet que les objets naturels ? Il est tout de même étrange de constater que l'objet adéquat, moins stimulant, fonctionne en deçà de son maximum biologique. Une moindre stimulation naturelle offrirait-elle un bénéfice adaptatif ? On peut proposer un début de réponse en disant que, si une synapse était constamment stimulée au maximum, tous les neurones seraient saturés, bloqués, comme tétanisés par une information maximale, donc constante et monoforme. Or une stimulation qui ne varie pas finit par ne plus stimuler ! Elle deviendrait la norme et son effet disparaîtrait... mais pas l'épuisement. Cette constatation est quotidienne en clinique où certaines personnes, harcelées par leurs soucis ou par leur manière de vivre, sont fatiguées alors qu'elles ont l'impression de ne rien faire. Paradoxalement, la stimulation naturelle, parce qu'elle est variable, crée une sensation d'événement. Peut-être est-ce la fonction de l'ennui de rendre un organisme avide d'aventures ?

Quand on dresse le catalogue des leurres dans le monde vivant, on parvient à les classer en trois thèmes : aliment, sexe et territoire. On peut faire une vie avec ces trois mots-là. Ces thèmes fondamentaux pour la survie sont les plus émotionnants. La nature ne mystifie pas avec l'air, elle n'en fait pas de leurre, car tous les êtres vivants respirent sans avoir le temps d'en faire une représentation : ça respire ou ça s'asphyxie. Il faut un décalage temporel pour laisser émerger une représentation, comme il faut une différence sensorielle pour créer dans l'organisme une sensation d'événement. L'imperfection devient source d'évolution biologique et de représentation mentale.

Les passereaux sont de grands gobeurs de guêpes, jusqu'au jour où ils se font piquer. Dès lors ils évitent les guêpes, et même les analogues de guêpes. Cette observation permet de penser que l'événement « piqûre de guêpe » a créé une révolution mentale chez le passereau. Grâce à la piqûre, il temporalise son éprouvé en un avant-piqûre, et un après-piqûre. Il catégorise son monde en une forme de guêpe qu'il généralise à toute forme analogue, et des formes de non-guêpe. Il peut ainsi calculer qu'une forme non-guêpe peut l'attirer alors qu'une forme guêpe provoque une émotion d'alerte avec fuite et cris d'alarme. Grâce à cet événement douloureux, le passereau a gravi un échelon dans la vie mentale : il a appris qu'un leurre indique un danger saillant dans un monde attirant.

Ce passereau nous permet de comprendre la fonction du leurre en tant que super-signal. S'il n'y avait que des signaux absolus, l'adaptation parfaite produirait une stratégie du vivant très simple : ça vit ou ça meurt. Or l'environnement ne cesse de changer, l'usure de l'individu rend son organisme différemment sensible au même environnement, et, à l'échelle de l'espèce, le génome varie lui aussi. L'imperfection du signal physiologique offre une marge de manœuvre. Un organisme imparfait percevant un signal non absolu invente de nouvelles stratégies d'existence. C'est l'inadaptation, la fluctuation organique, l'imperfection de la rencontre qui permettent l'évolution et la survie. Un organisme parfaitement adapté s'éliminerait à la moindre variation du milieu. Par bonheur, la souffrance et la frayeur lui offrent sa survie.

L'existence du leurre permet de comprendre que l'imperfection des signaux crée les trois catégories émotionnelles qui gouvernent le monde vivant : l'horrible, le bien-être et la merveille. Les sentiments animaux, émotions provoquées par des représentations sensorielles, provoquent la fuite, l'apaisement ou l'attirance. La sensation d'événement devient alors possible, avec la perception d'un monde structuré par les images et un temps rythmé par les événements.

L'étude phylogénétique des structures neurologiques avides de leurre nous mène à la question fondamentale suivante : les limaces de mer sont-elles heureuses ? Avec, en guise de cerveau, un croisement de vingt mille neurones, elles disposent de catégories fondamentales : horreur, bien-être et merveille. Elles peuvent fuir un produit toxique, se précipiter vers une substance attractive, puis s'engourdir de bien-être, connaissant ainsi une biographie de limace moyennement heureuse.

Mais les substances sécrétées par un organisme sont stimulées ou freinées par la rencontre avec son leurre préféré : un agneau ou un rat, léchés par leur mère, augmentent leur sécrétion d'ornithine-décarboxylase, alors que la séparation ou l'abandon provoquent un effondrement de la sécrétion de cette enzyme [6]. Or un agneau ou un raton abandonnés altèrent leur développement au point de s'automutiler et souvent d'en mourir, prouvant ainsi que l'ornithine-décarboxylase pourrait nous donner la formule chimique du bonheur.

De même, un chiot nouveau-né toiletté par sa mère évacue une substance bleuâtre qui libère l'intestin. Mais, quand une séparation empêche la toilette, le chiot meurt d'occlusion intestinale. Il n'est pas suffisant de dire que le contact de la mère avec le ventre du petit déclenche un réflexe. Ce raisonnement nous prive de la notion de plaisir qui, modifiant les sécrétions du corps, déclenche certains comportements. Si l'on injecte de la naloxone, une substance antimorphinique qui bloque la transmission des morphines naturelles, on constate que la sécrétion d'ornithine-décarboxylase ne varie plus. Soumise aux déterminismes de l'organisme isolé, elle devient insensible aux stimulations de plaisir provoquées par le leurre maternel. Le contact des agneaux avec l'objet maternel hyperstimulant provoque une augmentation des morphines naturelles du cerveau. Le plaisir des agneaux s'exprime par un blottissement contre le flanc de la mère et une motilité intestinale. Les poètes ne chantent que l'amour maternel de la brebis et de son agneau, ignorant la contraction de l'ampoule rectale qui pourtant participe, elle aussi, au bien-être.

Une approche naturaliste nous permet de comprendre que l'alentour de l'agneau est composé d'un énorme objet saillant qui le captive pour son plus grand bonheur. Le simple fait de côtoyer une telle structure sensorielle modifie tous les métabolismes hépatiques, intestinaux et cardiaques, et baigne son cerveau dans un flot d'endorphines.

Il suffit que le petit perçoive dans son monde un leurre maternel pour que sa physiologie fonctionne au mieux. Cette saillance perçue (mouche voletante pour le crapaud, structure sensorielle vocale et odorante pour l'agneau) crée des impressions plus ou moins euphoriques dans le monde mental du petit, ce qui explique qu'un enfant de mère dominante, par son bien-être, devienne à son tour dominant. Alors qu'un petit de mère malade ou dominée se sentira moins euphorique et exprimera moins de combativité ou d'élan vers les autres. Ces exemples courants montrent que la biologie de l'homme seul est vraiment le produit de l'illusion individualiste du xixᵉ siècle. On ne peut qu'*être-avec*, et la souffrance de l'autre nous altère... quand on la perçoit.

C'est pourquoi tout organisme est contraint à chercher l'événement pour créer en lui une sensation de vie, comme une fourmi qui palpe l'air avec ses antennes, espérant rencontrer une autre fourmi, ou comme un chat qui soudain joue à chasser ou à fuir, ou comme un chien qui ne peut se promener qu'avec un autre, pour se sentir en promenade.

Un organisme engourdi a peu besoin de son milieu, alors que celui qui recherche des sensations nous offre un facteur prédictif de dépendance. Un animal qui part en quête de sensations prend le risque d'une rencontre qui le subjuguera. À l'inverse, les animaux craintifs, parce qu'ils se sont développés dans un monde dont les saillances les ont altérés, comme une mère malade ou un isolement social, éviteront toute rencontre et passeront leur vie à se tapir dans leur niche ou sous une armoire, effrayés par toute nouveauté. Libérés de la dépendance d'un plaisir, ils éprouvent tout événement comme une agression terrifiante. Ils ne sont plus ensorcelables puisque rien ne les attire et que tout les horrifie : un bruit inattendu, la présence d'un inconnu ou un mouvement inhabituel[7]. Ils éprouvent toute information comme une horreur et ne partent jamais en quête de la nouveauté qui les capturerait.

La drogue animale : et mourir de plaisir

À l'inverse, les animaux rendus hardis parce qu'ils se sont développés dans un monde sensoriel dont les saillances les ont euphorisés aiment le risque de vivre. Mais parfois, en cherchant la nouveauté, ils rencontrent la drogue et, rendus fous de plaisir sous l'effet du leurre chimique, ils délaissent les stimulations physiologiques, devenues banales pour eux.

Tous les cerveaux du monde sont équipés pour le plaisir. L'expérience la plus célèbre a montré qu'il suffisait d'implanter une microélectrode dans l'aire septale d'un rat (située dans la cupule profonde et antérieure du cerveau, ou dans une bandelette longitudinale antérieure à la face inférieure et profonde du lobe préfrontal) pour que l'animal ne cesse de s'envoyer des stimulations électriques en appuyant sur une pédale [8]. Il finit même par mourir de plaisir, car, ne « pensant qu'à ça », il renonce à toute autre activité de survie dans un monde de rat.

En milieu naturel, nombreuses sont les anecdotes qui témoignent de la rencontre d'un animal avec sa drogue, car chaque espèce est sensible à une substance particulière [9]. On a raconté comment les choucas s'assemblaient autour de la fumée d'un feu de sarments jusqu'à s'en soûler et bouler sur eux-mêmes. Il paraît que tous les oiseaux sont friands de baies noires contenant une substance vénéneuse, la belladone, dont l'effet atropinique et antispasmodique les décontracte jusqu'à l'excès. Les fourmis et les pucerons sont des partenaires écologiques qui échangent régulièrement des signaux tactiles et chimiques. Elles acceptent qu'un coléoptère, la loméchuse, une sorte de puceron, entre dans la fourmilière. Ses poils sécrètent un suc dont les fourmis raffolent au point d'abandonner toute autre recherche de nourriture. La fourmilière se désorganise alors et meurt dans la plus grande euphorie.

Plus près de nous, en milieu domestique, les pigeons qui ont goûté aux graines de chanvre se laissent mourir quand ils n'en trouvent plus. Les chats raffolent de l'herbe aux chats, plante herbacée aux fleurs rose et blanc, dont les pharmaciens extraient la valériane aux effets antispasmodiques et... tranquillisants. Les herbivores ovins et bovins sont attirés par les séchoirs à tabac dont la nicotine à effet antidépresseur stimule, en les grillant, les cellules du diencéphale [10]. Exactement celles où les neurophysiologistes avaient planté des électrodes pour rendre les rats fous de plaisir. Les douaniers expliquent que les chiens dressés à flairer la cocaïne ne deviennent jamais dépendants tant qu'ils travaillent, mais, dès qu'ils prennent leur retraite, il ne faut plus les mettre au contact de la drogue car alors on ne pourrait plus les sevrer, comme si le fait de ne plus travailler rendait le chien plus disponible au plaisir passif de la drogue, augmentant ainsi son risque de dépendance.

Quelques vétérinaires témoignent que les chiens malheureux viennent coller leur truffe contre les tuyaux des gaz d'échappement des voitures dont l'oxyde de carbone a un effet tranquillisant en détruisant les cellules du système limbique, réalisant ainsi de petites lobotomies! Et la clinique animale abonde en exemples de chiens autotoxicomanes qui, constamment en appétence d'action, entreprennent un rituel et soudain l'interrompent pour le reprendre aussitôt. Ils le transforment ainsi en stéréotypie qui ne permet plus l'harmonisation avec un partenaire mais augmente la sécrétion cérébrale des bêta-endorphines [11].

Les syndromes de sevrage sont de règle chez les animaux sociaux pour qui l'attachement est nécessaire à l'expansion de leur conscience sensorielle. Percevoir une figure d'attachement remplit leur monde, les structure et les apaise. Ce qui implique que la disparition de cette figure d'attachement provoque un véritable état de manque, avec hurlements, gémissements suraigus, incontinence sphinctérienne et recherche de substituts tranquillisants (moteurs, affectifs, sensoriels ou chimiques).

Ces exemples de drogue chez les animaux font l'éloge de la dépendance. Puisqu'ils ont besoin d'un autre pour être apaisés ou stimulés, ils font valoir la nécessaire imperfection des stimulations afin de permettre une modulation

sensorielle entre deux êtres vivants. Le monopole sensoriel
de la drogue, qui fonctionne sur le mode du tout ou rien,
empêche le sens animal, rend inutiles les parades de couleurs et de cris, les offrandes alimentaires, les conflits hié-
rarchiques et la recherche de situations nouvelles pour
donner forme aux émotions. Pour un animal drogué, la
sensation d'événement est réduite à un choix brutal : le
plaisir ou la non-vie. Car il n'est pas nécessaire d'être mort
pour ne pas vivre. Il suffit de perdre la gradation du monde
qui va de la peur au plaisir. Pas d'erreur possible avec la
drogue animale : c'est ce signal ou rien. L'animal drogué vit
dans un monde d'évidence, d'absolu comportemental. Il est
hyperadapté.

La plasticité du vivant est permise par l'imperfection des
signaux. La possibilité d'erreurs permet la fluctuation, la
recherche d'impressions et d'expressions nouvelles. L'innovation devient possible.

Je dois néanmoins apporter deux nuances à cette
démonstration pour qu'elle ne soit pas trop claire, comme
le serait un super-signal de leurre : la drogue animale n'est
pas la drogue humaine, et le plaisir n'est pas répétitif.

Un animal drogué répond à un leurre chimique ou sensoriel qui correspond au flash qu'éprouverait un homme
endormi à qui l'on ferait, à son insu, une piqûre d'héroïne.
Ça pourrait mettre du plaisir dans ses rêves, mais il ne
pourrait pas se dire : « J'ai pris de la drogue... je vais en
reprendre... je suis un drogué. » C'est dans le monde de ses
représentations qu'il éprouve la drogue. C'est pourquoi,
chez l'homme, on constate actuellement l'apparition de
phénomènes de dépendance en dehors de toute substance
psychoactive [12] : une simple représentation suffit ! Les
joueurs pathologiques éprouvent une forte émotion, avec
agacement des dents, délicieuse tension abdominale, parfois frémissement sexuel, dès qu'ils se disent : « Je vais
jouer. » Même phénomène chez les acheteuses pathologiques ou les kleptomanes qui n'éprouvent du plaisir qu'à
l'imminence du vol, puis se désintéressent aussitôt de
l'objet volé. Ces jeux émotionnants appartiennent à la
famille de la passion du risque dont « l'ampleur [...] est

contemporaine de l'émergence du thème sécuritaire dans le discours politique et social vers le début des années 1980 [13] ». Dans une société morne, les hommes, pour se sentir exister, se provoquent des sensations au moyen de représentations qui mettent en scène des jeux avec la mort. L'effet euphorisant et antidépresseur de ces conduites à risque est très étonnant, tous les survivants en témoignent.

En associant les données anthropologiques, cliniques, vétérinaires et neurobiologiques, au lieu de les opposer, on peut expliquer ce mystère. Les animaux nous apprennent qu'une vie sécuritaire crée une sensation de non-vie routinière qui pousse à la recherche d'excitations nouvelles. C'est ainsi que l'on peut voir un chat engourdi depuis longtemps bondir sur un bouchon et entreprendre un splendide dribble de football qui se termine la plupart du temps sous une armoire. On peut observer un aigle qui, paisible depuis quelques jours, se met à attaquer tout ce qui bouge, manifestant ainsi sa profonde motivation à la chasse, provoquée par un manque de mouvement et d'événement.

Les neurobiologistes nous expliquent que la création de la sensation d'événement dans un organisme en état de manque modifie les sécrétions neuronales et entraîne même la synthèse cérébrale du cannabis [14]. Le principe actif de la fumée de cannabis est le delta-9-tétra-hydro-cannabinol (THC), dont les récepteurs les plus avides se situent en abondance dans le cerveau profond de la mémoire et des émotions, et un peu moins dans le cortex et les noyaux qui commandent l'harmonie des mouvements. La cartographie de ces récepteurs explique les effets psychologiques, affectifs et comportementaux du haschich : bien-être euphorique par stimulation limbique, apaisement moteur par action sur les noyaux qui commandent la neuromusculature, troubles de la mémoire et suppression de l'angoisse par saturation des circuits entre le cortex et le rhinencéphale.

Puisque tout organisme sécrète un cannabis de formule chimique très proche de celui des plantes, l'anandamide (mot dérivé de *ananda*, « félicité » en sanskrit), il devient possible d'agir sur le cerveau par des moyens chimiques, existentiels ou artistiques. Les moyens chimiques sont connus et commercialisés, comme les cachets de tranquillisants, les cigarettes ou les tisanes de marijuana. La formule chimique de ces substances naturelles ou synthétiques, proche de celles sécrétées par l'organisme, inonde les récepteurs cérébraux et provoque les effets prévisibles d'euphorie, de détente tranquillisante et de modifications non conscientes de la mémoire et du jugement.

Mais notre société industrielle, fascinée par ses prouesses techniques, ne tient pas compte du fait qu'un simple événement, par l'émotion qu'il provoque, peut lui aussi agir sur les sécrétions de neuromédiateurs cannabiques. C'est pourquoi les preneurs de risque sont tellement euphorisés après l'épreuve. En se jetant par-dessus un pont (avec une ficelle attachée aux pieds), ils ne savent pas qu'ils provoquent la sécrétion associée de catécholamines, hormones du stress et de l'éveil, et d'anandamide, neuromédiateur de l'euphorie. S'ils se jetaient par-dessus un pont après avoir absorbé de la naloxone, qui bloque les récepteurs neuronaux de ces substances, ils empêcheraient l'effet stimulant et euphorisant de la prise de risque.

Style existentiel et cannabis cérébral

Il faut maintenant souligner que chez l'homme existe un troisième procédé qui induit la sécrétion de cannabis naturel, c'est le récit ! Une simple représentation possède un effet émotionnant bien supérieur aux perceptions. La mise en scène de la mort du grand-père au cinéma nous fait verser des torrents de larmes et nous bouleverse infiniment plus que la mort dans le réel. Le quotidien n'est jamais pur. À l'instant où nous éprouvions le plus grand chagrin de sa perte, nous avons été réjouis par la vue de l'enfant qui tendait la tête pour voir le grand-père, et nous l'avons trouvé tellement mignon... au moment de notre plus grande tristesse. L'impureté du quotidien, l'ambivalence du banal n'existent pas dans les œuvres d'art où le talent de l'artiste vise à l'épure. Quand Delacroix dessine ses toutes petites aquarelles du Maroc, il représente en deux traits et trois taches de couleur l'essentiel de ce qui est figuré. L'espace, l'élévation et même l'ambiance évoquent un monde non perçu avec une puissance émotionnelle d'une autre nature que la perception du paysage réel. Comme si la partie sensorielle du symbole créait en nous une sorte de condensé d'émotion. La représentation qui est imagée chez les peintres, comportementale chez les comédiens, ou verbale chez les poètes, constitue l'analogue humain du leurre, ce super-signal qui nous capture tant nous l'espérons. L'homme est un corps qui fait alliance avec le leurre pour créer l'existence. Qu'un seul élément de l'ensemble défaille et c'est le sentiment total d'existence qui s'effondrera. Tout être vivant pour se sentir exister est contraint à la recherche de sensations. Il en dépend, il y aspire. C'est pourquoi nous avons tant de mal à résister à nos impulsions. Une tension croissante crée en nous un délicieux malaise qui nous pousse à la quête. Quand, enfin possédés par la rencontre avec l'objet désiré, nous éprouvons le plaisir et le soulagement auquel nous prétendions sans le savoir, nous comprenons soudain que cet objet nous révèle !

Tant que le comportement n'a pas abouti à la rencontre, nous éprouvons un sentiment de manque. Malheur à l'insatisfait ! La nécessité de sensation explique pourquoi les matous qui ont tout pour être heureux dans un foyer humain qu'ils ont domestiqué se mettent soudain en quête d'aventures et partent dans la nuit, dans la rue, dans le froid, chercher la rencontre avec la femelle qui va les battre, les mordre et les griffer avant d'accepter l'accouplement. Alors le matou, apaisé, heureux et éclopé, rentrera chez lui pour y dormir quelques mois.

Les hommes dans leur verbalité éprouvent les mêmes sentiments. Tant qu'un désir n'est pas satisfait, le manque les exaspère. Seul l'aboutissement pourra créer un apaisement, qui n'est pas une euphorie. Cela explique que tant de personnes qui ont poursuivi un rêve pendant des années s'étonnent d'éprouver, le jour où il se réalise, un sentiment de calme alors qu'elles attendaient une explosion de joie.

Une même sensation peut provoquer des sentiments opposés. Certains adolescents, ravis quand ils découvrent l'effet des premières masturbations, en cherchent constamment l'effet, alors que d'autres en sont terriblement angoissés. À peine est-il éprouvé, l'orgasme est intégré dans une représentation qui peut être gaie ou culpabilisée selon les discours familiaux ou sociaux. L'histoire de l'enfant dans son milieu attribue à une même sensation un sentiment différent selon la représentation. Or les hommes manifestent des stratégies contraires face aux sensations. Certains en sont avides et cherchent constamment les substances, les scénarios ou les récits qui provoquent ces émotions, délicieuses pour eux. Alors que d'autres, terrorisés par ces mêmes sensations, travaillent à les éviter afin que rien ne bouge et que la paisible uniformité des jours crée en eux un effet tranquillisant.

À l'époque où l'on aimait parler simplement, on désignait ces stratégies d'existence par les termes d'ochnophilie quand les personnes choisissaient une vie casanière et de phylobatie quand au contraire elles aimaient prendre la route. Ces mots ne sont pas de vagues acceptions, ils correspondent à des manières de vivre : à la maison ou dans l'exploration. Les casaniers érotisent le familier et ne se sentent bien que dans leur jardin, dans leur famille et dans leur conception de la vie. Ils désirent volontairement ignorer le reste du monde. Leur drogue est la tranquillité. Ils en dépendent délicieusement. Les aventuriers, au contraire, veulent explorer le monde. L'inconnu les fascine car il provoque un sentiment de nouveauté qui crée en eux la sensation d'événement délectable. « Faites qu'il se passe quelque chose dans ma vie », disent ces adolescents adorateurs du nouveau. « Même une souffrance constituera pour moi une aventure dont je ferai plus tard une épopée, délicieuse dans la parole. » C'est pourquoi le mot « érotiser » convient à ces deux manières de vivre. Les casaniers érotisent le familier tranquillisant, alors que les explorateurs y souffrent d'ennui. Tandis que les coureurs de monde érotisent la nouveauté qui crée en eux la sensation de vivre, alors que les casaniers y souffrent d'angoisse.

Le mystère réside dans le façonnement de ces stratégies d'existences opposées. Les études ontogénétiques peuvent

apporter un début de réponse. Il existe peut-être un tempérament biologique, puisqu'il est classique de dire qu'un kilo
d'animal petit (souris) est beaucoup plus remuant et
dépense plus d'énergie qu'un kilo d'animal gros (éléphant).
Les échographistes modernes décrivent dans l'utérus des
profils comportementaux différents, où certains enfants [15]
sont déjà de petits explorateurs alors que d'autres sont des
pantouflards intra-utérins [16]. Dès les premiers jours après
leur naissance, certains nourrissons restent calmes et peu
sensibles à l'environnement, alors que d'autres ne ratent
pas une occasion de répondre aux stimulations, et même se
réveillent « d'attaque [17] », attentifs à la moindre information sensorielle.

En vieillissant, ces tempéraments sont façonnés par l'épigenèse, quand le milieu marque son empreinte dans la biologie. Un isolement sensoriel, accidentel ou nécessaire,
peut modifier un tempérament précoce et transformer en
quelques jours un gambadeur en pantouflard. La biologie
périphérique, composée par l'écologie et la sensorialité qui
entoure le corps, participe au façonnement précoce du
tempérament des nouveau-nés. Plus tard, ces enfants
deviennent instables, incapables de fixer leur attention
donc d'apprendre et de se socialiser, alors que d'autres
deviennent trop stables, anormalement sages et bons
élèves, précurseurs scolaires des adultes casaniers qui
éprouvent une angoisse à chaque nouveauté.

L'adolescence, comme toujours, exacerbe les tempéraments et sépare cette population de douze millions de
jeunes en une moitié « pépère » qui veut que rien ne bouge
en attendant la retraite, et une autre moitié explosive qui
aime le danger et cherche les expériences nouvelles ou les
fêtes sauvages. Chez l'adulte, ces manières de vivre persistent même quand elles ne sont pas parlées. Certaines
personnes racontent qu'elles n'ont jamais eu envie de voir
la mer alors qu'elles habitent à quelques kilomètres du
rivage. Elles s'opposent à ceux qui ne se sentent bien qu'à
l'étranger et dépriment à l'idée de revoir les mêmes visages
et les mêmes lieux.

Les alcoolos, les toxicos, les tabacos, les joueurs, les
bagarreurs, les acheteurs, les risqueurs et les voyageurs

racontent tous qu'ils aiment la vie et méprisent les pantouflards. Ne les croyez pas : il s'agit simplement de maintenir
un seuil d'activation cérébrale suffisant pour se sentir en
vie. Les pantouflards sursautent au moindre bruit et
s'effraient de tout événement parce que, pour eux, toute
information fabrique du stress. Ils parviennent à érotiser la
vie en peignant leurs volets, en écoutant pousser les
tomates et en pensant que Mozart est un peu trop
« techno ». Pour obtenir le même résultat, les explorateurs
ont besoin de sensations fortes qui ne nécessitent pas forcément une stimulation intense. Car, une fois qu'ils se sont
mis en situation d'étrangeté, tout devient stimulant pour
eux. C'est le cas des nomades, ces personnes qui ne se
sentent bien qu'en voyage ou à l'hôtel. Le simple fait de ne
pas être chez eux, en situation de familiarité engourdis-
sante, les oblige à prendre conscience du moindre événement : la couleur des autobus, le décor des rues, le
vêtement des passants deviennent captivants par leur
étrangeté. Le banal n'existe plus, tout devient aventure.

Nous avons donc le choix entre la stratégie des explorateurs qui bataillent contre la dépression ou celle des casaniers qui luttent contre l'angoisse. Ce choix caractérise la
condition humaine, puisque le simple fait de l'âge nous
pose le même problème : les jeunes boivent pour créer un
événement, ce qui implique l'excès de l'alcoolisme, alors
que les vieux boivent pour se détendre, ce qui mène à la
chronicité apaisante de l'alcoolime insidieux. Une même
sensation induite par un même alcool prend des sens opposés selon le contexte et le moment.

Le déterminisme historique n'exclut pas la dimension
cérébrale. Nos universités découpent un morceau d'homme
psychosocial et l'opposent à un morceau d'homme neuronal. Les diplômes, en formant les pensées et en y accumu-
lant les connaissances, produisent des images d'hommes
différents. Mais, dans le réel, un simple changement
contextuel, lors du développement de l'individu, modifie le
fonctionnement de ses neurones.

Il existe des modèles animaux pour éclairer le problème
de l'attirance ou de la crainte de la nouveauté. Les rats iso-

lés sécrètent moins de dopamine que les rats socialisés [18]. De même, les rats explorateurs possèdent dans leurs noyaux accubens, à la jonction du tronc cérébral et du diencéphale, un taux de dopamine nettement supérieur à celui des rats pantouflards. Pour comprendre le rôle d'un neuromédiateur comme la dopamine dans l'hédonisme, il faut décomposer le plaisir en deux séquences articulées : un moment appétitif, où elle est nécessaire pour éprouver une émotion, et un moment où la réalisation de l'appétence nécessite la rencontre avec l'objet qui éteint le processus, en créant une sensation de plénitude... momentanée.

La clinique humaine défend facilement cette idée : dans la maladie de Parkinson, la dopamine chute de trente à quarante pour cent, au point de rendre gris pâle les noyaux de la base du cerveau qui commandent la motricité et sont normalement gris-noir. Tout ce qui fait chuter la dopamine, comme la maladie de Parkinson, la prise de neuroleptiques ou d'antagonistes de la dopamine, éteint l'initiation du désir. À l'inverse, tout ce qui l'augmente stimule l'appétence : la jeunesse, où les noyaux sont gris foncé, les amphétamines qui provoquent une décharge de dopamine, le haschich, et même certains gènes qui codent les récepteurs de la dopamine, les rendent plus sensibles au désir et augmentent le risque de dépendance [19].

La manipulation chimique du plaisir est elle aussi banale. Toutes les cultures prétendent avoir trouvé des substances pour le stimuler. Les animaux font les frais de ce mythe quand les rhinocéros disparaissent pour que leur corne fournisse de la poudre aphrodisiaque, ou quand les crapauds sont écrasés afin de faire sécher leurs viscères. Inventez une charlatanerie, n'importe laquelle, vous trouverez toujours des hommes qui diront que ça marche, tant notre besoin d'illusion est intense. Mais ce qui est étonnant, c'est qu'un mythe qui n'existe que dans la verbalité prétend qu'il peut agir sur autrui grâce à une substance, comme si la parole ne suffisait pas à modifier les émotions de l'autre par les représentations qu'elle suscite.

Les médiateurs chimiques du plaisir sont nombreux : noradrénaline, cocaïne, amphétamines et dopamine, substances extérieures ingérées qui leurrent l'hypothalamus et déclenchent un plaisir artificiel, authentiquement éprouvé. Aujourd'hui, les peptides opiacés, les endorphines sont considérés comme les molécules de la jouissance, quelle que soit l'origine de la stimulation : alimentaire, sportive, sexuelle, artistique ou mystique [20]. Le pouvoir de l'artifice est très grand, mais, quelle que soit l'origine, il faut toujours un corps pour jouir et faire alliance avec le leurre.

La phylogenèse des cerveaux nous laisse penser que l'évolution a mis en place des structures nerveuses capables de faire vivre l'organisme dans un monde de moins en moins perçu [21], et l'observation naturaliste nous permet de penser que plus on s'approche de l'homme, plus l'être vivant se soumet aux leurres qu'il invente.

Le leurre chez un papillon n'est que chimique. Une molécule de phéromone se fixe sur les cupules de ses antennes et le gouverne si puissamment qu'il répond à la molécule commerciale bien mieux qu'à celle sécrétée par la femelle. Chez l'homme, ce plaisir synaptique existe aussi. Respirer une odeur qui le met en appétit, ou éprouver le doux contact d'une caresse constituent les plaisirs synaptiques dont la drogue est le super-signal. Mais au plaisir du papillon s'ajoute rapidement un plaisir affectif, un surplus contextuel. Le simple fait de percevoir un sourire augmente la sécrétion de mes endorphines puisqu'il m'attendrit et m'euphorise tendrement. De même qu'une mimique ou une posture de menace augmentent la sécrétion de mes catécholamines, puisque mon pouls s'accélère et que ma bouche sèche. Mais il m'arrive de percevoir sans me représenter, comme lorsque je marche au côté d'un ami qui me raconte des choses passionnantes. Mon organisme règle tous les problèmes de la chute des corps, des trajectoires au coin des rues et de l'évitement des passants. Mais c'est l'histoire que nous aurons fabriquée ensemble qui deviendra un événement psychique. Ce qui est injuste, car mon corps a résolu tous les problèmes du traitement des informations sans aucune reconnaissance ! Ce qui m'étonne, c'est que j'éprouve le plaisir de la représentation d'une manière intense quoique d'une autre nature que celle du plaisir de la perception. Quelque chose a été joué, mis en scène, mis en gestes et en musique verbale qui éveille en moi un plaisir déclenché par une cause imperçue. Les mots, les gestes et la musique, mis à la place de l'objet évoqué, ont provoqué dans mon corps des modifications réelles. La contagion des intimités a synchronisé la biologie des corps, et c'est une représentation qui en a permis la transmission.

Le bonheur est contagieux autant que le malheur. Voilà pourquoi le sentiment amoureux supprime les cernes sous les yeux, alors que l'acte amoureux en donne. La perception de la représentation amoureuse de l'autre modifie la sécrétion de mes propres neuromédiateurs. Encore faut-il savoir théâtraliser l'amour, ce qui est un talent fort mal partagé. Car, si tomber amoureux exige la rencontre avec un leurre qui dispose sur son corps les signes que l'on espère, rester amoureux nécessite un travail du quotidien, une représentation élaborée, une théâtralisation de l'amour qui se situe à l'opposé de la perception passive. Il se trouve que la durée qui routinise tout couple empêche l'émotion du théâtre de l'amour. On ne gobe plus le leurre. Notre trop grande connaissance de l'autre nous permet de percevoir directement ses propres perceptions et non plus la mise en scène de ses représentations : l'émotion n'est plus la même !

Je peux illustrer cette idée en racontant mon aventure avec Claudia Schiffer, le cheminement de mon émotion qui a évolué depuis la perception de son corps, en passant par la représentation de ses représentations, avant d'aboutir à la perception de ses perceptions. Vous n'êtes pas obligés de me croire, mais, quand je l'ai rencontrée, j'ai été ébloui par ce que disait son anatomie. La longueur de ses jambes témoignait de son évolution, alors que des courts poteaux auraient révélé sa rusticité. Sa manière d'étaler ses cheveux et de les faire flotter exprimait sa fierté d'être femelle. Et surtout, sur son corps, elle avait mis une robe gaiement colorée qui, en permettant le mouvement et l'érotisme, affichait ce qui venait du plus profond d'elle-même : une douce volupté mutine, légère et sportive. Cet affichage du profond d'elle-même correspondait à l'attente du plus profond de moi-même. Nous pouvions nous rencontrer.

Quand je l'ai caressée, j'ai connu le plaisir du papillon capturé par la perception de la douceur de sa peau, de la tiédeur de ses épaules et de l'odeur bouleversante de son cou.

Mais quand la chaleur de la rencontre s'est apaisée, dès que j'ai pu échapper à l'immédiateté des perceptions, je suis entré dans le monde des représentations intimes. J'ai cherché à retrouver les images de ce qui venait de se passer pour en faire des représentations et entretenir mon trouble. En un clin d'œil, j'accédai au monde des mises en scène et, dans mon for intime, je me faisais le récit de l'événement : « Tu te rends compte, c'est Claudia Schiffer que tu viens de caresser ! » J'avais depuis longtemps quitté le plaisir des papillons pour entretenir mes émotions et les faire durer dans l'univers du langage intérieur.

Tout s'est gâché quand j'ai voulu changer la nature de mon plaisir et socialiser l'événement en le racontant aux copains. À ce niveau du leurre, mon plaisir ne dépendait plus de mes perceptions immédiates, mais de l'évocation de mes perceptions passées, et surtout de la manipulation des représentations que je plantais grâce à mes mots dans l'esprit de mes copains envieux.

La chaîne évolutive de ce plaisir s'est cassée lorsque David Coperfield est apparu, et j'ai compris que tout cela n'était qu'illusion.

J'ai connu dans cette histoire tous les niveaux du leurre : le plaisir synaptique des papillons et des drogués, le plaisir affectif des agneaux et de leurs représentations sensorielles, pour aboutir au plaisir des représentations de gestes et de mots.

Jouir et souffrir de mondes imperçus

L'homme ne peut se passer de cerveau pour jouir : il lui faut sécréter de la dopamine en quantité suffisante et circuiter correctement les neurones du faisceau longitudinal inférieur. Cet équipement, totalement nécessaire, est complètement insuffisant, puisque par ses récits il change la nature de ses émotions. En créant un monde de représentations imperçues, l'homme habite un non-lieu. En en faisant des récits, il le peuple d'utopies dont les charmes le possèdent. Car les utopies sont à la pensée ce que les robes sont à Claudia Schiffer, elles expriment et donnent forme à nos désirs les plus profonds. Il ne faut pas les enlever, car les utopies et le leurre constituent une tromperie qui réussit parce qu'elle parle de nos rêves et des thèmes fondamentaux de notre condition humaine. De même que le leurre est un super-signal, l'utopie est un super-récit. Un parfum doit être perçu, il est bon de voir un décolleté, dont on pourra ensuite évoquer l'image, un geste d'abord réel peut devenir symbole, et nos sonorités verbales nous charment par leurs prosodies autant qu'elles nous émeuvent par ce qu'elles évoquent.

L'homme éprouve des émotions pour des stimuli absents. Dès qu'il habite un monde sémantisé, il éprouve la représentation d'un événement qu'il n'a jamais connu. Cela lui plaît tellement qu'il ne cesse d'éloigner la source des satisfactions réelles afin d'éprouver le délice des représentations : « ce besoin de m'éloigner d'elle pour l'aimer davantage [22] » permet de parler d'elle afin d'en jouir encore plus dans la parole et même dans l'écriture, car « sa plume devait mieux que sa langue parler le langage des passions [23] ».

Nos rêves endormis sont réveillés la nuit par les pulsions électriques du sommeil paradoxal, et nos rêves éveillés sont activés le jour par nos désirs fous, utopies nécessaires pour donner forme à l'espoir : « on vivrait ensemble [...] on ne mangerait que des fruits pour éviter l'agriculture qui plante dans les hommes le goût de la propriété et provoque les guerres [...] on passerait notre temps à s'aimer et à chanter [...] il nous faut une île pour ça [...] un non-lieu ».

L'utopie, c'est le plus joli moment pathologique d'une société normale qui aspire au bonheur. Le malheur, c'est que, n'éprouvant pas les mêmes désirs, nous n'inventons pas les mêmes utopies. Celles des autres nous agressent. Heureusement, la guerre peut nous en préserver et faire triompher notre utopie, la bonne. Ainsi sont justifiés les casse-gueules, au début.

L'homme, par son cerveau qui décontextualise les informations et la parole qui lui permet d'habiter dans le monde
de l'imperçu, devient le champion interespèces du leurre
qui s'éloigne et se dématérialise pour notre plus grand plaisir et notre plus grande souffrance, car bonheur et malheur
s'accouplent pour engendrer l'histoire.

Dès le niveau biologique, les bénéfices de l'individu
s'opposent à ceux du groupe. Le « sauve-qui-peut » du particulier qui n'a pas le temps de négocier les besoins fondamentaux de la survie s'oppose au délai nécessaire de la
satisfaction qui donne aux événements le temps de prendre
sens. C'est peut-être ce qui explique que le plaisir ne soit
pas répétitif. À peine éprouvé, il s'éteint car les synapses
vidées ne peuvent plus répondre à une heureuse stimulation. Au contraire même, une tentative de répétition provoque un dégoût et parfois même une souffrance.

L'évolution, qui fait forcément bien les choses, sinon
nous ne serions pas là pour en parler, a mis en place dans
tout organisme une étonnante proximité entre le plaisir et
la douleur. Les lieux du système nerveux où sont traitées
les sensations du plaisir sont les structures mêmes qui
contrôlent les voies de la douleur : la substance grise péri-
aqueducale au centre de la moelle et les lames super-
ficielles des cornes postérieures en périphérie ; dans le
cerveau, le thalamus, gare de triage des informations, et le
système limbique, cerveau des émotions et des événements
passés.

Cette organisation anatomique, dans sa grande sagesse,
pose un problème de fond : si on stimule directement dans
le cerveau ce qu'on appelle « le faisceau de la récompense »
(la bandelette qui court à sa face inférieure), le plaisir ainsi
provoqué ne peut se répéter que si l'on attend la douleur du
manque ! Si l'on persiste à stimuler le cerveau du plaisir, on
provoque en même temps un phénomène de non-réponse
par habituation, et de souffrance par épuisement. Ce qui
revient à dire que, dès le niveau neurologique, l'organisme
balance entre la souffrance de l'excès et la souffrance du
manque. Entre les deux, sur la crête étroite de l'harmonie,
s'éprouve le plaisir ! Qu'il s'agisse du Rat neuronal ou de

l'Homme neuronal, tout organisme est contraint à ce choix, au combat harmonieux d'un couple d'opposants où le plaisir fugace s'éprouve dans l'entre-deux. Ce qui explique l'aspect paradoxal de cette harmonie quand on accède aux représentations. Dès l'instant où l'on éprouve du bonheur, en risquant de le perdre on s'ouvre au malheur. Et dès qu'on éprouve du malheur, on ne peut qu'espérer le bonheur.

L'activation du système du plaisir entraîne une sécrétion de phénylalanine qui augmente la synthèse de noradrénaline (neuromédiateur de l'éveil cérébral) et d'endorphines (morphines sécrétées par le cerveau). Mais, au-dessus d'un certain seuil, ces substances stimulent le locus cœruleus (noyau gris bleuté du tronc cérébral) qui, en réponse, sécrète une substance facilitant la douleur physique et même morale [24]. Les molécules du malheur les plus connues sont actuellement le lactate de soude dont l'injection déclenche une panique anxieuse, éprouvée jusqu'à la douleur physique ; certaines cortisones qui provoquent de douces euphories alors que d'autres déclenchent des rages incontrôlables ; les bêta-bloquants centraux et certains antihypertenseurs qui provoquent parfois de belles dépressions. Les sportifs et sportives dopés aux hormones mâles témoignent d'un appétit de vivre et de passer à l'acte qui est suivi d'un effet dépressif. Certaines maladies provoquent des rages forcenées, que rien ne peut arrêter et qui sont déclenchées par une augmentation d'acide urique, comme la maladie génétique de Lesh-Nyhan. À l'inverse, les trisomiques sont souvent d'une grande gentillesse. Sans compter l'étonnante action sur la préférence sexuelle de l'acétate de cyprotérone parfois prescrite aux pédophiles, qui à certaines doses éteint la sexualité perverse sans altérer celle de père de famille !

Les circuits neurologiques traitent le problème de la même façon : la stimulation excessive de la bandelette longitudinale inférieure (du plaisir) stimule le faisceau latéral du thalamus (de la douleur), ce qui freine la sensation agréable. Et quand elle n'est pas bloquée, le plaisir mène à la souffrance ! L'orgasme douloureux en est l'illustration la plus claire. Mais le rire qui déclenche une crise d'asthme ou le supporter de football qui éprouve une bouffée d'angoisse chaque fois que son équipe marque un but en sont d'autres illustrations.

Quand on s'entraîne à raisonner en termes de gradation, on peut passer du monde biologique à celui de la psychologie sans faire de métaphore. Un grand bonheur attribuable à un événement (je viens de trouver du travail) provoque parfois une sensation qui se transforme en angoisse. Les événements biologiques et psychologiques s'associent, ils ne s'excluent pas. Voilà pourquoi la montée d'un drapeau nous fait pleurer. Le stimulus qui provoque la sécrétion des glandes lacrymales n'est pas le rapport des longueurs d'onde des couleurs du drapeau, c'est ce qu'il représente.

De même que les émotions sont brèves, il ne peut y avoir de plaisir durable ou de bonheur infini. C'est le couple d'opposants plaisir-déplaisir et bonheur-malheur qui prend valeur de stimulation [25]. Tous les êtres vivants connaissent la dialectique comportementale attirance-fuite. L'homme connaît le couple souffrance-plaisir dans son monde de sensations, auquel il ajoute le couple angoisse du manque et œuvre d'art dans son monde de représentations. La souffrance de l'enfant qui croit perdre sa mère quand elle quitte la pièce le contraint à inventer l'objet transitionnel dont il perçoit la douceur et l'odeur. Il met cet objet là, pour représenter sa mère perdue et assumer à sa place le sentiment de familiarité tranquillisante. Plus tard, les adultes avec leurs œuvres d'art poursuivent ce travail. Dans ce cas, la représentation artistique vient à la place de tout objet perdu. Les petites souffrances poussent à la créativité qui les transforme en plaisir. Cette association de malfaiteurs pousse au bienfait, et implique l'idée qu'un plaisir parfait détruirait le bonheur en supprimant toute sensation d'événement. Le balancement constant entre les opposés associés crée le sentiment d'existence qui nous invite à la créativité et nous rend tellement heureux d'avoir su triompher du malheur.

Dans notre culture occidentale, « le malheur est devenu une anomalie d'un bonheur naturalisé [26] ». Tous les systèmes nerveux du monde sont équipés pour traiter l'opposition dans les couples attirance-fuite, bien-être-mal-être ou bonheur-malheur. Il n'y a pas de vie sans souffrance, et tout regard sur elle caractérise un discours social. Le Moyen Âge nous racontait que le malheur sur terre, dans une vallée de larmes, nous permettait d'espérer le bonheur, ailleurs. Le xixe siècle nous expliquait que le bonheur, ça se mérite et que les malheureux sont à leur place puisqu'ils ont échoué dans la conquête de cette faveur. Aujourd'hui, le discours qui légitime nos prouesses techniques nous demande de croire que le malheur est une maladie due à une chute de sérotonine.

L'idolâtrie moléculaire a toujours été triomphante puisque les religions amérindiennes avaient déjà découvert l'effet psychotrope du peyotl [27], que dans la Haute-Égypte on savait déjà extraire l'opium pour soulager les souffrances et... faire dormir les bébés, que le vin judéochrétien était proposé à nos vaillants soldats avant l'attaque, sous l'appellation contrôlée de « pinard », qu'on prescrivait ensuite comme anesthésique avant de les amputer. La feuille de coca, plutôt moins toxique que le raisin de vigne, fournit un coupe-faim euphorisant et stimulant aux pauvres d'Amérique, tandis que le haschich permet aux Moyen-Orientaux d'engourdir leurs malheurs.

L'Occident, dans son discours industriel, diabolise ces produits naturels et fabrique des molécules analogues qu'il angélise en les appelant « médicaments ». Apparaissent alors plusieurs discours opposés : l'industriel qui utilise les découvertes scientifiques pour donner l'image d'un homme soulagé par un machinisme triomphant, et le discours rousseauiste qui nous explique que la souffrance n'est pas si douloureuse que ça. Quant au discours des masses, il récite à voix haute le discours dominant hostile aux psychotropes, puis harassé et angoissé il en consomme en cachette.

Ces discours ne sont cohérents que parce qu'ils sont partiels. Seul un *a priori* théorique leur a permis de découper un morceau d'homme biologique, ou historique, ou métaphysique. À partir de cette cohérence partiellement vraie, une généralisation morbide donne de l'homme une idée fausse. Le biologiste qui vient de découvrir que la dopamine s'effondre lors des dépressions peut soutenir que ce neuromédiateur donne la formule chimique du bonheur, parce que la vision partielle et cohérente de son morceau d'homme biologique l'empêche de comprendre qu'un simple feu de camp ou le récit d'une douleur passée suffit à remonter le taux de dopamine.

À l'inverse, le psychosociologue dont les études démographiques démontrent l'origine culturelle des dépressions, lors des émigrations, des fracas sociaux, ou des pétrifications culturelles, pense qu'il a trouvé l'explication totale de la dépression, parce que l'*a priori* de sa théorie sociale l'empêche de savoir qu'une substance qui fait chuter la dopamine provoque une dépression, même s'il n'y a aucune raison psychosociale pour ça.

Les cliniciens, dans leur naïveté méthodologique, échappent à ces pièges théoriques parce que leurs patients les prennent à témoin de la manière dont fonctionne un couple d'opposants. De même qu'un excès de plaisir provoque une rétroaction qui mène au déplaisir, l'excès de bonheur mène à la déréliction. J'ai connu des patients malades de bonheur, comme cet homme de trente ans que l'industrie du cinéma avait rendu follement riche. Il vivait dans une succession ininterrompue de plaisirs. Sa réussite sociale fonctionnait comme un leurre existentiel : il lui suffisait de vaguement désirer pour qu'aussitôt son désir satisfait éteignît tout désir. Disposant de tout, il n'éprouvait ni la gratitude du secours ni le lien que crée l'aide. Sans cesse entouré, il se sentait abandonné.

De l'angoisse à l'extase

Par bonheur, le couple d'opposants fonctionne dans les deux sens, et la souffrance à son tour peut mener à l'extase. La passion serait-elle un analogue humain de super-signal, un leurre merveilleux qui nous capture et nous affole, tant nous l'avons souhaitée quand nous étions si mal ? L'exaltation monopolise notre conscience et capture nos sens :

« Depuis que je l'aime, je ne vois que lui... je ne vois plus personne autour. Rien d'autre ne m'intéresse, ni mon jardin, ni mes petits-enfants... », m'expliquait cette dame qui pendant plusieurs années avait subi, chaque minute, la torture domestique de deux parents déments, d'un mari mourant et d'un fils emprisonné. La survenue dans sa vie d'un homme qui ne lui donnait pourtant pas grand-chose avait suffi à faire flamber sa passion, comme un leurre d'autant plus efficace qu'elle en était avide parce qu'elle en était privée depuis bien longtemps.

Le leurre de la passion ne mène pas au bonheur puisque c'est un super-signal beaucoup trop efficace pour permettre les nuances. Au contraire même, la passion mène à l'angoisse : « Je me réveille chaque matin nouée d'angoisse. Il me faut plusieurs heures pour me détendre un peu », me disait cette dame. « Je l'aime ! Je l'aime ! Je l'aime ! Et soudain je me dis que s'il ne vient pas je vais mourir de chagrin... Et s'il meurt... je préfère mourir avant lui... »

Le mouvement de libération des « drogués du sexe » qui se développe à leur demande aux États-Unis et en France paraît de même famille. Pour les passionnés l'orgasme devient accessoire parce que le plaisir qu'il donne leur paraît dérisoire. Son intensité est bien inférieure à celle de leur passion, comme le disent les grands amoureux et les mystiques. L'orgasme vient par surcroît.

Les drogués du sexe, eux, sont soumis à la quête de l'orgasme pour lequel ils sacrifient toute vie affective et sociale. Ils représenteraient six pour cent de la population [28]. Ils ne peuvent ni tisser un lien, ni constituer un réseau amical, ni fonder une famille, ni passer un examen, ni tenter une aventure sociale ou intellectuelle et encore moins spirituelle tant ils sont soumis à la recherche incessante de la petite mort qui les empêche de vivre. Prisonniers de la sensation, ils ne font pas de projet d'existence, puisque celle-ci se limite à un avant et un après orgasme. Comme les lobotomisés, ils ne vivent que des successions de présents, de brèves histoires de drague dépourvues de sens : dix à quinze masturbations par jour, une à trois relations sexuelles avec des partenaires dont ils ne connaissent pas le nom et dont ils ne reconnaîtront même pas le visage.

La passion est un leurre sentimental, une exaltation induite par une représentation, alors que l'orgasme est un leurre de sensation, un plaisir totalitaire provoqué par un super-signal, proche de la drogue. Mais, dans les deux cas, les super-signaux qui capturent ces victimes du bonheur empêchent toute historisation. Rien n'a le temps de prendre sens quand on éprouve une extase passionnée ou orgasmique. Ce n'est que lorsque la passion s'éteint ou que Don Juan devient impuissant que, enfin libérées de l'amour, les personnes prennent le temps et le recul néces-saire pour faire le récit de leur terrible et merveilleuse capture.

Ce que disent les neurobiologistes s'exprime ici avec les mots de tous les jours, ce qui n'est pas surprenant puisqu'il s'agit de traduire un éprouvé et non pas une idée abstraite. Pourtant, le sentiment d'absolu que donne la passion crée une sensation d'élévation au-dessus de la vile immanence, une sorte de dématérialisation, comme une entité sans représentation possible, une extase mystique, un plaisir inouï, un bonheur sublime, indicible, que seules des paroles divines pourraient évoquer. Toute image ou toute explication rabaisserait une telle émotion.

Ceux qui ont éprouvé l'extase mystique racontent un sen-timent de plongée vertigineuse, comme une angoisse, qui soudain s'inverse en élévation extatique, comme une désin-carnation.

Les situations extrêmes de l'existence donnent à observer « les conditions des états d'élation [29] », une douceur inten-sément euphorique, une jubilation suscitée par des conduites triomphales.

Si nous étions des êtres logiques, c'est un changement externe qui devrait causer l'élation et la justifier. Mais, comme nous sommes des êtres psychologiques, c'est au contraire une immense angoisse qui provoque brutalement le passage à l'extase. À l'inverse, gagner au Loto ou être reçu à un concours provoque souvent une sidération émo-tive. Lentement, la vie quotidienne s'imprègne d'un senti-ment de bonheur diffus, constant, discret, mais sans explosion.

Les témoignages cliniques du couple angoisse-extase ne manquent pas. Je me rappelle ce pasteur protestant qui pendant la Seconde Guerre mondiale voyageait en train avec une valise contenant un carnet d'adresses des résistants de son groupe. Soudain, le train s'arrête en rase campagne, et des soldats armés montent à chaque extrémité du wagon. Le pasteur ne peut que rester assis à sa place, immobile, avec au-dessus de sa tête la valise qui le condamnera à mort ainsi que ses amis. D'abord il s'étonne de son calme, de son indifférence presque. Il entend le bruit des soldats qui se rapprochent et les ordres, de plus en plus sonores. Une angoisse, petite tension désagréable, serre son abdomen. Les soldats se rapprochent, leurs voix se font plus fortes. Ça va être son tour. L'angoisse monte et devient douloureuse. Il est tellement fasciné par la perception du bruit des soldats qu'il ne peut plus penser. Il est captivé par ce qu'il perçoit et qui signifie la mort pour lui, avec, en plus, la culpabilité de la mort de ceux qu'il aime. L'angoisse, alors, le fait souffrir, jusqu'au malaise. Et quand la porte de son compartiment s'ouvre brutalement et qu'il entend l'ordre en allemand de montrer ses papiers, tout bascule soudain dans l'angoisse extatique : le prêtre éprouve l'impression de s'élever au-dessus de son propre corps, comme en lévitation, et c'est dans un état de radieuse euphorie qu'il a été arrêté et déporté.

Les guerres sont riches en exemples analogues : un officier devait conquérir avec ses quelques hommes un champ découvert balayé par quatre mitrailleuses ennemies. Il savait qu'en donnant le signal d'avancer il déclencherait sa propre mise à mort et celle des autres. Il sentait un poids énorme sur ses épaules qui s'alourdissaient quand l'heure du signal approchait. Soudain, une joie immense l'avait envahi : « J'avais une vision quadruplée, je me rendais compte de chaque endroit d'où pouvait venir une balle, et du geste à commander pour l'éviter. Mon esprit allait dix fois plus vite et plus sûrement que d'habitude, et j'avais un sentiment de joie intense, le sentiment de me tenir au-dessus de moi-même : la guerre est le plus bel état [30]. »

Mme Mar... était âgée de neuf ans quand elle a été arrêtée avec son père parmi les otages qui étaient alignés sur le

quai de la gare pour y être fusillés. La mitrailleuse a
commencé son travail, et les gens tombaient les uns après
les autres. La petite fille savait que son père allait mourir,
juste avant elle. Plus son heure approchait, plus elle éprouvait une tension anxieuse, quand soudain elle a ressenti
pour son père un éclair amoureux, comme une foudre
affective, un élan pour celui avec qui elle allait vivre encore
une seconde ou deux. L'ordre d'arrêter la fusillade est alors
arrivé. Les survivants sont rentrés chez eux. Depuis cette
seconde d'intense extase amoureuse avant la mort, Mme
Mar... n'a cessé d'aimer son père. Mais ce qui l'étonne le
plus, c'est qu'avant l'arrestation elle détestait cet homme
brutal et peu affectueux !

Les émotions intenses peuvent être fulgurantes comme
un orgasme ; les sentiments sont plus durables ; quant aux
représentations qui les produisent, elles peuvent persister
au-delà de la mort du sujet. Ainsi, une œuvre d'art réalisée
par un Égyptien il y a trois mille cinq cents ans nous
touche encore aujourd'hui par sa grâce, de même qu'une
philosophie pensée il y a plusieurs millénaires organise
encore nos sociétés, nos manières d'y vivre et d'y éprouver
des émotions quotidiennes.

Le délicieux Arthur Rubinstein témoigne de la bascule de
l'angoisse à l'extase qui peut ensuite durer toute une vie.
Jusqu'à l'âge de vingt ans, il était torturé par l'angoisse qui,
comme pour Montherlant, lui rendait insoutenable l'idée
d'avoir à vivre la minute à venir. Il aspirait à la mort pour
ne plus avoir à subir l'angoisse de la mort, quand il fut soudain surpris par une idée qui lui traversa l'esprit : « Mais
qu'est-ce que j'attends pour être heureux [31] ? » Depuis cette
fulgurance qui donnait forme à son émotion extatique, il
n'a jamais cessé d'être heureux, même dans les terribles
épreuves de sa vie : « J'attends même la mort avec bonheur », disait-il quelques années avant de nous quitter.
Tout cela n'est pas logique, mais tellement psychologique !

Ces témoignages expliquent le bouleversement sentimental des otages qui restent amoureux de leurs geôliers
pendant toute leur vie et des Soviétiques qui après quinze
ou vingt ans de déportation retournent dès leur sortie s'ins-

crire au comité de quartier, pour préparer la manifestation obligatoire du dimanche.

Le scandale de ce cheminement étho-clinique, c'est qu'il mène à la conclusion qu'une société sécuritaire, en éliminant tout événement qui risquerait de provoquer l'angoisse, supprime toute conversion possible en extase. Elle altère la construction des identités en privant les individus des occasions qui leur permettent de se dire un jour, dans leur for intérieur : « Je suis celui qui... » L'absence d'objets de peur développe l'angoisse et gomme tout sentiment de victoire. C'est pourquoi on voit se développer dans les sociétés sécuritaires les sports à risque qui créent le plaisir de la peur et occasionnent le sentiment de fierté !

Naissance de l'empathie

C'est le contexte social qui façonne le sentiment de soi.

M. Glo... a connu, dans un merveilleux village du Luberon, une enfance douloureuse à cause d'un père alcoolique. Battu chaque jour, il a surtout souffert de l'humiliation de voir son père titubant sur la place publique et boulant par terre les jours de fête. Comme beaucoup d'enfants d'alcooliques, il est devenu « adulte » trop tôt et a pris en charge son père, allant le chercher quand il était trop soûl, rangeant les bouteilles que sa mère n'oubliait jamais d'acheter, remplissant les papiers administratifs, en espérant qu'un jour son père se calmerait et cesserait de boire. Dans ce genre d'enfance, n'importe quoi fait signe : le claquement trop fort de la porte le soir annonçait la bagarre, le pas traînant faisait craindre la chute, et certains mots anodins devenaient pour lui prélude à la dispute.

À dix-sept ans, M. Glo... s'est enfui pour apprendre un métier, fonder une famille et devenir un notable marseillais. Mais, quand il a hérité la belle maison de ses parents, il n'a jamais pu revenir dans son village, où il demeurait le fils du poivrot. Lorsque les contraintes l'obligeaient à revenir chez lui, il sentait l'angoisse lui serrer la poitrine, simplement en voyant le campanile de l'église. Jusqu'au jour où, vers l'âge de cinquante ans, il fut très étonné de se promener un soir, sans éprouver la difficulté habituelle à respirer. L'explication par le bon air et par le silence de la campagne n'a pas tenu longtemps, car au bout de deux phrases de réflexion, M. Glo... a compris qu'il n'éprouvait plus d'angoisse dans son village parce que ses nouveaux voisins étaient tous anglais ou parisiens. Sous le regard des autres, il n'était plus le fils de l'ilote, celui qui ramassait son père et ne payait pas le vin rouge pris chez l'épicier.

Ce qui crée le sentiment de soi, c'est essentiellement la manière dont nos souvenirs construisent notre identité. Or il n'y a pas de souvenirs intimes sans fonction sociale de la conscience [32] ni événements qui les mettent en scène. L'émotion attribuée à l'événement dépend autant de la sécrétion de nos neuromédiateurs que de la charge émotive attribuée à l'événement par le regard des autres.

Pour éprouver un sentiment de soi, honteux jusqu'au malaise, il fallait, premièrement, que M. Glo... possédât un cerveau sain baigné par des neuromédiateurs adéquats ; deuxièmement, que le discours social méprisât l'ivrogne et le pauvre enfant sale qui s'en occupait. Et, troisièmement, que M. Glo... fût capable de souffrir de l'idée qu'il se faisait de l'idée que se faisaient ses voisins goguenards : « une intersubjectivité se constitue dès que deux individus habitent le même monde. Ce qui la rend possible, c'est cette compétence qu'a chacun à se mettre à la place de l'autre, sa capacité d'empathie [33] ».

Je pense que mon chien ne sait pas mentir. Ce constat domestique pose un problème gnoséologique de fond : l'authenticité de mon chien vient du fait que, dans son monde mental, il se fait des représentations sensorielles alimentées par ce qu'il perçoit et ce qu'il a perçu de moi. Mais il ne se vexe pas si je le méprise parce que c'est un bâtard. Au contraire même, si je pense du mal de lui et que je le lui exprime en souriant, en m'accroupissant et en ouvrant vers le ciel la paume de ma main, il se précipite vers moi, affectueusement, malgré ma pensée méprisante. Dans un monde interhumain, l'autre pourrait penser : « Il me sourit pour m'amadouer, mais je sais très bien qu'il me méprise parce que je suis bâtard. » Il adaptera ses émotions et ses comportements à l'idée qu'il se fait de l'idée que je me fais de lui. Il arrive que mon chien se méfie de moi quand, avant ce scénario attractif, il a perçu que mon corps exprimait à mon insu des indices agressifs. Mais il ne se méfie jamais de moi pour la représentation que je me fais de son statut de bâtard.

Un homme adapte ses émotions, ses comportements et ses idées à ce qu'il imagine du monde mental de l'autre. Il peut deviner ou délirer, car l'empathie nécessite une aptitude sensorielle à percevoir les indices et les signaux émis par le corps de l'autre, et une aptitude neurologique à en faire des signes qui composent une représentation du monde de l'autre. Il faut donc un cerveau qui rende l'individu capable d'habiter un monde non perçu, mais représenté. Il faut aussi une intention d'habiter le même monde, un élan vers l'autre et une anticipation [34] dont seuls sont capables les individus qui possèdent un lobe préfrontal. Se représenter le monde que se représente l'autre permet de le comprendre, mais pas obligatoirement de l'éprouver. La sympathie nécessite une contagion émotive échangée entre deux individus, alors que l'empathie exige une représentation partagée entre deux sujets.

Quand une gazelle fait des contre-pieds en fuyant devant un prédateur, c'est parce que c'est ainsi qu'elle a appris à exprimer une forte émotion de frayeur au cours des jeux de son enfance. Le prédateur perçoit un leurre dont il est avide et adapte ses comportements de chasse à cet objet qui zigzague et bien souvent lui échappe. Ni empathie ni sympathie, puisque le prédateur perçoit les indices et les signaux d'un leurre dont il ne se représente pas le monde interne. Pas d'agressivité de la part de l'aigle qui cueille un lapin. Grande tendresse de la lionne qui se caresse contre la gazelle qu'elle vient d'égorger.

Grâce à leur équipement neurosensoriel, les animaux se représentent le monde et y puisent des émotions. Mais les hommes sémantisent le monde qu'ils habitent. C'est pourquoi Monsieur Neandertal, quand il a disposé des fleurs et des cailloux autour du corps d'un défunt, les a transformés en cailloux sémantiques. Dès qu'un caillou est « mis là pour » représenter le monde imperçu de la mort, il cesse d'être une chose quand l'homme en fait un signe. Dans un monde humanisé, tout peut faire signe : un mouvement de la langue, un geste des mains, un décor du corps ou des choses. Il suffit de s'entendre et de se mettre d'accord.

Le monde interchats est un monde de sympathie, un échange où l'émotion de l'un fait impression dans l'autre. Ils sont liés à nous par un monde émotionnel, mais ils ne partagent pas nos représentations sémantiques.

À ce stade de l'évolution, la phylogenèse de l'empathie correspond au comportement du nourrisson face au miroir quand, dès les premières semaines de sa vie, il perçoit une forme bébé qui le fait jubiler, bien plus intensément que lorsqu'il perçoit sa mère [35]. Mais ce monde péribébé, analogue à un monde périchat, devient dès le troisième mois un monde interbébés où les enfants manifestent l'intention d'entrer en communication dès qu'ils se voient [36].

On observe alors la construction d'un espace psychique, d'abord proche et sensoriel (toucher, cogner, lécher), qui graduellement se modalise en s'éloignant (sourire, émettre un petit cri, tendre la main ou le pied en direction de l'autre), pour aboutir au cours de la deuxième année à la communication intentionnelle d'une représentation (geste symbolique, scénario de menace ou d'attraction).

Le « ressentir » des romantiques allemands (*Einfühlung* [37]) a progressivement évolué dans le monde vivant, depuis la connaissance perceptuelle des sensations, en passant par la connaissance émotionnelle du monde, jusqu'à la connaissance rationnelle des représentations.

Mais toutes les représentations ne se situent pas au même niveau d'abstraction. La représentation des informations tracées dans la mémoire, celle des images imprégnées au cours d'une période sensible, des apprentissages, des figures ou des signes ne créent pas les mêmes mondes.

Tout se passe comme si l'évolution des cerveaux permettait d'abstraire de mieux en mieux l'information. D'abord la sensation est déclenchée par une perception. Puis la sympathie est rendue possible par la contagion des émotions. Enfin l'empathie est une construction à deux étages :

l'empathie d'émotion, proche d'une pensée analogique (je comprends ce que vous éprouvez), sert de base à une empathie d'abstraction (je comprends ce que vous comprenez). Le fait d'habiter un même monde émotionnel implique une représentation de similitudes : « Je postule que si j'étais en colère j'exprimerais mon émotion par ces mimiques, ces gestes et ces mots-là. Puisque je perçois sur vous les mimiques, gestes et mots analogues, j'en déduis que vous êtes en colère. »

La sympathie n'est pas analogique. Elle passe d'un corps à l'autre comme une contagion. Quand une mère déprime, ça désorganise ses comportements, ce qui désorganise le monde sensoriel péribébé qui ne peut plus y manifester ses propres comportements [38].

L'empathie me permet, à partir d'indices perceptuels minuscules, de me représenter votre monde d'émotions, d'images et de signes. Il se trouve que cette phrase est transposable en linguistique où, à partir de la perception de sonorités, de gestes ou de graphismes minuscules, je peux me représenter l'immense monde imperçu de votre subjectivité. La « transposition imaginaire de soi dans les pensées, les affects et les actions de l'autre [39] » est donc rendue possible par la coprésence de deux sujets dont les cerveaux, capables de traiter des informations imperçues, ont su passer la convention du signe verbal, gestuel ou objectal.

En somme, c'est une aptitude à partager les actions (promenades, rituels), les affects (applaudir, s'indigner) et les pensées (émotionnelles ou abstraites) de l'autre.

L'ontogenèse de l'empathie humaine nécessite l'intégrité de tous les étages de la construction de l'appareil psychique. Un lobotomisé reste prisonnier des stimulations sensorielles et verbales de son contexte. Un aphasique, qui souffre d'une sorte de lobotomie verbale, vit dans un monde amputé de la dimension du monde de l'autre.

La biologie périphérique, sensorialité qui nous entoure et nous pénètre, peut se désintégrer comme dans le cas des enfants abandonnés et isolés qui possèdent un cerveau apte à la parole, mais comme ils ne la rencontrent jamais ils ne parlent pas, deviennent autocentrés et, privés d'altérité, ils se laissent mourir.

Les ratés du développement de l'empathie peuvent orienter un sujet à l'intérieur d'un autre qui, produisant avec ses mots, ses gestes et ses objets un monde de représentations altérées, altère le monde partagé. Le trouble exprimé par l'un s'enracine dans le monde troublé de l'autre. C'est là qu'on peut décrire la malformation sentimentale du paranoïaque, du pervers et du mélancolique. Les premiers stades de leur appareil psychique sont bien développés, et ces personnes réalisent parfois d'excellentes performances intellectuelles ou sociales. Mais, mal invités à partager le monde des autres, au cours du façonnement de leurs sentiments, ils ne se représentent jamais d'autres représentations que les leurs.

Les paranoïaques autohypnotisés, fascinés par leur propre monde mental, ne soupçonnent même pas l'existence d'autres mondes. À la moindre dépression, au moindre malaise, ils attribuent aux autres ce qui vient d'eux-mêmes, tant ils sont autocentrés et peu entraînés à partager d'autres représentations.

Les pervers sont étonnamment dépourvus d'empathie. Les pédophiles se déclarent propriétaires des enfants qu'ils ont adoptés, pour lutter contre leur carence affective, disent-ils. L'arrêt du développement de leur processus empathique rencontre parfois une culture sans empathie, un discours social qui ne pense que lui-même et ne se représente l'autre que sous forme de *ein Stück* (« un morceau ») [40], et non pas d'une personne. Pour peu que le discours social trouve moral de purifier la nation, pour peu que les stéréotypies culturelles récitent que « les gitans ne sont pas tout à fait des hommes », comme je l'ai entendu, il devient normal et sans grande importance de tuer un gitan : « Ce n'est pas vraiment un crime puisqu'un gitan n'est pas vraiment un homme. » Les pervers ne sont pas obligatoirement agressés par leur culture, puisque parfois c'est elle-même qui propose comme modèle de conduite ce que d'autres civilisations considèrent comme un crime. Le tourisme sexuel des pédophiles a longtemps été considéré comme une spécialité méditerranéenne. Et même l'infanticide n'a pas été pensé comme un crime, en Occident jusqu'au xixᵉ siècle [41]. Un sadique peut tuer un enfant au cours d'un acte sexuel. S'il habite dans une culture où cette conduite n'est pas considérée comme un crime, elle perd son relief monstrueux. Cela ne veut pas dire qu'une bonne à tout faire, engrossée par son employeur, ait été heureuse de tuer son nourrisson, ou qu'un enfant usé par les pratiques sexuelles n'en ait pas gardé des traces toute sa vie. Cela veut dire qu'une coutume peut ne pas être criminalisée, alors qu'elle est traumatisante.

Les mélancoliques, au contraire, habitent tellement le monde des autres qu'ils finissent par se dépersonnaliser, au point parfois de ne plus savoir qui ils sont, ni même qu'ils possèdent un corps. Il arrive en clinique d'entendre des personnes nous affirmer qu'elles ne possèdent ni cœur ni estomac, qu'elles sont vides, ou même qu'elles n'existent pas.

Les intermondes créés par l'empathie ne sont pas toujours également partagés. Le simple fait d'être capables d'habiter le monde d'un autre nous rend aptes aux croyances auxquelles nous nous soumettons, souvent bien plus qu'à nos propres représentations. La parole d'un autre nous paraît parfaite, supérieure à la nôtre, et le système de croyances qui ordonne notre culture ne nous paraît pas négociable, tant nous éprouvons la moindre critique de la loi d'un chef ou d'un ancêtre comme un véritable blasphème. De même que les mélancoliques croient plutôt en l'existence des autres qu'en la leur, le panurgisme intellectuel s'explique par notre tendance à accepter les idées d'un autre de préférence aux nôtres.

L'articulation de notre psychisme avec le « psychisme social » (discours, croyances, valeurs et stéréotypes) peut donner ou non un relief morbide à une pulsion. Mais, quand nous habitons un monde mental malformé par les autres (notre famille ou notre culture), l'ontogenèse du processus empathique peut s'arrêter. C'est pourquoi tant de perversions trouvent à s'exprimer pendant les guerres, sans être pénalisées. On n'habite pas le monde mental du groupe persécuté. « Qu'il meure ! C'est bien ! » Même le sadisme ou le masochisme peuvent devenir la manifestation d'un engagement social, souvent moralisateur, comme le courage des combattants ou leur résistance à la souffrance.

Quand tout se passe bien, les rencontres empathiques intermondes permettent un fantastique élargissement de la conscience. Il y a tant de mondes humains à découvrir que l'invention des cultures de l'alliance ne cessera jamais. Mais les phobiques de la culture, les nidicoles effrayés par toute nouveauté plongeront sous le ventre de leur mère pour se sécuriser au contact des cultures de la filiation. Quand l'empathie permet de partager les émotions d'autrui [42], le monde ainsi créé peut épanouir les partenaires ou les entraver. C'est ce qui se passe dans le couple psycho-thérapique où le processus empathique engage le théra-peute « non pas dans la découverte d'une vérité, mais dans la production d'une nouvelle expérience affective pour son patient [43] ».

Ce partage s'effectue aussi dans les couples où l'un des deux altère ou guérit l'autre. C'est pourquoi les conjoints et les enfants de paranoïaques consultent souvent pour dépression anxieuse : c'est trop difficile d'habiter ce monde-là. L'alerte y est constante, et tous les mécanismes spontanés d'apaisement y sont détruits. On agit peu, pour ne pas s'exposer au monde social qui complote ; on parle peu, car il faut se méfier et ne pas se livrer en donnant des arguments qui pourraient se retourner contre nous ; on aime peu, car la démonstration affective est certainement une tentative de séduction pour nous manipuler. Dans un tel monde, rien ne peut nous égayer, ni nous apaiser. La morosité et la pesanteur s'installent jusqu'au jour où, « comme lorsqu'on appuie sur un bouton électrique », disent les partenaires du paranoïaque, la dépression frappe le plus sain des deux.

Personne n'est passif dans un monde partagé, car nous n'acceptons pas tous d'habiter le monde de l'autre au point de nous laisser dépersonnaliser. Certains, parmi nous, se font complices inconscients de cette contrainte psycho-logique. Il s'agit de ceux qui éprouvent un sentiment de soi fortement dévalorisé. Les mélancoliques, qui se ressentent comme des pourritures, sont tellement honteux qu'on veuille bien les aimer qu'ils ne ratent pas une occasion de se dépersonnaliser en se précipitant dans le monde de

l'autre : « Je ne sais plus qui je suis depuis que je l'aime. »
Et ceux qui ont connu une histoire dont ils ont honte se
sentent anormalement fautifs et tellement étonnés qu'on
veuille bien les aimer qu'ils ne tiennent pas compte de leurs
propres désirs et s'appliquent à satisfaire uniquement ceux
des autres : « Je me méprise de m'occuper de moi... ce qui
compte, c'est les autres. Je ne sais que donner. Enfant, je
donnais mes jouets et après j'étais malheureuse parce que
j'y étais très attachée », m'expliquait cette trop gentille ins-
titutrice, dévorée par les problèmes des autres.

Une limace de mer ne sait probablement pas se mettre à
la place des autres. Elle perçoit une vibration ou une substance chimique et s'y adapte, en se précipitant vers l'indice
ou en le fuyant, ce qui suffit à son bien-être ou à son mal-
être. Plus le système nerveux de l'organisme le rend apte à
vivre dans un monde qui s'éloigne, plus son bonheur-
malheur dépend d'un autre qu'il côtoie. Jusqu'au moment
où son cerveau, le rendant capable d'éprouver un monde
essentiellement représenté, lui permet de vivre et de partager un monde imperçu, créé par les représentations de ses
partenaires.

Biologie du rêve, jeu et liberté

L'idée phylogénétique, c'est que l'expansion du monde
vivant a mis en place un processus de séparation-individua-
tion. Une plante vit dans un contexte immédiat. La graisse
d'un animal constitue une réserve d'énergie qui lui permet
de visiter un petit bout de planète. L'homéothermie permet
à certains organismes de garder la même température
interne quand celle de l'environnement varie. Et le sommeil
paradoxal, récipient biologique à rêves, amorce un début
de monde interne. L'organisme qui sécrète ce sommeil
rapide garde en lui la mémoire de l'espèce et y ajoute celle
de l'individu. Puis le jeu poursuit le processus d'individualisation dans le monde vivant. Enfin, le mensonge et la
comédie préparent à la parole qui porte ce processus
d'individualisation à son comble, quand le sujet dit « Je » et
devient une personne.

Le sommeil paradoxal et le jeu constituent les prémices d'une vie psychique que la parole sculptera et lancera dans la planète des signes.

Le comportement n'est pas suffisant pour attester d'une vie psychique. Ce n'est pas parce qu'une limace de mer se comporte correctement qu'on peut en déduire qu'elle a résolu son œdipe. En revanche, on peut soutenir l'idée que des représentations sensorielles apparaissent graduellement dans le monde vivant, dès qu'un organisme devient capable de mémoire. Bien plus tard, dans les espèces évoluées, la mise en place du lobe préfrontal permettra des représentations anticipées, sans rapport avec la situation présente. Or le rêve aussi est une ébauche de représentations, en images et en émotions.

Les poissons, les batraciens et les reptiles ne rêvent pas, même si quelques états de quiescence alternent avec des phases d'éveil. Soumis aux perceptions du contexte et à la température avec laquelle ils varient, on peut penser qu'ils n'ont pas de représentations d'images. Ce qui ne les empêche pas de résoudre des problèmes parfois difficiles : à Toulon, ils fuient les berges surpeuplées de pêcheurs et vont côtoyer les bassins de militaires occupés à d'autres tâches.

Le sommeil à rêves apparaît chez les oiseaux dont la température reste stable, et chez qui le néocortex commence à associer des informations éparses dans le temps et dans l'espace. Là, le jeu prend sa fonction. Il apparaît chez les animaux dont le système nerveux développe les circuits du plaisir et de la décontextualisation. Plus le système nerveux est capable d'associer, plus les rêves sont durables : trente secondes chez la poule, six minutes chez le chat et vingt minutes chez l'homme, le plus associeur des cerveaux. Un chat fabrique deux cents minutes par vingt-quatre heures de sommeil paradoxal, par fragments peu associateurs de six minutes. Alors que l'homme ne sécrète que cent minutes de sommeil paradoxal par jour, mais par séquences de vingt minutes, beaucoup plus associatives. Or les espèces à fort taux de sommeil paradoxal sont aussi les plus joueuses. Les poussins sont peu joueurs, car ils s'imprègnent à leur mère, et cet apprentissage leur suffit. Alors que les chatons, médailles d'or interespèces du sommeil paradoxal, sont toujours à l'affût d'un bout de laine, d'un bouchon, d'une queue qui se balance et qui déclenche en eux un jeu de prédation. Hypersensibles à toute nouveauté, tout ce qui bouge les stimule et les invite à la chasse.

La comparaison du sommeil à rêve entre les espèces pourrait presque nous fournir un indice biologique de curiosité. D'ailleurs, tous les nouveau-nés du monde sécrètent plus de sommeil paradoxal que leurs aînés. Les ratons nidicoles, pendant leur première semaine, « rêvent » pendant quatre-vingts pour cent de leur temps de sommeil. Mais, dès que leur cortex se met en place, ils tombent à dix-quinze pour cent. Alors que les cobayes nidifuges, dont la maturation est terminée à la naissance, en sécrètent sept à huit pour cent, de leur premier à leur dernier jour. Les brebis, avec vingt-cinq pour cent chez les petits, finissent leur vie avec vingt pour cent. Les chimpanzés démarrent avec trente pour cent dans leur jeunesse et font vingt pour cent dans leurs vieux jours. Tandis que les hommes passent de quatre-vingts pour cent à la naissance à quinze pour cent à partir de soixante ans [44].

Si bien qu'on pourrait distinguer deux catégories de rêveurs dans le monde vivant : ceux dont le système nerveux, pratiquement terminé à la naissance, sécrète le même taux de rêve pendant toute leur vie et ceux dont l'espoir de développement est durable, car leur cerveau, par sa lenteur de développement et sa plasticité, permet une longue période d'apprentissages... si le milieu le veut bien.

Cet espoir biologique de développement donne le temps des apprentissages, ce qui permet d'échapper à l'immédiateté des stimulations et, de ce fait même, permet la mise en place de développements troublés. Une limace de mer s'adapte au milieu, sinon elle meurt. Un agneau colle à sa mère ou s'élimine. Alors qu'un chat ou un chien, aux longs apprentissages, peuvent incorporer des comportements altérés, des troubles de l'humeur, des attachements toxiques et passer leur vie avec cette souffrance apprise.

L'homme, avant sa parole, subit lui aussi des malfaçons, des atrophies cérébrales ou des troubles du circuitage neuro-endocrinien. Mais, dès qu'il parle, il vit dans des mondes imperçus, et il les éprouve. Il y aurait ainsi plusieurs niveaux de folie : la folie développementale du système nerveux, la folie imagée du sommeil à rêves et la folie verbale de nos récits. Comme les animaux, l'homme subit certains troubles du développement. Lors du sommeil paradoxal, les bouffées délirantes provoquées par un trouble de la vigilance permettent au rêve de faire irruption dans la conscience encore éveillée [45]. Mais nos pires folies existent dans la parole, comme lors des guerres où un récit collectif mène à la conclusion logique qu'il faut détruire l'autre, pour des raisons importantes du genre : « ses poils n'ont pas la même couleur que les miens », ou : « il y a trois mille ans, mes voisins adoraient le Veau d'or », ou encore : « il y a six siècles, ils ont déplacé la frontière de l'autre côté de la rue ». De tels énoncés ont déjà légitimé des millions de tortures et des mises à mort qui n'ont jamais été éprouvées comme des crimes. Plus les hommes se soumettent à un récit qu'ils attribuent à un parleur imperçu, plus leur discours devient dogmatique : mon frère connaît mieux la question que moi, mon père mieux que mon frère, mon grand-père mieux que mon père et Dieu mieux que tout le monde. D'ailleurs, quand on invoque Dieu pour résoudre un problème d'immobilier, autant dire qu'on prépare la guerre.

L'expansion du monde vivant, depuis la perception jusqu'à la représentation, organise les systèmes nerveux de façon à rendre possible l'évocation : toute perception évoque. Et quand ça parle, ça historise.

Le jeu prend place entre rêve et parole. Un animal qui rêve subit les représentations d'images qui se font en lui pendant le sommeil. Ce qui se met en rêve, c'est ce qu'il devra apprendre pour mener sa vie de chien, de chat ou de chimpanzé. Lorsque Michel Jouvet a coagulé le locus cœruleus, ce petit amas de neurones bleutés du tronc cérébral qui normalement rend les chats atones et leur permet de rêver sans agir, il a dévoilé que les animaux adoptaient au moment du sommeil paradoxal des postures d'affût, des poursuites de proies imaginaires, des quêtes exploratoires, des rages et des frayeurs. L'animal dort profondément puisqu'il ne répond pas aux appels, aux bruits, ni même aux touchers, alors qu'il répond intensément à la menace imaginaire qui vient de son monde intérieur, ou à la proie qui passe devant ses yeux endormis.

« Avec l'homme, le rêve prend une autre signification [46]. » Ce qui se met en images et en émotions dans le monde interne de l'homme endormi, ce sont les grands thèmes permis par son programme génétique, et l'accomplissement de souhaits non conscients. Un vague désir, pas très clair, pas bien mis en images ni en mots, fait irruption au cours de nos rêves quand, devenant moins vigilants, nous nous censurons moins. L'authenticité de nos rêves s'exprime par des scénarios « incohérents, confus et absurdes [47] », rendus possibles par notre cerveau préfrontal qui crée l'anticipation, par la parole qui rend présent un monde absent et par le sommeil à rêves dont l'impulsion bioélectrique du tronc cérébral met en alerte la moindre trace non consciente de nos souvenirs ou de nos désirs. Grâce à son lobe préfrontal, support de l'imagination, et à son lobe temporal, outil de la parole, l'homme s'arrache au monde immédiat et le rend conforme à ses souhaits.

Le plaisir et le déplaisir, dont le support neurologique passe par les systèmes de la récompense ou de l'aversion, sont apparus en même temps que l'homéothermie. Au moment du rêve, ces circuits de la base du cerveau sont activés par les impulsions électriques venues du tronc cérébral, qui alertent en même temps le cerveau des images et celui des émotions, ce qui explique l'intensité émotionnelle et parfois sexuelle éprouvée pendant la nuit, en dehors de toute stimulation externe.

Le jeu met dans la réalité extérieure le plaisir de l'apprentissage et de la familiarisation. Et le rêve met dans la réalité intérieure l'émotion due à la révision de ces apprentissages. Le jeu, entre rêve et parole, amorce la réalisation des désirs. En donnant du plaisir aux actes qui mettent en scène les motivations internes, il lui donne une forme visible et palpable, comme une sorte d'échantillon. Le jeu articulerait nos désirs à peine conscients avec la réalité extérieure. En mettant du plaisir dans les mises en scène, il crée un processus de familiarisation qui lie les mondes interne et externe.

La familiarisation interne est facile à observer grâce à l'électroencéphalogramme qui enregistre chaque nuit les quantités de sommeil paradoxal. Quand les babouins se réfugient dans les arbres à sommeil, ils sécrètent bien plus de sommeil à rêves que lorsqu'ils dorment dans la savane ou sur des arbres non familiers. Les vaches dans leurs étables rêvent plus que les vaches en pâturage, comme les poulets dans l'œuf, les fœtus dans l'utérus et les chatons contre leur mère. En s'endormant en toute sécurité dans un monde externe familier, ils se laissent aller à fabriquer le sommeil d'alerte interne. Quand le sentiment de sécurité est génétique, l'organisme rêve beaucoup, comme le font les prédateurs et les carnivores. Alors que les espèces chassées et herbivores, toujours en alerte externe rêvent peu, tant ils sont vigilants, comme les brebis (vingt minutes par vingt-quatre heures) et les lapins (dix minutes par vingt-quatre heures). Les proies doivent rechercher la sécurité dans des abris et des terriers puisqu'elles possèdent moins la sécurité génétique des prédateurs.

La familiarisation externe par le jeu nous fournirait alors un indice de l'aptitude d'un organisme à la familiarisation interne par le rêve. Les organismes jeunes jouent beaucoup. C'est leur travail de s'incruster dans le monde externe. Mais toutes les espèces ne jouent pas également. Les petits d'invertébrés et les nouveau-nés de vertébrés à sang froid ne jouent jamais. Le monde externe pénètre leur organisme et contraint leurs métabolismes. Le jeu apparaît avec certains oiseaux : plus les petits naissent immatures, plus ils ont besoin de jouer pour familiariser leur monde et y prendre place. Les petits de mammifères jouent beaucoup, surtout les carnivores qui rêvent en abondance et ont besoin d'apprendre le comportement de leurs proies. Les chattes apportent à leurs petits des souris blessées qui, en essayant de s'enfuir, donnent aux chatons le temps de jouer et de perfectionner leurs premières chasses maladroites. Alors que les poulains, n'ayant pas besoin d'apprendre à chasser pour brouter, jouent à fuir en faisant des contre-pieds et des ruades. Les chiots en jouant à se battre apprennent à se hiérarchiser, ce qui leur permettra de vivre en meute, comme les y invite leur programme génétique.

Ce degré de liberté supplémentaire, en permettant d'agir sur leur monde externe pour y ajuster leur monde interne, occasionne une possibilité d'incohérence. « La cohérence est la caractéristique de l'animal dans son milieu naturel. Cohérence entre le génome et son environnement, cohé-rence entre les congénères, cohérence entre le petit et sa mère. [...] À l'opposé, l'homme ne peut être que psychique-ment incohérent [48]. » Un animal s'articule dans son monde, sinon il s'élimine. Alors que le jeu introduit un jeu dans cette articulation, moins contrainte à l'emboîtement, du fait des représentations. L'animal joueur met en jeu dif-férentes manières de vivre dans un même monde après avoir essayé plusieurs stratégies. L'homme, grâce à son cer-veau décontextualisateur, invente des représentations telle-ment différentes que ça l'invite à jouer pour voir si ça marche. Et, quand la parole se met en place, les représenta-tions de mots infiniment inventées créent des mondes si différents que, même s'il jouait sans cesse, il ne pourrait pas tous les habiter. Alors ça invente, ça part dans tous les sens jusqu'au jour où, devant ce bouillonnement passion-nant et angoissant, un homme annonce la vérité, la seule, qui nous apaise jusqu'à l'engourdissement, en attendant qu'un autre nous réveille.

C'est pourquoi l'évolution ne peut être que biologique et non pas historique. L'évolution biologique serait permise par la matière vivante qui, du simple fait du processus tem-porel qui se déroule de la vie à la mort, pousse l'organisme à se construire autour de tuteurs imposés par l'écologie. La rencontre entre un milieu de forces passives et changeantes et un organisme aux forces actives et exploratrices donne forme aux individus.

Ce raisonnement n'a aucune pertinence dans le monde des récits où chaque groupe humain adhère à une histoire qui en affronte une autre, dans un bouillonnement d'idées sans cesse révolutionnaires puisqu'il suffit de changer un récit pour changer l'organisation d'un milieu social.

L'incrustation de nos enfants dans le bouillonnement historique de leur milieu familial et culturel peut se décrire au cours de l'ontogenèse de leurs jeux. C'est pourquoi ils jouent à la guerre pendant les guerres et à la dînette en période de paix.

Le jeu se réfère au travail pour s'en différencier. « C'est pour de bon », disent les enfants qui veulent signifier qu'à partir de cette phrase le scénario comportemental cesse d'être un jeu pour devenir sérieux, et pourtant... c'est le même.

Pour jouer, il faut donc être capable de se faire une représentation d'un même comportement qui peut à la fois être authentique et théâtralisé, « pour de bon » ou « pas pour de bon », ce qui ne veut pas dire faux. Quand un goéland joue à laisser tomber sa proie, quand un chiot joue à se bagarrer, ou quand une petite fille invite à la dînette, ça peut être « pour de bon » ou « pas pour de bon ». Mais c'est toujours pour s'entraîner à prendre sa place dans son milieu écologique et social. Sauf que le milieu d'une petite fille est à la fois écologique et biosocial, comme pour le goéland ou le chiot (tomber, lancer, manger), mais il est en plus narratif.

Dans tous les cas, il ne s'agit pas de transformer la réalité, mais au contraire de l'apprendre en s'y intégrant par le jeu. Ce n'est que bien plus tard, lorsque la personnalité sera presque aboutie, que le jeu, quittant le domaine des apprentissages et de la familiarisation du monde extérieur, mettra en scène des théâtralisations et des récits.

Ainsi, l'ontogenèse du jeu permet de décrire la condition humaine : apprendre son monde pour mieux le transgresser. Primitivement, le plaisir inhérent au jeu dépend de la satisfaction des besoins, mais, quand au cours de son développement l'être vivant accède au monde des représentations, le plaisir dépend de la satisfaction des désirs. Il ne s'agit plus seulement d'éprouver le plaisir immédiat déclenché par la perception d'un sourire ou d'une caresse, il s'agit bien plus de ressentir un charme exercé par une mise en scène : l'ensorcellement n'est plus provoqué par un contact, il est évoqué par un théâtre.

C'est dans un autre que naît le sentiment de soi

Cela conduit à décrire les deux racines entremêlées du sentiment de soi. Dans la racine biologique, la chute de dopamine empêche le plaisir. Et, dans la racine sociale, la perception de l'autre crée en soi une sensation qui suffit à modifier la sécrétion de dopamine, socle biologique de l'action et du plaisir de soi.

Au cours des premières semaines, un bébé ne joue pas puisqu'il commence à peine, dans sa petite mémoire, à mettre quelques représentations psychosensorielles. Son état interne dépend fortement des pressions externes : le bruit et le froid le pénètrent sans qu'il puisse s'y opposer. Il n'est pas stable, et il résiste mal aux variations du milieu.

Son mouvement de résistance commence quand, en explorant ses mains et ses pieds, il trace les limites de son soi somatique. Dès le deuxième mois, certains objets familiarisés constituent un périsoi précoce qu'il explore attentivement. La présence d'objets stables, de figures humaines permanentes avec leurs réactions sécurisantes, effrayantes ou désorganisantes, compose la racine sociale du sentiment de soi. Quand un enfant débarque au monde, il sent qu'il est, mais il ne sait pas ce qu'il est. Ce n'est que progressivement, sous l'effet conjugué du sentiment de soi sous le regard de l'autre, qu'il découvre qu'il est homme et non pas animal, garçon et non pas fille, catholique et non pas protestant... Ce n'est que plus tard, quand il parlera, qu'il saura énumérer ses propres caractéristiques – « Je sais sauter, moi » – et son étayage familial : « Mon papa, il a une bicyclette. » Plus tard encore, il prendra conscience de sa place dans son groupe familial et social : « J'ai un petit frère », ou « Je cours plus vite », ou « Mon papa fait vite la voiture », avant d'accéder à l'altruisme et aux représentations du sentiment de soi qu'éprouvent les autres : « Maman est triste parce que j'ai une mauvaise note. »

L'idée commune qui émerge de ces travaux sur l'ontogenèse du sentiment de soi, c'est que sa construction dépend du développement du sentiment de l'autre. Daniel Stern parle de sens de soi qui se différencie de l'autre, puis s'oppose à l'autre, avant d'être-avec l'autre et d'aboutir à l'accordage affectif. René Lécuyer décrit un soi maternel, puis un soi personnel qui mène au soi social. Mais la description qui sert le mieux l'ontogenèse de l'empathie, ces prérequis où le sentiment de soi est engendré par notre aptitude à nous mettre à la place de l'autre, est celle de Jacques Cosnier qui propose trois étages.

De zéro à trois mois : *être-dans*, ou plutôt *être presque dans*. Le *presque* est important puisque c'est lui qui trace la première limite du soi corporel : « Je suis presque dans ma mère, mais je ne suis pas dans ma mère puisque je perçois une limite. » Cette proximité corporelle explique la grande facilité de la contagion affective. L'empathie d'affect directe, immédiate, transmise au corps à corps qui permet d'éprouver ce qu'éprouve l'autre. Encore très proche de la sympathie, ce sentiment de soi commence à tracer quelques limites corporelles à l'occasion des jeux. Le sourire de l'autre est encore perceptuel, il provoque une jubilation en réponse à la stimulation du sourire d'un autre et n'a pas encore l'intention d'agir sur ses émotions en lui souriant. C'est pourquoi un nourrisson peut sourire parmi ses pleurs quand une figure d'attachement lui sourit. Il peut répondre en même temps à deux stimuli opposés, la rage interne qui le fait pleurer et le sourire de l'autre qui le fait sourire. Ce n'est plus un neuropeptide qui fait le coup, comme lorsqu'il sourit durant son sommeil profond, c'est la perception d'une figure de l'autre qui l'affecte profondément.

À ce niveau des prérequis de l'empathie, le jeu ne peut qu'être perceptuel, comme un baiser sur le ventre, ou le frôlement des cheveux sur le visage, ou surtout l'universel « guili-guili » qui, en touchant la peau à un endroit inattendu, associé à une vocalité imprévue, crée un événement dans une vie de bébé.

À l'étage du *presque-dans*, le visage immobile de la mère empêche l'organisation des comportements de l'enfant.

Lors des premiers jours, la tristesse ou la gaieté de la mère se transmet par le visage et par les gestes et les manipulations qui secouent le bébé ou l'apaisent. Il est encore dans. Mais, dès qu'il différencie le visage d'un autre, cette perception complexe trace la première limite du non-soi.

Le deuxième étage de l'empathie, de six mois à deux ans, quand l'enfant se prépare à la parole, c'est *être-avec*. À cet étage, le soi est clairement différent de ce qui n'est pas soi. L'enfant part à la découverte perceptuelle de son monde. Il tend la tête pour voir, il cherche à saisir pour explorer avec sa bouche. C'est le moment du jeu de « coucou » où l'enfant qui sourit à un visage familier devient soudain grave quand, à sa place, il perçoit une serviette. Lorsque la serviette à son tour disparaît et que le visage espéré réapparaît soudain avec une sonorité qui donne le signal de la joie, l'enfant éclate de rire, et l'adulte partage la joie qu'il vient de déclencher. Dans un monde de bébé, cette jubilation est provoquée par sa première victoire épistémologique : le visage non perçu, caché par la serviette, mais encore présent dans son imaginaire, réapparaît soudain, conforme à sa représentation ! « Je vois quelque chose que j'ai pensé en image, et ce que je perçois confirme mon idée », pourrait presque dire le nourrisson qui vient d'effectuer une opération intellectuelle analogue à celle de l'astronome qui calcule l'endroit où mathématiquement il doit y avoir une étoile... qu'il ne percevra que plus tard.

Dès les premiers mois, les enfants préfèrent certains acteurs. Ils rient pour un familier et détournent la tête pour un étranger. Parfois, ils pouffent avec la mère et restent de marbre avec le père, révélant par ces comportements que leur monde a déjà pris une forme différenciée : un familier ne vaut pas un étranger, un père ne vaut pas une mère : « Dès le deuxième-quatrième mois, ils savent différencier soi de l'autre, et l'autre d'un autre [49]. »

Le jeu de « poum-tombé », que l'enfant invente vers le dixième-douzième mois, a beau être moteur, il constitue en fait un scénario comportemental qui vise à manipuler les émotions de l'autre, en agissant sur ses représentations. L'enfant joue à se faire tomber, assis sur ses couches, en regardant sa mère pour voir l'effet qu'il a produit. Quelques semaines plus tard, il pleure s'il tombe devant sa mère, alors qu'il se relève sans larmes quand aucun familier ne le voit. L'acte de pleurer est devenu un message intentionnel. Le théâtre du petit chagrin est une histoire sans paroles où l'enfant pré-dit : « Je donne forme à mon tourment et je te l'adresse. Maintenant, à toi de jouer. » Lors des prérequis de l'empathie, il perçoit ce que l'autre indique de ses propres représentations : « Elle accourt, c'est la preuve qu'elle m'aime... » ou « il me suffit de pleurer pour la faire accourir : elle est à ma merci... »

Au cours de la deuxième année apparaît le *faire pareil*, qui n'est pas une singerie ni un comportement sans sens. Au contraire, avant la parole, les jeux d'imitation veulent dire : « Je partage ton monde en t'imitant et, en tapant dans la purée comme tu le fais, je t'éclabousse comme tu m'éclabousses, nous faisant ainsi partager l'événement extra-ordinaire auquel nous venons de donner vie. »

La deuxième année, c'est aussi la merveilleuse époque du « je vais t'attraper [50] » où la prosodie de la phrase, comme si c'était une menace, donne forme à l'intensité émotionnelle. Prononcé dans les basses fréquences graves, lorsque la distance est grande, le « je vais t'attraper » s'enrichit de hautes fréquences aiguës quand la menace simulée devient proche de l'exécution. L'émotion est conduite à son apogée de plaisir et provoquée par la frayeur du *comme si*. La stratégie du *comme si* devient une caractéristique relationnelle. Le si joli babillage de nos enfants qui reçoit dès le sixième mois l'empreinte de la langue parlée autour de lui [51] devient « langue maternelle » au cours de la troisième année. Mais, bien avant de la maîtriser, l'enfant prend des postures de conversation et adresse à son partenaire des mimiques, des gestes et des prosodies qui manifestent son intention de communiquer. Il utilise déjà l'outil postural de la conversation et la musique des mots, alors qu'il ne maîtrise pas encore l'instrument langagier. Cette précieuse intention de communiquer est mise en scène par le *comme si* : « comme si je parlais... comme si j'étais une maman... comme si je me fâchais ».

Au stade où les animaux mettent en scène des scénarios moteurs qui les aguerrissent aux thèmes de leur vie adulte, nos enfants inventent des saynètes gestuelles, mimiques et musicales qui les préparent à vivre dans le monde théâtral des représentations.

Quand les règles sociales apparaîtront, marquant l'empreinte de la culture dans le développement, l'enfant inventera des jeux de poupée : le « comme si j'étais maman » apparaît au cours de la deuxième année. Le « faire semblant de dormir », en s'empêchant de pouffer de rire quand la mère s'apprête à le saisir, est une prémice comportementale de la mise en scène de son imaginaire. Quand le premier « caca-boudin » sera prononcé, il révélera dans une joie trouble que l'enfant maîtrise les mots au point de jouer avec eux et de les inviter à transgresser le langage convenu. « De sensible [...] l'enfant devient acteur, puis interprète, et enfin metteur en scène [52]. » Comme le dit Winnicott, le jeu crée une « aire transitionnelle d'expérimentation de soi, des autres, du monde physique, aire dans laquelle l'enfant s'essaie à extérioriser sa réalité interne et à intérioriser la réalité externe [53] ». L'ontogenèse du jeu donne une vie réelle au monde imaginaire et attribue au mensonge et à la comédie un rôle fondamental.

Ces observations naturalistes mènent à l'idée que, dès les premiers mois, le sentiment de soi naît de la rencontre. Les réponses comportementales de l'autre organisent un champ sensoriel signifiant, une sorte de périsoi qui imprègne en nous un sentiment de soi. Cet effet qui fonctionne en deçà de la parole sera follement amplifié par une déclaration : « Je t'aime », et peut-être encore plus par un discours social ou un énoncé dogmatique : « Un bâtard, né hors mariage, n'est pas tout à fait un homme. »

Dès l'instant où l'on devient capable de faire une représentation d'image ou de signe et de l'éprouver, un simple geste ou un simple mot désignant un imperçu parfait peuvent déclencher une émotion intense. La peur des mots devient plus forte qu'une menace gestuelle et nous rend capables de nous payer de paroles et de gestes, de mensonges et de comédies.

Véronique parlait très bien vers l'âge de deux ans. Chaque soir, vers sept heures, elle questionnait sa mère dès qu'elle entendait un bruit à l'heure où son père devait rentrer. Quand ses parents se sont séparés, le mot « papa » est devenu imprononçable pour elle, tant il évoquait la perte. Comme si l'enfant avait fait cette analyse : « Ce mot évoque en moi la représentation d'une figure d'attachement, et en même temps la perte de cette figure, un trop grand chagrin. » À la même époque, la mère raconte : « Depuis que son père et moi sommes séparés, Véronique n'ose plus prononcer le mot " papa ". Et quand on le dit devant elle, elle se tait, s'immobilise, détourne le regard et met la main ou un objet devant la bouche. » Ce scénario comportemental autocentré nous prouve que le simple énoncé d'un mot peut déclencher une angoisse.

On peut penser aussi que, si Véronique n'avait pas été une enfant précoce, elle n'aurait pas éprouvé tant de chagrin. L'ontogenèse du sentiment de soi, prérequis de l'empathie, lui permettait de se représenter l'absence ou la perte, mais comme elle ne maîtrisait pas encore le langage, elle ne pouvait pas se raconter une histoire, mentir ou se mentir. La représentation de la mort ou de l'absence durable n'est pas encore possible pour un enfant de deux ans [54]. Il perçoit une absence et en éprouve un chagrin, mais, faute de langage, il ne peut pas remplir ce vide par un récit et se dire : « Papa est parti en bateau très loin, mais il va revenir et me rapportera une poupée. » En faisant ainsi disparaître son chagrin, l'enfant se prouve que le mensonge est un triomphe de l'esprit.

Encore que ce ne soit pas tout à fait un mensonge, puisque ce type de récit remplit le vide et apaise l'enfant sans avoir pour intention d'agir sur l'esprit de l'autre. C'est plutôt un roman à usage interne qui permet de moins souffrir d'une épreuve dès qu'on la remanie et qu'on la maîtrise en la mettant en scène dans son for intérieur. Une représentation intime est toujours parfaite et pure, car elle donne forme à nos désirs. Mais, dès qu'il faut l'adresser à un autre, on doit la déformer afin d'agir sur lui pour la partager. On se cogne alors au réel, et l'on doit traduire son monde interne en se mettant à la place de l'autre. La trahison se met en place : « La sémiologie serait dès lors ce travail qui recueille l'impur de la langue, le rebut de la linguistique, la corruption immédiate du message : rien moins que les désirs, les craintes, les mimes, les intimidations, les avances, les tendresses, les protestations, les excuses, les agressions, les musiques dont est faite la langue active [55]. »

La trahison inévitable de mes intentions dès que je les destine à un autre me permet d'agir sur lui parce que j'imagine son monde, ce qu'il pense et ce qu'il ressent. Je sais ce qu'il faut dire et ce qu'il faut faire pour le mobiliser ou l'émouvoir selon mes désirs. Je code mes gestes et mes mots pour manipuler ses émotions et ses représentations.

Le mensonge et la comédie réalisent les performances suprêmes de l'empathie.

Mensonge et humanité : naissance de la comédie

Les scarabées dorés, qui sont venus sur terre il y a quatre cents millions d'années, ne savent pas mentir. Ils ne peuvent que répondre à une vibration qui touche leurs pattes. Les oiseaux, apparus il y a cent quatre-vingts millions d'années, ne peuvent pas mentir non plus, mais ils savent percevoir un cri dont la structure sonore indique un danger qu'ils ne perçoivent pas. Le cri perçu prend la place du danger non perçu : un espoir phylogénétique de mensonge se met en place.

La « feinte de l'aile brisée » du vanneau huppé, donnant à sa frayeur la forme « comme si j'étais blessé », attire sur lui le prédateur, tandis que ses petits s'enfuient. Ce leurre comportemental constitue un progrès dans la marche évolutive vers le mensonge.

Un chien ne peut pas vraiment mentir. Il ne peut pas mimer ce qu'il n'éprouve pas afin de manipuler l'autre. Mais, quand il joue à menacer, il met une patte dans le « comme si je t'agressais », alors qu'il n'en a pas du tout l'intention, au contraire, même. C'est pourquoi la moitié antérieure de son corps peut exprimer l'agression, alors que la moitié postérieure la dément en agitant gaiement la queue.

Les singes, mis au monde il y a soixante-cinq millions d'années, commencent enfin à mentir pour de vrai. Les chimpanzés, dont l'équipement génétique est très proche du nôtre, s'approchent du mensonge humain. Les femelles sont les meilleures menteuses puisque, par leurs gestes et leurs cris, elles agissent directement sur le comportement des mâles qu'elles manipulent, intentionnellement.

Quand une troupe de chimpanzés se déplace dans la savane, elle s'organise selon la structure habituelle du groupe, femelles au centre avec leurs petits, mâles à la périphérie. Quand une femelle repère un régime de bananes, elle n'a pas intérêt à le signaler, car les mâles se précipiteraient sur les fruits. Comme ils sont plus lourds, plus rapides et dépourvus de bonnes manières, la femelle se contenterait de les regarder manger. Alors, quand le régime est placé à gauche, elle regarde à droite et pousse des cris de joie qui déclenchent la course virile. Les mâles réalisent d'excellentes performances musculaires vers la droite, tandis que la femelle se dirige à gauche et se sert tranquillement. Cette observation conduit à penser qu'un chimpanzé peut mentir comportementalement. Il a déjà l'intention d'agir sur l'autre en manipulant ses représentations, comme le font les hommes quand ils mentent dès l'âge de trois ans [56]. Il aura fallu quatre cents millions et trois ans, pour réaliser un tel chef-d'œuvre.

L'homme, comme les animaux, peut simuler sans le vouloir, comme si ça simulait en lui. Il n'est pas nécessaire de conseiller aux toreros de ne pas bouger quand le taureau les encorne. Ça se fait en eux, comme une sorte de paralysie émotionnelle qui les immobilise et les sauve ainsi, car le taureau charge de préférence ce qui bouge.

Les chiens en meute attaquent moins le gibier qui s'immobilise et sont bien plus stimulés par tout ce qui fuit ou combat. Un témoignage raconte que deux petits garçons se sont enfuis devant des chiens qui les attaquaient. Quand un enfant s'est assommé en tombant, les chiens ont bondi par-dessus lui et ont poursuivi l'autre qui les stimulait plus [57].

Chez l'homme, les simulations comportementales qui lui permettent de s'adapter, à son insu, à une agression sont fréquentes. Freud parlait d' « une particularité de l'état hypnotique [qui] consiste en une sorte de paralysie de la volonté et des mouvements, paralysie résultant de l'influence exercée par une personne toute-puissante sur un sujet impuissant, sans défense [58] ». Ces paralysies sont faciles à observer en médecine, quand une personne effrayée par une situation de catastrophe ne peut plus bouger et ne cesse de regarder l'agresseur, comme fascinée. Ces simulations non conscientes d'origine émotionnelle possèdent un effet adaptatif. Elles n'ont rien de commun avec la simulation intentionnelle qui vise à façonner les représentations de l'autre. Cette distinction pose tout de même un problème théorique : celui qui joue la comédie pour suggérer une représentation dans le monde mental de l'autre, doit-il éprouver ce qu'il joue ?

Les préparatifs de la parole nécessitent un éloignement des informations et une théâtralisation des représentations. Souvent, les enfants autistes à qui l'on donne un cube le jettent soudain comme s'il brûlait, parce que, ne sachant pas éloigner l'information, ils ont l'impression que leur main est déformée par le cube. À l'inverse, ils explorent avec leurs doigts une coupure profonde de leur cuisse parce qu'elle n'est pas trop déformée et qu'ils ne se la représentent pas comme une blessure. Quand un enfant tombe, il cherche sa mère des yeux afin de pleurer à son intention, révélant que ce petit scénario comportemental est un préparatif à la parole. L'enfant préverbal a compris qu'il peut se faire comprendre par ce petit théâtre. Il pense qu'il y a moyen d'agir sur le monde mental de l'autre et de façonner ses émotions, afin de provoquer la rescousse sécurisante.

Le théâtre affectif prépare à la parole

La comédie comportementale permet de comprendre que l'enfant possède le talent de donner forme à une représentation gestuelle ou vocale qui met en scène son monde intime. Ce procédé de comédien fonctionne encore chez

l'adulte parlant. Jean Piat apprend à ses élèves que, si l'on
dit : « Sortez, Monsieur », en désignant ensuite la porte,
l'interprète se contente de fournir une succession d'informations. Mais, s'il désigne silencieusement la porte, puis
prononce la sentence : « Sortez, Monsieur », ses gestes sou-
lignent les mots et augmentent leur puissance évocatrice.
Le scénario comportemental, en respectant les règles de
l'ontogenèse de l'empathie, façonne mieux les émotions de
l'autre. Quand je suis fâché, mes sourcils se froncent, ma
voix se fait plus forte, mes lèvres se pincent et je ne sais pas
pourquoi j'ai envie de menacer de l'index. Mais soudain je
comprends que, même si je ne suis pas fâché, en agitant
l'index et en effectuant un tableau comportemental analogue à celui qui se fait spontanément en moi, je peux faire
signe de menace. Avec la comédie du « comme si j'étais
fâché », je viens de franchir le Rubicon du langage. Il ne me
reste plus qu'à apprendre les gestes de la bouche, les
conventions sonores que nous appelons « mots », comme
j'ai appris la théâtralisation des gestes. Or il existe dans
notre culture une observation naturaliste où l'on peut penser et observer l'empathie, c'est le théâtre [59]. « Les acteurs
de théâtre sont entraînés à parler, d'une façon appropriée à
leur motivation particulière, en imitant la posture et le
mouvement de la personne qui possède cette motivation [60]. »

Ce problème n'est pas nouveau, puisqu'il a baigné le
XVIIIᵉ siècle. « La généalogie du Paradoxe sur le comédien »
occupait les philosophes de l'époque qui remarquaient
qu' « il est quelques acteurs vraiment pénétrés de ce qu'ils
disent, qui par une malheureuse disposition à la froideur,
ne donnent jamais d'âme à leur sensibilité [...] d'autres avec
moins de bonne foi s'épargnent tous ces efforts [...] et se
font un mérite d'être froids par nature [61] ». L'élaboration la
plus connue est celle de Diderot qui est encore aujourd'hui
travaillée dans les écoles de théâtre [62], et concerne même
nos rôles sociaux dans la vie quotidienne.

Certains comédiens, prisonniers de leurs émotions, ne
peuvent jouer que ce qu'ils éprouvent. Soumis à l'instant,
psychopathes géniaux, adorables et odieux, ils peuvent

exaspérer autant qu'enthousiasmer. D'autres, au contraire, « de moins bonne foi [...] froids par nature », disposent leur corps, leurs gestes et leur voix d'une manière telle qu'ils font impression sur nous, alors que leur âme est ailleurs. Les premiers sont imprévisibles, et les autres virent parfois à la caricature : posture académique de la vertu outragée, de la veuve implorante ou du juste courroux. Ces mises en scène sont ridicules parce qu'elles sont des caricatures du symbole. On sait ce que veut dire telle posture, et on s'en fiche éperdument. Le contenu est parfaitement transmis, mais le contenant ne nous touche plus. Certains messages sont tellement beaux qu'un comédien les rendrait fades. Mais d'autres interprètes possèdent l'étonnant talent de nous faire pleurer en nous donnant leur numéro de téléphone. Cette manière d' « être avec » est encore débattue dans les écoles de théâtre. Laurence Olivier soutient que d'habiles mouvements discrets stimulent plus fortement les émotions, alors que Lee Strasberg entraîne ses comédiens à éprouver ce qu'ils expriment.

Chez l'homme, l'authenticité n'est pas nécessaire à la communication des sentiments. La convention du signe permet de dissocier l'émotion à transmettre, et son moyen de transmission. Mon stylo ne tremble pas quand je mens sur le papier, alors que ma parole est altérée, parfois hésitante ou trop affirmée, et mes gestes se dérobent quand je mens en parlant. Assez curieusement, l'amélioration des techniques de communication rend les mensonges imperceptibles, au point que « nous nous trompions rarement en direct, sur le moment de la vérité et le moment du mensonge, par contre, lorsque nous voyions des sujets par l'intermédiaire de la vidéo, ce n'était plus le cas [63] ».

Les animaux sont tragiquement authentiques, « ils ne peuvent pas nous tromper, eux », disent les amis des bêtes. Et ils ont raison. Si un chien exprime son affection, c'est qu'il éprouve de l'affection. Le signifiant, chez lui, colle au signifié. Lorsqu'un animal leurre un prédateur, comme dans la feinte de l'aile brisée, c'est parce que son émotion, en s'exprimant ainsi, lui apporte un bénéfice adaptatif, non intentionnel. Quand les animaux supérieurs effectuent des scénarios de jeux ou de tromperie, comme dans le simulacre de la course à la banane, ils manipulent les émotions des autres et leur donnent une impulsion à l'action. Ils créent un leurre immédiat comme une feinte qui fonctionne bien, mais ils n'inventent pas un monde qui affirme le faux. Seuls les singes commencent à mentir, à mettre en scène des protomensonges. La phylogenèse du mensonge leur donne pourtant accès à un début de séparation entre le signifiant et le signifié.

Les comédiens froids manipulent le dit et le paradit avec une virtuosité technique qui parvient à séparer totalement ce qu'ils éprouvent et ce qu'ils font éprouver. Je viens d'écrire « totalement », ce qui est totalement faux, car je ne connais que des êtres de chair. Et, par un juste retour du signifiant, il n'est pas rare que le comédien technicien finisse par éprouver ce qu'il a signifié, alors qu'il croyait l'avoir jeté au loin.

Nos enfants, avant la parole, expriment ce qu'ils éprouvent jusqu'au jour où ils comprennent que leur corps peut faire signe. Alors ils pointent l'index pour exiger, ils miment la colère ou mettent en scène la gaieté. La comédie prend place entre l'émotion et le signe. Elle est à l'œuvre dans nos conversations où nous mettons en scène nos désirs imperçus et nos idées abstraites, afin de produire une représentation qui vise à attacher l'autre.

La comédienne « la Clairon », décrite par Diderot [64], appartenait au clan des super-menteurs, elle qui savait si bien gouverner les émotions des autres. Mais, comme tous les abuseurs, elle a fini par se leurrer à son propre déguisement, car le sentiment de soi est influencé par nos vêtements. Si vous ne me croyez pas, habillez-vous comme un clochard avant de vous rendre à une invitation, ou, comme dans certains rêves, trompez-vous de milieu et restez nu dans une compagnie habillée. Instantanément un sentiment de honte vous envahira tant vous mettez sur votre corps les vêtements et les décors qui, venant du fond de votre être, parleront de vous-même. Le leurre est efficace parce qu'il met la profondeur dans l'apparence, alors que l'illusion nous trompe sur le réel.

Le menteur est encore plus authentique que le comédien puisque lui, au moins, donne forme à son désir de façonner les représentations des autres, afin de sauver quelque chose de lui-même. Le mensonge est une sauvegarde, alors que la comédie met au monde ce que le spectateur espère. C'est pourquoi les révolutionnaires attachent tant d'importance au théâtre ou au cinéma qui leur fournissent un laboratoire où, mettant en scène leurs propres représentations sociales, ils tentent de façonner celles des autres.

Pour qu'une foule soit bien manipulée, les fabricants d'opinion utilisent souvent les deux types de comédies. Le spectateur au théâtre ou lors d'un rassemblement politique est complice de l'événement, coauteur de la théâtralisation puisque, pour jouer au spectateur, il a accepté le rendez-vous donné par le comédien ou l'homme politique. Dans les écoles où l'on travaille le paradoxe sur le comédien, on pourrait aussi s'entraîner à observer le paradoxe sur le spectateur, car lui aussi a sa « Clairon » et sa « Dumesnil ». Certains publics ont beaucoup de talent, ils éprouvent ce que le comédien théâtralise, ils savent pleurer, rire ou applaudir, comme une bonne danseuse qui anticipe le mouvement que s'apprête à effectuer son partenaire. Elle en perçoit le moindre indice comportemental qu'il émet à son insu et le devance. Alors que d'autres spectateurs sont des briseurs de charme, ceux que Louis Jouvet appelait les « non-conducteurs » : « Ce genre de spectateur, dont je pourrais vous citer les noms, est non-conducteur et empêche le phénomène de fusion ou de cristallisation [65]. » Il est un fait qu'il existe toujours un briseur de charme, un planteur d'incertitude ou un turlupin qui, par ses comportements de retrait ou de dénégation, gêne la contagion des émotions et dilue le liant. En empêchant l'hypnose du comédien ou de l'homme politique, il frustre le spectateur venu pour se faire emballer. Le non-conducteur d'une pièce de théâtre ou d'une transe politique se met donc de lui-même à la place du briseur de charme ou de l'empêcheur d'être ravi. Il deviendra un jour bouc émissaire, candidat à l'exclusion ou au sacrifice.

C'est pourquoi il est si difficile de dire la vérité à des amis enchantés. Le douteur froid, l'enquêteur objectif, non seu-

lement se place en retrait du groupe, mais, en se désolidari-
sant, il calme la transe, il éteint l'amour ou la haine qui les
cimente. Mort à l'enquêteur objectif! Faisons taire le
témoin qui brise en nous le charme!

Le panurgisme des foules a probablement offert un bénéfice adaptatif à l'époque où les hommes devaient rester en
contact, au corps à corps pour faire du social, en éprouvant
un lien émotionnel et en inventant des rituels. La synchronisation du groupe augmentait les facteurs de survie en
organisant les saisons pour la moisson et d'autres pour
l'amour, en alternant les périodes de travail et d'autres pour
le repos. Le groupe était harmonisé par les pressions biologiques et écologiques (manger, cueillir, chasser, se diriger
vers un point d'eau ou fuir la saison des pluies). Mais
quand l'imitation s'est améliorée avec l'empathie et la
parole, quand la technique a permis de relativiser les
contraintes biologiques et écologiques, le panurgisme s'est
fait intellectuel. C'est un apprentissage, un progrès technique, une représentation qui désormais a uni les groupes,
et non plus un point d'eau ou la saison des pluies. Avant la
parole et la technique, les contraintes d'un monde hostile
obligeaient les hommes à demeurer ensemble pour se protéger. Depuis la parole, c'est l'interdit qui nous unit en
structurant le monde et en nous imprégnant d'un sentiment de morale : ceux qui respectent le même interdit que
moi sont des humains vertueux, les autres sont des bar-
bares, proches de la bête.

Ensorcellement et théâtre du quotidien

Posséder est bien le mot, comme les riches et les sorciers
possèdent. Ravies d'être ensorcelées, les foules adorent
celui qui les subjugue. La préparation émotionnelle par la
parole, elle aussi, est un théâtre. On vient au rendez-vous
pour écouter celui qui sait. On dispose son corps, ses
oreilles et son affectivité pour l'accueillir. On entend la
musique des mots, comme une chaude caresse. Il faut quelques slogans, jolies formules et belles phrases pour « donner corps » à la représentation verbale. Puis on répète les

mots en éprouvant l'émotion qui revient en nous, comme si c'était la première fois, comme si nous venions d'inventer la phrase. Dès que l'émotion est en place et que les mots la structurent, nous y croyons puisque nous l'éprouvons et que nous la « voyons » même, dans l'espace intime de nos représentations. Le discours sert d'emblème, les idées sont secondaires. Le travail intellectuel sépare, alors que l'émotion rassemble. Il ne nous reste qu'à attendre l'événement qui nous fera passer à l'acte. Les émotions, les mots, les croyances et les actes s'enchaînent dans une logique comportementale qui nous amène sans cesse à ajouter de nouveaux chapitres dans nos livres d'histoire. Dommage que ces lignes racontent tant d'événements tragiques...

Désormais, un simple énoncé peut agir sur le monde intime de millions de personnes, structurer leurs sentiments et les pousser à l'acte. La parole nous permet de vivre aux antipodes du monde des automates, qui se meuvent d'eux-mêmes, et des autismes (auto-âmes auto-animées). On pourrait presque inventer un mot autour de *hétéromates* ou *hétéromens* ? La représentation verbale crée un monde d'hétéromêmes, hétéropensés et hétéromus. Le groupe y fonctionne à merveille, et les individus, en récitant les mêmes mots, ont l'impression d'y penser. Dans un tel contexte extatique où les mots servent d'emblème à l'amour qui unit ceux qui les récitent, un penseur qui se sert des mots pour produire des idées et non pas des émotions liantes risque de prendre la place du briseur de charme, du « non-conducteur » de Louis Jouvet.

La parole amoureuse unit, grâce à la récitation qui donne forme à une pensée émotionnelle partagée. La rationalisation, c'est la forme discursive donnée à un sentiment intime. À ce niveau de l'empathie, le discours unit les individus qui le récitent en produisant chez chacun d'eux un sentiment partageable. C'est un phénomènes analogue à celui des comédiens qui finissent par s'imprégner du sentiment qu'ils jouent. Dans cette ambiance-là, un intellectuel se met en place d'être haï, parce que les hétéromêmes qui l'écoutent sont angoissés à l'idée de ne plus être des clones. Quant à ceux qui ne comprennent pas, ils sont humiliés par lui. C'est tout maléfice pour le penseur.

Le panurgisme intellectuel des hétéromêmes donne un tel sentiment d'amour et de bonheur qu'ils trouvent toujours des arguments scientifiques ou philosophiques pour étayer un courant d'idées impulsé par d'autres.

Dans notre théâtre du quotidien, nous partageons ce que nous créons ensemble. Non seulement un charcutier ne peut se sentir charcutier que s'il joue au charcutier avec ses clientes, mais encore un charcutier intime peut n'avoir rien de commun avec le même homme quand il joue au charcutier social.

Quand ce monsieur tient son rôle de charcutier, il parle comme un charcutier : « Alors, la p'tite dame, qu'est-c'que j'vous sers ? » La dame joue à la cliente en répondant : « Elles sont bonnes vos rillettes ? » Il est rare que le charcutier réponde qu'elles sont mauvaises, mais ce petit rituel théâtral a permis à chacun d'ajuster son rôle et de prendre sa place. Le décor aussi joue un rôle, puisqu'un charcutier ne tient jamais son emploi sur la scène d'un boulanger. Et même les figurants participent par leur simple présence à la structuration des émotions [66], parce qu'ils constituent un élément du décor, et que, sous leur regard du spectateur, le charcutier se sent charcutier. Dans cette dramaturgie du quotidien, la cliente est actrice et spectatrice, comme les autres clients qui font de la figuration, entre décor et comédie. Même celui qui se tait est important puisque c'est à lui que s'adresse la comédie sociale : « L'écouteur joue un rôle de pilotage du parleur [67]. » Les hochements de tête témoignent du partage de la conversation et encouragent le parleur ; les sourires deviennent preuves de sympathie, et le haussement des sourcils confirme l'intérêt. Ces petits gestes du corps de l'écouteur structurent l'émotion du parleur et le gouvernent comme le ferait un chef d'orchestre.

Quand un seul élément du théâtre du quotidien est altéré, la comédie entière est ratée. Chacun accuse l'autre de la déception qu'il ressent. Parfois un acteur est alexithymique, il ne trouve pas de mots pour donner forme à son émotion. Alors, au cours de l'échange, il ne fournit que les informations nécessaires à la fonction, comme s'il disait : « Rillettes... cent grammes... » sans mimique et sans prosodie. Le charcutier, glacé, deviendrait opératoire et se contenterait de peser et de servir cent grammes de rillettes. Pas d'événement dans une telle rencontre entre machines humaines.

Certains hommes sont dégoûtés par l'expression des émotions qu'ils éprouvent comme une saleté humaine, une fiente de l'esprit. Leur simple présence sur scène constipe les comédiens qui sentent bien que dans l'esprit de l'autre ils ne sont que des excréments. Les alexithymiques, non-conducteurs parmi les comédiens, sont des anticomédiens car ils ne mentent pas. Ce n'est pas par vertu, mais parce qu'ils se moquent de l'effet qu'ils produisent dans l'esprit de l'autre : « Je ne mens jamais. C'est trop fatigant. Je ne m'intéresse pas assez à ce que pensent les autres. Alors je dis la vérité », m'expliquait cet enseignant qui n'éprouvait d'émotion que lorsqu'il humiliait un enfant, grâce aux mathématiques.

Le décor, qui lui aussi joue la comédie, peut rendre les acteurs alexithymiques. Comme dans certains supermarchés où la fonction est tellement bien organisée que ce n'est plus la peine que l'épicière joue à l'épicière, il lui suffit de peser et d'agrafer le prix comme le ferait une machine.

En revanche, la modification des métabolismes par l'expression des émotions est totalement différente selon qu'on joue ou qu'on se contente de transmettre des informations. Certains comédiens, quand ils sentent que ça ne passe pas, somatisent par une accélération de leur cœur. D'autres somatisent par la peau : ils rougissent quand ils sont en difficulté alors que leur cœur continue comme un métronome [68]. En clinique, ceux qui ne parviennent pas à gouverner leurs émotions, avec des gestes et des mots, somatisent intensément, alors que leur apparence reste de marbre. « Ils éprouvent d'autant plus qu'ils jouent moins [69]. »

Nos comédies nous ensorcellent et nous permettent d'être-ensemble. Il suffit qu'un briseur de charme opère pour que le ravissement s'éteigne et que le groupe se dilue.

La technologie est une surlangue

Il se trouve que les hommes, par leurs progrès techniques, ont follement modifié le décor qui constitue la nouvelle écologie humaine. Les objets techniques ont bouleversé la scène où se joue la comédie humaine et changé la nature des incantations qui nous ensorcellent.

La technique est un ensemble de gestes et de choses utilisés traditionnellement qui permettent d'agir sur la nature afin de la modifier selon nos besoins et nos désirs[70].

La manipulation du réel n'a théoriquement rien de commun avec la manipulation des émotions que le réel déclenche en nous. Le premier donne le geste technique et le second le geste artistique. Il y a une différence fondamentale entre un ver de terre dont le comportement agit sur son milieu, ce qui le modifie, et un singe qui effeuille une branche dans l'intention d'agir sur son milieu afin de le modifier selon l'effet qu'il anticipe. Il effeuille une branche, parce que son cerveau lui permet de se représenter l'à venir de cette branche sans feuilles, adaptée au pertuis de la termitière. La manipulation du monde par le singe est rendue possible par la création évolutionniste d'un lobe préfrontal associé à une main, ce qui permet d'agir sur la branche afin de la façonner pour la rendre utilisable.

Même si l'intention est modérée, encore proche des perceptions du contexte, dès l'instant où un singe devient capable de fabriquer un objet et de l'utiliser plus tard et plus loin, en le transportant vers la termitière, il a changé sa représentation de lui-même dans son monde. En observant le spectacle des adultes qui enfilent une branche effeuillée dans la termitière afin de déguster les insectes, puis en s'y essayant à son tour, le jeune singe vient d'apprendre la technique de la pêche aux termites. Il éprouve qu'avec sa main il a pu façonner une chose et la transformer en objet qui agit sur son monde, selon ses propres images anticipatrices.

L'outil animal change son affectivité. Un singe lobotomisé, rendu incapable neurologiquement d'anticiper, ne fabriquerait plus de canne à pêche, alors qu'il continuerait à réagir à des termites agrippés sur une branche et à les déguster.

Jane Goodall raconte que des chimpanzés avaient colonisé son campement et s'intéressaient beaucoup à ses miroirs et à ses carnets de notes. Une femelle craintive et périphérisée osait à peine explorer les coffres, ce qui lui permit de découvrir une casserole abandonnée. En traînant l'objet sur le sol elle produisit une sonorité qui effraya les autres singes. Elle comprit aussitôt l'intérêt de l'objet et ne s'en sépara plus, ce qui lui permit de grimper dans la hiérarchie sociale ! L'usage de la casserole, en tant que producteur de sons effrayants, avait changé son image aux yeux des congénères. Et, se sentant renforcée par cet outil qui lui donnait accès à la domination, la femelle craintive devint sûre d'elle-même et autoritaire. La casserole, transformée en sceptre simien, avait bouleversé son aventure sociale [71].

L'effet fable de cette anecdote permet d'illustrer un double problème : l'acquisition progressive de l'outil dans le monde vivant et l'effet qu'il produit dans l'éprouvé du monde. Il faut un cerveau et un organe pour utiliser une chose et en faire un outil qui, dès qu'il est produit, modifie la manière dont on éprouve le monde.

Quand les cerveaux sont simples et ne peuvent traiter que les informations perçues, c'est un lieu du corps qui fait fonction d'outil : les mandibules broient, les pattes transportent, la trompe injecte le suc digestif et pompe le sang.

Les oiseaux savent trouver des solutions aux problèmes posés par des substances difficilement accessibles. Les corbeaux inexpérimentés vont chercher, pour construire leur nid, des matériaux de construction variés. Ils rapportent des tessons de bouteille, des boîtes de conserve et des petites branches. En quelques voyages, ils apprennent que seules les brindilles peuvent s'entrelacer. Alors ils renoncent aux objets durs inadéquats.

Les pinsons sont souvent cités comme exemple de radiation adaptative : quand leur bec est court, ils mangent des graines, quand il est effilé, ils percent des tunnels à l'intérieur des fruits, et quand ils ne peuvent attraper le ver de bois à l'intérieur d'un tronc d'arbre, ils ouvrent à coups de bec une galerie, vont chercher un piquant végétal et l'enfilent dans le pertuis pour embrocher l'insecte [72].

Les chimpanzés fabriquent les outils les plus performants : ils savent confectionner une éponge en mâchouillant des feuilles qu'ils posent sur la flaque d'eau dont l'accès est difficile. Ils prennent un bâton pour taper sur un léopard empaillé, ils empilent des caisses pour attraper une banane et comprennent même comment emboîter des tubes de canne à pêche, afin de la rendre suffisamment longue pour ramener un objet éloigné.

L'idée qui émerge de ces observations, c'est qu'un organisme peut utiliser un objet du monde extérieur et le mettre à la place d'une insuffisance de son corps pour appréhender un autre objet distant. Même raisonnement pour la parole : un objet de sonorités convenues est mis à la place d'un objet imperçu, pour le représenter.

On peut considérer que l'homme possède un organisme si déficient qu'il est contraint à chercher des prothèses pour le soutenir. À l'inverse, on peut considérer que son cerveau, le rendant capable de se représenter des objets imperçus, crée un espace psychique qui le pousse à inventer les outils et les mots pour y avoir accès.

L'image de l'homme déficient conquérant le monde à cause de sa faiblesse qui l'oblige à découvrir les prothèses techniques n'est que partiellement vraie. La phylogenèse du monde imperçu permet de proposer que l'homme appartient à l'espèce la plus apte à habiter un monde absent, qu'il peuple de représentations verbales et sur lequel il agit au moyen des techniques qu'il découvre et transmet.

Dans cet espace psychique, avant que la parole ne peuple le monde de l'imperçu, la technique crée une nouvelle écologie et change la manière dont nous nous éprouvons dans le monde. La chaise en tant que prothèse de pattes, l'avion en tant que prothèse d'ailes, les lunettes prothèses d'yeux, le biberon prothèse de sein et la boîte de conserve prothèse d'énergie, changent notre représentation de l'espace et du temps. Quand les chasseurs-cueilleurs vivaient dans un monde proche, ils devaient chaque jour se procurer leur énergie, alors qu'aujourd'hui, grâce à nos prothèses, l'espace et le temps sont dilatés comme si notre univers devenait immense. Sous l'effet de la technique, notre faiblesse s'associe à notre mégalomanie pour modifier le sentiment de soi.

Avant de maîtriser le feu, il y a cinq cent mille ans, j'imagine que les nuits étaient bien difficiles. On devait se blottir les uns contre les autres derrière un coupe-vent de pierres en demi-cercle. Dans la journée, on marchait côte à côte pour cueillir les herbes et attraper les insectes dont on se nourrissait. Nous étions souvent mangés par les tigres à dents de sabre. Mais, dès l'époque où, dans un éclair de cinquante à cent mille ans, Monsieur Debout (*Homo erectus*) a domestiqué le feu, nous avons changé notre manière de dormir, de nous nourrir et de nous protéger. Nous ne dormions plus en tas, flanc contre flanc, nous disposions nos corps en cercle autour du feu. Les spécialistes sont apparus. Certains savaient percuter deux silex ou frotter à toute allure deux bâtonnets de bois pour les chauffer jusqu'à prendre flamme. D'autres ont appris à cuire les aliments, ce qui impliquait de structurer le groupe autour du partage de la nourriture. La domestication du feu a permis par la suite d'autres découvertes techniques. On a pu fracturer les pierres pour en faire des haches, plier les bois de cerf pour en faire des lanceurs et inventer l'art de la terre cuite pour donner une forme palpable à la représentation d'un concept abstrait tel que la maternité ou la mort.

Dès qu'apparaît la technique, la représentation dans l'espace et dans le temps se modifie, et même la sensorialité n'est plus la même. La structure de l'être-ensemble se modifie quand on oriente son corps vers le feu et non plus vers le corps du voisin. Le groupe s'ordonne autour de la technique et non plus au corps à corps. Le feu, objet technique, vient à la place du corps de l'autre, comme le feront nos mots lorsqu'un discours, plus tard, structurera le groupe. L'organicité de l'être-ensemble change la forme de la sensorialité qui gouverne notre affectivité. Ce n'est plus le corps de l'autre qui nous donne chaud, c'est la manière de s'associer pour agir sur la source qui donne la chaleur.

Les spécialistes apparaissent en même temps que la transmission du savoir qui maintient la structure du groupe.

Une sorte de pensée en images prend forme, comme si l'on avait dit : « Je vois bien que celui-là en frottant des bouts de bois fait apparaître des flammes, alors que moi je n'y arrive pas. » La compétence du spécialiste est née en Éthiopie où les *choppers*, galets éclatés sur une seule face pour en faire un tranchoir, permettaient de découper la viande et de racler les peaux [73]. Cette aptitude acquise a dû ajouter une représentation d'image : « Celui-là sait faire éclater les galets... celle-là sait racler les peaux. »

Peut-être même l'amour des galets a-t-il joué un rôle dans la naissance de la phallocratie ? Les hommes lançaient des cailloux sur tout ce qui leur faisait peur. Or les animaux possèdent un système nerveux qui ne leur permet que de vivre dans un monde contextuel. Ils mordent ce qui les frappe, et non pas la source de ce qui les cogne quand elle est trop éloignée. Les tigres mordent la chaise qui s'approche d'eux, et non pas la main du dompteur qui tient la chaise. On peut imaginer que les animaux de l'époque attaquaient les galets qui les percutaient ou tombaient autour d'eux et non pas le lanceur à quelques dizaines de mètres. Or, dès les premiers mois, les petits garçons sont de meilleurs lanceurs que les petites filles. Et le développement anatomique améliore la performance mâle, parce que les filles sont embarrassées par la position de leurs coudes qui, comme leurs genoux, se disposent en dedans et gênent les lancers. Les garçons, encouragés par cette petite différence, s'identifient à leur exploit : « Je suis celui qui lance bien », et éprouvent du plaisir à s'entraîner, améliorant ainsi leurs performances. Vers l'âge de quinze à vingt ans, quelques années avant leur mort, les femmes, alourdies par les grossesses, étaient sécurisées par les hommes qui, en lançant les cailloux, détournaient les animaux. La mémoire pré-historique fonctionne encore aujourd'hui où l'on entend fréquemment des femmes avouer qu'elles sont « sécurisées par l'épaule d'un homme », alors qu'elles ont dix fois plus de diplômes et cent fois plus d'aptitudes à se socialiser dans le monde moderne où la compétence technique n'est plus due au lancer de cailloux mais à la manipulation de machines complexes. Or un thorax de femme, qui correspond à quarante pour cent de la musculature d'un thorax d'homme, associé au varus de ses coudes, est moins organisé pour lancer les cailloux, alors que ses doigts, conjugués au cortex et aux mots, lui donnent une compétence égale ou supérieure aux doigts et aux mots masculins.

Dès l'instant où l'homme a découvert le feu et le silex taillé, il a changé son rapport au monde. Il baignait moins dans un monde qui le pénétrait, car il pouvait agir sur lui et le mettre à distance. Le feu, le silex, les peaux raclées et les abris coupe-vent, non seulement structuraient le groupe et son affectivité, mais encore changeaient la représentation de soi dans le monde. Nous n'étions plus soumis au froid et aux bêtes qui nous mangeaient. Nous pouvions, grâce à nos pensées et à nos cailloux, agir sur le monde et le rendre conforme à nos besoins. Dès l'instant où la technique a changé la représentation de soi, elle a changé aussi la représentation du temps. La transmission des connaissances a fait naître la tradition [74]. Avant le feu et le caillou taillé, le corps des mères devait constituer le tranquillisant majeur. Les chimpanzés mâles, même dominants, quand ils sont stressés, se blottissent contre leur vieille mère, deux fois plus petite qu'eux, et l'écrasent sous leur poids en tremblant contre elle. On peut imaginer qu'avant l'apparition des premiers objets techniques nous nous sécurisions de la même manière en tremblant contre nos mères, comme le font les âgés qui, se sentant mourir, appellent encore « maman ».

Mais quand un petit garçon débarque au monde en sortant de sa mère, il tombe dans un milieu déjà structuré par la technique. Ses premiers tuteurs de développement lui sont fournis par le corps de sa mère lors des interactions précoces. Mais c'est un corps humain déjà historisé avant le langage, parce que le cerveau de la maman préhistorique, capable de mémoire, pouvait produire une sorte de récit en images, une histoire sans paroles. Et le milieu, déjà technicisé par la tradition, les poussait à s'orienter autour du feu, à partager la viande cuite, à admirer les lanceurs de cailloux et à voir l'imperçu, matérialisé par des peintures et des statuettes qui représentaient la mort ou la maternité.

Hérédité et hérité

Dès que la technique apparaît, l'hérédité se relativise, et l'héritage devient une force façonnante. L'artefact technique et artistique prend sa puissance créatrice en structurant le milieu, au-delà du corps des femmes. Une mère apeurée ne constitue pas le même socle affectif qu'une mère sécurisée. Et son alentour n'a déjà plus la même structure sensorielle pour un petit garçon ou une petite fille, selon qu'elle se sécurise autour d'un lanceur de cailloux ou contre sa propre mère. Désormais, l'héritage des objets et des gestes constitue la matérialité du monde qui entoure un enfant et participe à son façonnement. L'héritage de l'outil infléchit les conditions de développement d'un programme génétique. Et la tradition devient tuteur de développement.

La mutation du signe se prépare. Les lanceurs de cailloux ont changé la représentation de soi et sexualisé le monde, tandis que les domestiqueurs de feu ont structuré le groupe et inventé les spécialités. Le rapport au monde est chamboulé, alors que le langage est encore rudimentaire.

Les animaux, aujourd'hui, s'orientent sur la chose qui les attire ou les repousse, les stimule ou les indiffère. L'ensorcellement, pour eux, est immédiat ou proche. Mais ils ne sont ni réflexes ni machines. Ils savent faire un détour, s'éloigner de l'objet qu'ils convoitent pour mieux s'en approcher. Certains savent même chercher autour d'eux les choses à transformer en outils pour agir sur une autre chose. Mais toujours, dans leur monde, l'ensorceleur est proche.

L'homme, lui, sait fabriquer un objet technique qui transforme son monde et agit sur l'imperçu. Il modifie un tibia de renne avec son articulation pour en faire un lanceur de silex pointu. Il dessine un bison sur un bombement rocheux pour rendre ainsi présent le gibier imperçu. Le réalisme technique est obligatoire, sinon ça ne marcherait pas. Mais ce qui est remarquable, c'est que son action réelle sur un monde imperçu en fait l'analogue d'une pensée magique. Le geste du lanceur ou le dessin de l'artiste agissent sur le monde en donnant à voir et à éprouver la réalité de l'incantation. Quand plus tard il dira : « Sésame, ouvre-toi », il ne s'étonnera pas que ses mots agissent sur la pierre, puisque, depuis des centaines de milliers d'années, il réalisait le même procédé avec des objets techniques et des œuvres d'art. Et ça marchait ! Quand nous appuyons sur un bouton de télécommande et que nous voyons ce qui se passe à l'autre bout du monde, le « Sésame, ouvre-toi », aujourd'hui, s'est fait zappeur.

Le marqueur du passage de la nature à la culture n'est donc pas seulement l'interdiction de l'inceste. C'est une aptitude neurologique à produire un monde de représentations où les techniques et les œuvres d'art s'associent aux énoncés pour créer et rendre présent un monde auparavant imperçu. Que ce soit le feu qui chasse les animaux que je ne vois pas, le dessin qui fait surgir le bison qui n'est pas là ou l'énoncé qui dit ce qu'est un crime, le monde imperçu est vivant, présent dans le réel... comme par magie.

La tradition animale se fait au corps à corps : la structure comportementale de la mère, en donnant forme à ses émotions, imprègne le comportement du petit qui devient dominant quand sa mère est dominante, et craintif quand elle est malheureuse. C'est par contagion émotionnelle que se transmet la tradition animale.

Nos enfants aussi sont imprégnés par l'émotion heureuse ou malheureuse de leur mère puisque, au cours des interactions précoces, elle constitue le monde sensoriel du nourrisson. Mais, dès les premiers gestes, les comportements de la mère sont aussi structurés par le monde de ses représentations et de celles de son groupe social : « Je n'aime pas cet enfant parce que c'est un garçon et que je ne pensais pas que mon corps aurait pu porter un garçon. » Cette représentation intime structure des comportements d'évitement, de dégoût ou de la non-rescousse qui façonnent un type de développement de l'enfant. De même, l'énoncé mythique qui, chez les Bambaras, dit qu'il faut lancer les garçons en l'air pour qu'ils ne deviennent pas peureux structure autour du petit garçon un champ comportemental qui gouverne un développement différent de celui d'une petite fille. La tradition humaine, permise par le langage, véhicule une représentation énoncée il y a peut-être des milliers d'années, mais qui façonne encore aujourd'hui certains comportements virils.

Le simple empirisme d'une sage-femme s'installant dans un village breton, au XIXe siècle, a radicalement modifié la mortalité des enfants. Les parents, moins angoissés par la mort qui les hantait, ont osé s'attacher aux nourrissons dont le développement s'est métamorphosé. Le fait de savoir que la mort s'éloignait a changé le style des interactions précoces, modifiant radicalement l'environnement affectif du bébé.

La variole est un fait d'observation facile, mais, plus nous produisons des connaissances techniques à son sujet, plus le discours social change. Au XIVe siècle, nous savions décrire correctement l'éruption pustuleuse, la mort qui s'ensuivait souvent et son aspect épidémique. Un grand nombre de penseurs avaient alors remarqué que seuls mouraient ceux qui avaient désobéi à leur père. Il a fallu attendre la fin du XVIIe siècle pour que Sydenham découvre que c'était « la constitution de l'air » qui produisait l'altération humorale [75]. Nietzsche lui aussi expliquait ses hallucinations par le mauvais air ambiant. Mais les parasitologues qui, au XIXe siècle, avant Jenner, avaient découvert que les chèvres souffraient de la même maladie, n'ont pas cherché à découvrir les biquettes qui avaient désobéi à leur père ou respiré un mauvais air, ils ont supposé une cause infectieuse. Il aura fallu six siècles d'évolution technique pour que la variole quitte le domaine de la faute et soit attribuée à un virus.

Notre cerveau ne changera pas au cours des générations à venir, même si certains généticiens prophétisent une mutation proche. En revanche, nos représentations sont chamboulées par la moindre découverte technique. La facilité des voyages ne donne plus la même perception du

monde, la télévision rend la terre plus petite, et les ingénieurs chinois qui résolvent sur Internet les problèmes que
les ingénieurs allemands leur ont posés avant d'aller se coucher travaillent ensemble sur un même chantier, alors
qu'ils habitent aux antipodes [76].

Homo faber possédait un cerveau décontextualisateur,
qui changeait la structure sociale de son groupe et sa représentation du monde. Mais il vivait encore dans un contexte
proche, soumis aux variations du climat, au voisinage avec
la faune, et au corps à corps avec ses familiers. *Homo cyber*,
lui, échappe à la proximité des informations. Alors que son
cerveau n'a pas changé, il vit dans un monde presque uniquement composé de représentations d'images et de mots.
Nous vivons constamment dans un monde de prothèses : le
lit où nous dormons, les vêtements dont nous nous cou-
vrons, les aliments que nous mangeons, nos moyens de
locomotion, ne sont que des machines visant à suppléer
nos déficiences et à les transformer en performances extraordinaires. Mais ce qui remplit notre mental n'est pas une
prothèse. Au contraire même, nos mots et nos techniques
produisent un autre monde qui nous prolonge à l'infini.

Les émotions que nous y éprouvons, les modifications
biologiques qui s'ensuivent et nos représentations narra-
tives ne sont plus de même nature. Elles ont muté.

La représentation du monde n'est plus adaptée au
contexte, mais à la mondialisation du savoir, à la virtualisa-
tion de nos perceptions. Nos yeux et nos oreilles ne nous
servent, dans ce monde-là, qu'à percevoir les signifiants
minuscules qui véhiculent et engendrent une représentation majuscule.

Dès les premiers jours de notre vie, les tuteurs de nos
développements appartiennent à d'autres, à notre mère, à
sa famille, à son groupe social et à ses ancêtres. À peine
nés, nous devons vivre et nous développer en direction de
mondes imperçus. La sensorialité qui entoure le nourrisson
humain et l'imprègne biologiquement est déjà structurée
par un savoir accumulé, un héritage. Les connaissances
amoncelées par sa famille et par sa culture depuis des millénaires organisent les gestes, les objets et les mots qui, dès

les premières interactions, invitent l'enfant et le contraignent à l'intelligence collective.

L'imperçu agit sur l'enfant dont le monde est structuré par une phrase énoncée depuis des milliers d'années, ou un objet inventé par un ancêtre. À son tour, l'enfant agit sur le monde en appuyant sur un bouton ou en articulant une phrase. La technique et les mots, en donnant vie à l'imperçu, engendrent la magie du quotidien. Allez ne pas croire à la sorcellerie après ça !

La différence entre les deux mondes est d'ordre émotionnel. La magie des mots « Sésame, ouvre-toi », ou « Maman, chocolat », nécessite une empathie et un partage du monde engendré par la coprésence. Alors que la magie technique de « 3615 Internet » permet la rencontre avec la représentation d'un autre, mais n'exige pas forcément sa présence. La magie des mots provoque une extase collective, une émotionnalité palpable qui explique le mauvais plaisir des rumeurs ou de l'amour éprouvé par les foules, alors que la magie des machines invite au plaisir solitaire. Dans les sociétés de la magie verbale, chaque individu est un équivalent de l'autre puisqu'ils adorent la même idole, le même chef ou la même phrase. La compréhension n'est pas nécessaire quand on assiste à un discours, intellectuel ou politique. La théâtralisation des mots, le simple fait de choisir les vêtements conventionnels et de se rendre au rendez-vous créent un événement émotionnel, un instant d'existence qui euphorisent les participants.

Alors que dans les sociétés de la magie technique les individus s'organisent en réseaux virtuels unis par l'émission d'une représentation qui rencontre la représentation d'un autre, alors que les corps ne sont pas coprésents.

Les mots, les chants, les mises en scène et les récits lient le plus grand nombre. Alors que les réseaux techniques, en permettant de rencontrer des analogues de soi, provoquent le plaisir des minorités et le largage du plus grand nombre.

La technique, détachée des corps, engendre un monde de représentations hypersémantisées où les émotions sont provoquées par des signes presque parfaits, ni pollués ni amoindris par les signifiants. Le monde sensible n'est plus convoqué par la perception de l'autre mais par sa représentation. Coupés du réel perceptible, nous pouvons désormais délirer le plus logiquement du monde.

C'est le triomphe de l'empathie. Au cours de son ontogenèse, les enfants très jeunes ne se mettent pas à la place de la sauterelle dont ils arrachent les pattes, le plus gentiment du monde, pour voir comment ça marche. Les adultes pervers arrêtent l'ontogenèse de leur empathie à ce niveau, quand ils abusent sexuellement des enfants, en soutenant que c'est un acte d'amour. Lorsqu'ils poursuivent leur maturation, les enfants se mettent à la place de la sauterelle et éprouvent avec horreur l'arrachage des pattes, comme si on leur arrachait leurs propres jambes. L'identification à l'insecte témoigne d'une fusion des mondes mentaux où l'enfant attribue à l'autre son propre monde, sans penser qu'il peut y avoir une séparation et une différence. C'est à ce niveau de l'empathie que s'arrêtent certaines personnes pour qui les hommes et les animaux sont l'impression qu'ils leur font. Ils attribuent à l'animal l'innocence et l'amour qu'ils éprouvent pour lui.

La dialectique de l'amour pur, souillé par un homme au pouvoir arrogant, crée une pensée impressionniste qui ne tient pas compte de l'exploration du monde des autres, si souvent pleine de surprises. La quête exploratrice des autres constitue le stade adulte de l'empathie, auquel on accède parfois. Enfin, le monde technique ajoute une super-empathie où l'on accède directement aux représentations des autres, sans avoir à passer par la coprésence des corps, ni par l'émotion partagée. L'hypersémantique de l'univers technique permet d'échapper au contexte sensoriel et de se détacher des particularismes. Les mondes concrets cèdent la place à un monde universel proche du langage mathématique. Les prouesses techniques créent une mondialisation du savoir qui bouleverse l'héritage des hommes. L'ensorcellement ne se fait plus au corps à corps, ni au mot à mot, il passe aujourd'hui par l'affichage d'une formule universelle.

Un savoir non partagé humilie ceux
qui n'y ont pas accès

La tragédie commence alors, car une telle victoire de l'intelligence désaffective le monde. Ce qui explique que tant d'individus et de groupes culturels haïssent l'intelligence. Les intellectuels ignorent à quel point un savoir non partagé se transforme en humiliation pour ceux qui n'y ont pas accès. Cette haine est parfois justifiée parce qu'un bon nombre d'entre eux se sert de son savoir pour humilier, au moyen de quelques formules mathématiques ou de quelques phrases bien senties, le pauvre bougre qui ne les comprend pas. Dans de nombreux groupes sociaux, le jeune qui veut entreprendre des études est considéré comme n'étant pas tout à fait viril, puisqu'il refuse d'« aller au charbon » et veut rester avec les filles, bien au chaud, à étudier. Les enfants d'immigrés italiens ou portugais, qui viennent pourtant de cultures très belles, racontent souvent que leurs pères, estimant que la lecture est une activité de paresseux, jetaient furieusement les livres que les enfants lisaient en cachette. Les nazis n'avaient que faire de l'intelligence. Ce qui comptait pour eux, c'était un caractère bien trempé, « un fonceur [77] », fier d'appartenir à la race de bonne qualité. Les intégristes de tout poil, laïques ou sacrés, n'attendent que l'occasion qui leur permettra d'interdire le cinéma et les cassettes, l'intelligence facilitée par la technologie. Et même l'instruction, qui, fondée sur une variété de lecture, empêche le monopole intellectuel d'un seul livre, sera éprouvée comme un blasphème, car elle relativise la parole de celui qui dit la vérité religieuse, politique ou philosophique.

Ceux qui éprouvent du plaisir à découvrir les mondes virtuels aiment s'arracher aux déterminants du gène, du sexe, du sol et du social. En s'imaginant comme déterminés par eux-mêmes, ils ne se rendent pas compte que leur victoire intellectuelle angoisse et humilie ceux qui aiment se soumettre aux déterminants du gène, du sexe, du sol et du social. Car la soumission aux prothèses identitaires est délicieuse. C'est merveilleux d'appartenir à une race ou à une classe supérieure. Et même à une caste inférieure, c'est agréable, tant on éprouve un curieux plaisir à se soumettre à une loi sociale ou dite naturelle. « Je prends ma place dans l'ordre social qui s'impose à moi... Je prends racine dans le sol où je viens au monde depuis mille ans... J'accepte ma condition sexuelle qui veut que les hommes aillent à la guerre et que les femmes enfantent. »

Les inventeurs de signes se sentent déterminés par l'intérieur. Libres de construire le monde qu'ils pensent et qu'ils désirent, ils n'hésitent pas à le désordonner pour mieux l'inventer. Alors que les respecteurs de mythes se sentent déterminés par l'extérieur. En se soumettant à un récit, une loi biologique ou divine, ils éprouvent la belle impression de participer à l'ordre de l'univers. Chacun angoisse l'autre et l'éprouve comme un agresseur. Ceux qui veulent désordonner le monde, pour mieux s'y sentir libres, angoissent ceux qui veulent le pétrifier, pour s'y sécuriser.

Cette guerre des représentations explique pourquoi, lors des catastrophes sociales, les intellectuels sont les premiers persécutés. Les nazis ont brûlé les livres et déporté les binoclards qui déclenchaient une impression d'intellectualité, au Rwanda on les abat, en Roumanie on les a tabassés.

Or la technologie a réussi, ces dernières décennies, des progrès tellement extraordinaires qu'elle a désordonné les représentations du monde. Elle a réalisé au XXᵉ siècle ce que les navigateurs, les philosophes et les écrivains avaient fait au cours des siècles précédents : découvrir des mondes mentaux inconnus. Ceux qui aiment le bouillonnement des idées, parce qu'il donne un goût de liberté, ont baigné dans l'extase jusqu'au jour où, admettons 1965, la technologie a changé de sens : « On ne s'investit pas dans la mondialisation comme on s'investit dans une idéologie à prétention universaliste comme le christianisme ou le communisme [78]. » Le mondialisme technique a dilué le sentiment d'appartenance, alors que le christianisme ou le communisme le renforçaient lors des rituels de réunions hebdomadaires, des lectures et des commentaires quotidiens.

Le sentiment d'outil empêche l'attachement, tandis que le partage d'un récit unit ceux qui l'entendent. Les Inuits n'hésitent pas à maltraiter le chien de traîneau qui, par ses troubles comportementaux, diminue la performance de l'équipage, alors qu'ils ont toutes les indulgences pour le chiot qu'ils ont donné à leurs enfants et qui ne cesse de faire des bêtises. On tuait les chevaux de la mine quand ils vieillissaient, alors qu'aujourd'hui, où on ne les monte que pour le plaisir, on leur offre des « écuries de retraite [79] ».

Entre hommes aussi le principe reste valable : plus on utilise l'autre, moins on s'y attache. Les adultes qui font travailler les enfants, comme en Angleterre au XIXe siècle ou dans certains pays pauvres actuellement, s'étonnent de notre indignation qu'ils interprètent comme le jugement méprisant d'un nanti : « Un enfant travaille bien, ne coûte pas cher, ne se met pas en grève et nourrit sa famille. » Ce raisonnement qui nous choque, nous le tenons nous-mêmes à l'occasion des greffes d'organes quand le technicien voit le cadavre dont il pourrait utiliser le cœur encore battant, alors que la famille reste attachée à celui qui vient de mourir et qui demeure un père, un oncle ou un enfant et non pas un porte-organne de cœur, de rein ou de cornées.

En cette fin du XXe siècle, une petite fille qui s'imagine comme une femme à venir se représente sa future biographie avec une espérance de vie de quatre-vingt-cinq ans (autant dire l'immortalité), une bonne réussite scolaire qui lui permettra une agréable socialisation, en attendant quelques mois de maternité heureuse, entourée par un compagnon qui n'entravera plus son épanouissement personnel et social.

Cette biographie de rêve moderne n'est possible que dans un contexte social et culturel où l'intelligence est une valeur. La force musculaire et le poids sont devenus des qualités dérisoires. Ce qui n'était pas le cas jusqu'aux années 1950 où il fallait charger à toute allure des wagonnets de charbon jusqu'à en éprouver de la douleur dans les épaules. Et, lorsqu'un homme se déchirait un muscle, sa famille ne mangeait plus, car les femmes de mineurs étaient payées chaque soir [80].

Quand j'étais enfant, j'entendais raconter l'histoire quasi mythique de l'homme fort du village, qu'on avait appelé un jour de moisson où une charrette s'était renversée en travers du chemin. On avait dû interrompre la récolte alors que la pluie approchait. L'homme s'était glissé à quatre pattes sous la charrette et d'un effort gigantesque, en se relevant, avait redressé la charrette et sauvé la moisson. Nous l'admirions beaucoup, malgré sa taille épaisse, tellement sécurisante.

Quel est le bénéfice, aujourd'hui, d'un poids lourd ? En quelques décennies, cette morphologie est devenue une valeur désadaptative car elle ne sert à rien, face à un ordinateur, dans le métro, ou dans une voiturette de ville.

Plus notre écologie devient technique, moins les sexes ont besoin de se différencier. Dans les cultures dépourvues de biberons, une mère qui ne sent pas monter son lait est condamnée à voir son enfant mourir, à moins qu'une autre femme soit capable de donner le sein au nourrisson. Dans une telle culture, le corps à corps assure une fonction de survie.

En Nouvelle-Guinée, où la jungle épaisse, la cordillère escarpée, les cultures persécutrices et les sept cents isolats linguistiques ont freiné l'expansion des techniques, l'anatomie est encore un destin. Un petit garçon sait qu'il ne traversera pas la vie sans se battre. Il doit très tôt apprendre à lancer le javelot, épointer les flèches et courir longuement sur le flanc raide des montagnes. La transmission des techniques exige une culture de traditions pour échanger les savoirs à travers les groupes voisins et les générations.

Lorsqu'une catastrophe culturelle isole un groupe et altère les échanges, l'évolution technologique peut régresser. Quand les Papous ont été chassés des côtes de Nouvelle-Guinée par des individus à peau claire venus d'Asie, ils ont oublié la technique des outils de pierre polie et sont revenus aux outils taillés par éclats [81]. Ce genre d'observation me paraît important. L'évolution biologique s'impose aux êtres vivants sans leur demander d'autre participation que d'y adapter leur corps, s'ils le peuvent. L'évolution technologique mime l'évolution biologique, parce que pour réussir elle doit découvrir, utiliser et transmettre les structures de l'univers et de la matière vivante. Une technique

qui ne respecterait pas ces « lois » de la nature ne marcherait pas. En revanche, une technique peut servir de base
pour découvrir une autre technique, au point que l'emballe-
ment des découvertes est exponentiel. Mais un événement
historique, lui, peut interrompre la chaîne et arrêter l'évolution. Parce que l'histoire est soumise à des édits, à des
récits, bien plus qu'à des phénomènes.

Technologie et sentiment de soi

Une découverte technique, en changeant l'écologie perceptible, change les mœurs et le sentiment de soi. La
découverte du licol a joué un rôle non négligeable dans la
disparition de l'esclavage. La bricole, collier de cou, étouf-
fait les chevaux à partir d'une charge de soixante kilos [82]. Il
fallait plusieurs dizaines d'hommes et parfois des centaines
pour tirer des charges lourdes sur des passages délicats.
Dès que le licol, collier d'épaule, a été mis au point, la force
motrice du cheval a été décuplée. L'homme cessait d'être
moteur. Il a été remplacé par le cheval, qui lui-même le
sera plus tard par le cheval-vapeur.

La contre-expérience a été réalisée par les civilisations
qui n'ont connu ni le cheval-moteur, comme les Aztèques,
ni le bœuf-moteur, comme en Mésopotamie. Dans ces
contextes-là, c'est l'homme qui est resté moteur. Le volume
de ses cuisses et la largeur de son dos constituaient encore
une valeur culturelle.

Actuellement, un couple qui achète une voiture, un
chauffage central et une machine à laver possède, sous
forme de robots domestiques, l'équivalent de cinquante
esclaves. Si une catastrophe économique venait à faire disparaître ces robots, je suis convaincu que des hommes et
des femmes loueraient à nouveau leur dos et leurs mains
pour les remplacer.

Et même les productions artistiques sont influencées par
l'écologie technique. À l'époque où les bœufs étaient attelés,
les laboureurs chantaient la briole [83]. Les premiers folklo-
ristes ont interprété ces chants comme des incantations
sacrées, alors qu'il s'agissait simplement de donner une

forme chantée au rythme des animaux. Dès que le premier tracteur est apparu, le chant du laboureur a disparu. Peut-être parce que les paysans qui ont tout de suite acheté des tracteurs étaient ceux qui n'aimaient pas les bœufs? Peut-être aussi chantaient-ils faux?

Aujourd'hui, dans nos trains modernes, ceux qui mettent un casque d'écouteur signifient par cet objet technique qu'ils ne pourront pas parler. Alors que dans les trains de nos anciens, ou dans ceux des pays pauvres, on partage le bout de pain, on raconte sa vie et on participe au jeu de cartes du compartiment.

La technique, autant que la démocratie, en améliorant les performances individuelles, isole les personnes : « On oublie aisément ceux qui nous ont précédés et ceux qui nous suivront [...]. Ainsi, non seulement la démocratie fait oublier à chaque homme ses aïeux, mais elle lui cache ses descendants et le sépare de ses contemporains : elle le ramène sans cesse vers lui seul et menace de le refermer enfin tout entier dans la solitude de son propre cœur[84]. »

Dans un monde technique et démocratique, les personnes se développent mieux mais, si elles ne veulent pas se laisser isoler, elles doivent apprendre à établir des contacts virtuels et à préserver des liens émotionnels.

L'imprimerie au XVe siècle a inventé une autre manière d'être homme, le lecteur qui a fait circuler des récits, des idées et des dogmes. Avec la machine à vapeur, au XVIIIe siècle, la locomotion a cessé d'être organique pour devenir mécanique. Puis le moteur à explosion nous a permis de ne plus coller au train des chevaux pour ramasser le combustible de leurs crottins. Avec l'apparition récente des procréations médicales assistées, non seulement les humains ne sont plus soumis aux chaleurs des cycles et des saisons, mais en plus ils peuvent stocker les embryons issus de leurs organes sexuels et les congeler pour qu'un autre les réchauffe et les fasse vivre après la mort des « parents » donneurs de gamètes.

L'organicité est indispensable, sinon nous ne serions pas là, mais, depuis quelques décennies, elle est réduite à la portion congrue, enfouie sous des tonnes de superstructures de signes et de techniques.

L'idée que la technologie mime la nature en nous en éloignant est facilement illustrable par la maîtrise actuelle de l'ovulation. La stéréotypie consiste à dire que la biotechnologie moderne contrôle les naissances en bloquant l'ovulation, et que ce non-respect des lois naturelles provoquera le développement de perversions sexuelles et la flambée des cancers. Un tout petit survol de l'histoire de la fécondité mène à des conclusions différentes. Il y a quelques siècles, l'âge de la puberté était plus élevé, vers quatorze-quinze ans. Souvent les femmes mouraient en couches vers l'âge de trente-six ans, leurs treize grossesses mettaient au monde sept enfants qu'elles allaitaient pendant plusieurs années afin d'en mener trois ou quatre à l'âge adulte. Ce qui mène à la proposition suivante : les règles étaient rares ! Les femmes n'en avaient que pendant cinq années ! Aujourd'hui, où la puberté apparaît plus tôt et que la ménopause est constante chez des femmes qui vivent quatre-vingt-trois ans, elles mettent au monde moins de deux enfants, les allaitent brièvement, et sont réglées pendant une quarantaine d'années ! Ce qui revient à dire que, jusqu'au XXe siècle, la condition naturelle des femmes provoquait un blocage de l'hypothalamus qui ne stimulait plus l'ovulation... comme le reproduit aujourd'hui la pilule. Le contrôle biotechnique de l'ovulation n'est pas si antinaturel qu'on le dit, puisqu'il repose sur l'utilisation d'une « loi naturelle [85] ».

La représentation de soi, elle, en revanche, est totalement changée par cette maîtrise biologique. Une petite fille, au moment où son identité sexuelle se construit, ne s'imagine plus comme une femme passive dans laquelle un homme plantera treize promesses d'enfants qu'elle devra porter. Elle rêve son avenir comme le récit d'une personne qui ne consacrera qu'un seul chapitre à la maternité. L'étayage technique autour de la naissance, l'amélioration de la prise en charge des tout-petits par les crèches et par les maternelles qui sont souvent devenues plus épanouissantes que bien des foyers, la protection sociale qui assure une meilleure possibilité d'action extra-familiale, améliorent la personnalisation des mères et amoindrissent la nécessité du père. Une bonne technologie lors des petites années et un État bien organisé remplacent les pères avantageusement. La place de l'homme auprès des mères devient celle d'un compagnon affectif dont elles partagent l'aventure humaine. Ce n'est plus l'autorité d'un père qui sauve sa famille en travaillant, représente l'État dont il énonce la loi et en profite souvent pour y glisser la sienne. L'évolution technique et l'amélioration sociale structurent autour des enfants des champs sensoriels et signifiants qui les façonnent de manière totalement différente. En une ou deux générations, les tuteurs de développement ont fait la révolution.

Ce n'est pas la première fois qu'un tel phénomène arrive, et peut-être même les révolutions et les catastrophes sont-elles caractéristiques de l'évolution. Il y a trois milliards d'années, les micro-organismes étaient heureux sur terre. Ils s'y plaisaient tellement qu'ils s'y sont développés au point de transformer l'atmosphère en l'enrichissant en oxygène. Mais, au taux de vingt pour cent d'oxygène, d'autres formes de vie sont apparues dans cette nouvelle atmosphère qui convenait moins aux micro-organismes [86].

Peut-être même l'intelligence humaine, en découvrant de nouvelles techniques et en passant d'autres contrats sociaux, va-t-elle créer les conditions de notre disparition, ou de la naissance d'une surhumanité ?

Quoi qu'il en soit, la seule permanence, depuis le début de la vie, c'est le changement. Et la technologie qui mime l'évolution modifie la représentation de soi, ce qui entraîne de nouveaux contrats sociaux qui, eux, ne miment pas l'évolution.

L'étrange accouplement de la technologie et de l'histoire produit des événements qui ne cessent d'inventer la condition humaine.

La réunification des deux Allemagnes constitue une expérimentation naturaliste pour défendre cette idée. L'Allemagne de l'Est, aux performances techniques moyennes, avait préservé la solidarité du corps à corps. On sonnait chez le voisin pour demander du beurre ou regarder la télé. Alors que l'argent, dans l'Allemagne de l'Ouest,

qui permettait de consommer de nombreux produits techniques, avait presque institué la solitude, comme à Paris
aujourd'hui. À Berlin, on entend parler de « cocon » du
socialisme, que l'on oppose aux performances individuelles
qui ne sont possibles qu'en « déchirant le tissu social [...] où
les individus livrés à eux-mêmes ont dû construire leur
propre identité [87] ».

L'évolution technologique vient pourtant de connaître
une fracture prévisible. À force de créer des mondes virtuels et de les faire exister dans le réel, à force d'habiter des
mondes imperçus à des distances planétaires, à force de
diluer le lien social en améliorant les performances d'une
minorité d'individus, à force de construire mille identités
passionnantes et différentes, il devient presque impossible
de vivre ensemble. Dans les grandes villes, la civilisation est
devenue grumeleuse. Les personnes ne se rencontrent qu'à
l'intérieur d'un même monde partageable : les médecins
fréquentent des médecins, les ouvriers ne se sentent à l'aise
que dans un monde ouvrier, et les habitants d'un quartier
éprouvent l'impression de se sentir à l'étranger dans le
quartier voisin. Les liens sont fragiles quand la distance est
grande. Les groupes de même niveau intellectuel et de
même préoccupation psychologique ou financière se structurent en réseau au-delà des frontières, mais quand le correspondant américain meurt, son homologue français ne
porte son deuil qu'en une seule phrase de quelques
secondes.

Le plus important dans la dilution du lien social, c'est
que la technologie, qui à l'origine impliquait la tradition,
vient aujourd'hui de la déchirer. Les enfants étaient admi-
ratifs de leurs parents à l'époque encore récente où ils
apprenaient à fabriquer un piège en regardant leur père, ou
à cuire une tarte en bavardant avec leur mère.

Aujourd'hui, ils n'ont plus rien à apprendre de leurs
parents largués par une culture de jeunes où ils ne se
reconnaissent pas. La déchirure s'est peut-être faite vers
1965 quand la bombe atomique a changé de sens. Quand
j'étais enfant, Hiroshima signifiait la fin de la guerre et
l'économie de millions de morts. On allait enfin recommen-

cer à vivre et à bâtir. Le souffle de la bombe au Japon a entraîné une explosion de joie en Occident, suivie, comme par hasard, d'une gaieté sexuelle qui a provoqué le baby-boom des années 1950. Le discours a changé vers 1965 quand on a découvert que la bombe, vingt ans plus tard, tuait encore et que, peut-être, on aurait pu l'éviter. À la même époque, on a commencé à murmurer que la technique engendrait plus de maléfices que de bénéfices. La pilule allait provoquer des cancers et dévergonder les mœurs, les voleurs oseraient passer à l'acte grâce aux tranquillisants, les médicaments devenaient plus dangereux que curatifs. Dans l'ensemble, le discours occidental nous racontait que la culture elle-même devenait menaçante. La technologie serait « un bluff, un tourbillon qui n'apporte pas grand-chose [88] ». L'univers du gadget produisait une pantalonnade qui pare de science un discours métaphorique, tel que celui de l'intelligence artificielle ou de la guerre des étoiles, et engendre en fait le monde de l'inutile et du chômage.

On entend aujourd'hui un discours nouveau qui émerge du brouhaha : la démocratie, en nous donnant de la liberté, nous conduit à des sociétés hétérogènes où les individus sont isolés, tandis que la technologie qui permet d'étonnantes performances pulvérise le lien social et nous soumet à l'inutile « terrorisme feutré de la technologie [89] ».

L'effet liant du savoir ne fonctionne plus. Les parents ne servent à rien. Et l'amélioration des protections sociales, en sauvant les individus, dilue le lien social, au nom de la solidarité. Chacun survit, seul dans son coin avec sa petite allocation.

Il y a peut-être là une explication possible du retour de la violence archaïque. Quand les générations sont coupées des précédentes, au point que chacune considère l'autre comme un Martien agressif et ne peut en attendre que la transmission d'âneries désuètes ou de transgressions choquantes, on se retrouve dans la situation socioculturelle décrite dans *Sa Majesté-des-Mouches*, quand après un naufrage les enfants seuls sont sauvés et débarquent sur une île déserte. Contraints à recommencer l'aventure humaine, ils redécouvrent le feu et s'organisent autour de lui, ils se mettent à chasser en sexualisant les rôles sociaux, ils se répartissent les tâches, refont des clans et repartent en guerre[90].

Nos enfants, qui ignorent leurs anciens, les méprisent et parfois même les agressent[91], se retrouvent dans la situation où ils habiteraient une île, désertée par l'humanité, mais peuplée de machines dont ils seraient les seuls à savoir se servir. Cette idée absurde est réalisée par le « sexe cybernétique » où les amants télématiques jouissent physiquement grâce à un matériel porno-informatique, sans jamais se parler, ni même se rencontrer.

Ceux qui parmi nous ne bénéficient pas de ces progrès techniques, ou démocratiques, vont, comme les enfants de *Sa Majesté-des-Mouches*, redécouvrir le bénéfice du clan et les horribles merveilles de la guerre. Alors ils diaboliseront la technique qui a brisé les liens et la démocratie qui les a isolés. Une place est libre. Elle attend un « Sauveur ».

La technique et la démocratie, en améliorant la personnalisation des hommes, leur a permis d'être moins ensorcelés, ce qui les désespère. Car être ensorcelés, ravis, possédés et charmés constitue un grand moment de bonheur pathologique dans une vie d'homme. Peut-être même les sorciers sont-ils à l'origine de l'invention du symbole ? Car rien ne nous ensorcelle plus que la représentation de la mort.

Le théâtre de la mort

Pour décrire l'apparition de la réflexion humaine, on a beaucoup parlé de la fabrication des outils il y a trois millions d'années, de l'émergence du langage doublement articulé il y a sept cent mille ans, et de la domestication du feu il y a cinq cent mille ans, mais on n'a pas assez réfléchi à la théâtralisation de la mort il y a cent mille ans.

Il est possible que les premiers rituels funéraires aient été effectués après la mort d'un néandertalien en Iran ou en Israël[92]. L'Homme debout, il y a dix millions d'années, subissait, comme les animaux, la double contrainte des milieux biophysiques externes et internes. Il devait immédiatement répondre aux stimulations de la faim, de la soif, du sommeil, du froid et du danger. La nécessaire synchronie perceptuelle l'a rapidement poussé à rechercher des abris coupe-vent, des galets tranchants et des lits de feuilles qu'il devait aménager aussi bien que les grands singes savent aujourd'hui le faire. Mais, quand ses outils lui ont permis d'agir sur le monde, quand le feu a structuré le groupe familial, quand les gestes de la bouche ont exprimé des émotions et des intentions, cet ensemble a créé un espace humain où la synchronie perceptuelle a été relativisée. L'homme ne pouvait plus jeter le corps de quelqu'un qu'il avait aimé. Il fallait faire autre chose.

Monsieur Neandertal percevait certainement que l'aimé était devenu cadavre, mais il ne pouvait se résoudre à l'abandonner par terre. Déjà, le comportement des grands singes est fortement désorganisé par la perception du cadavre d'un être d'attachement. Ils tournent autour de lui sans pouvoir s'en détacher, jusqu'au moment où le corps pourri n'évoque rien pour eux. Ils peuvent alors s'en détacher et redevenir autonomes. Pour Neandertal, le cadavre n'était pas une chose pourrissante. Dans sa mémoire et dans ses évocations, c'était encore un proche-aimé, mort. Comme il ne pouvait ni continuer à vivre avec lui ni se résoudre à le jeter, il a soudain trouvé un truc pour s'adapter à ces deux contraintes opposées : il a enseveli le corps et théâtralisé la mort. Il a cherché une « chapelle » naturelle qu'il a aménagée comme il savait le faire, en composant un lit de fleurs où il a déposé le corps de l'aimé. Puis il l'a entouré de cailloux.

En lisant avec un regard psychiatrique ce que nous apprennent les paléoanthropologues, on peut proposer que cette mise en scène permettait de s'adapter à deux besoins intenses et inconciliables : l'aimé ne peut plus vivre avec moi dans le réel, alors qu'il demeure dans ma mémoire où je ressens encore un très fort attachement. Je théâtralise le mort en jetant des fleurs sur lui, en disposant son corps sur le côté droit ou sur le côté gauche, vers le levant ou le couchant, selon son sexe et sa notoriété, et, par cette petite mise en scène, je fais encore parler son corps. Puis, quand je l'entoure de cailloux, je transforme les choses en objets. La chose est dans le « Ça », disait le Freud du néandertalien. C'est un morceau de matière indifférenciée et déterminée. Mais, dès que je dispose les cailloux autour d'un corps, je les transforme en objets sémantiques qui désormais désignent le corps de l'aimé mort et veulent dire « ceci est une sépulture ». Je peux alors avec mes compagnons émettre une trentaine de grognements signifiants, de pleurs spontanés et de litanies rituelles.

Peut-être le théâtre de la mort est-il à l'origine de nos impulsions artistiques? La représentation ainsi formée structure une émotion de perte et la canalise vers un rituel. À la place de l'aimé mort je dresse un scénario où les choses « veulent dire », où les gestes sont théâtralisés et où les endeuillés perçoivent un soutien affectif réconfortant qui les aide à aimer encore un peu et à embellir dans la représentation celui qui n'est plus là et commence à pourrir dans le réel.

La religiosité de la mort nécessite, elle, un travail verbal. Il faut se rencontrer et créer un lien de paroles pour exprimer nos mondes intimes et se mettre d'accord en élaborant une théorie de la mort que nous pourrons partager. Le sentiment que la vie du mort se perpétue en nous nécessite un échange de paroles : « Je sens sa présence en moi... je l'entends chaque fois me dire... je sens qu'il me protège... » Les représentations cette fois-ci sont verbales et créent un monde de mots échangeables et partageables. En remplissant un vide, le théâtre de la mort et ses théories luttent contre l'angoisse de la représentation du rien.

Les animaux capables d'éprouver des représentations d'images perçoivent *le* mort et en sont parfois bouleversés. Les hommes capables de se représenter *la* mort en font une théâtralité qui est à l'origine des deux ensorcellements fondamentaux de la condition humaine : l'art et la religion.

Le monde de l'imperçu prend forme grâce aux représentations de la mort, manque suprême. Mais percevoir un mort, ce n'est pas se représenter la mort. Les animaux sont désorganisés par le mort. Alors que les hommes s'organisent autour de la mort.

Quand un grand singe perçoit sa mère morte, ce n'est pas un bifteck pour lui, c'est une figure familière, devenue étrange. C'est ainsi qu'on a pu observer un petit chimpanzé se blottissant contre le cadavre de sa mère. Il dormait auprès d'elle et la côtoyait encore pendant quelques jours jusqu'au moment où, devenue chose non signifiante pour lui, il s'en est détaché [93]. Mais son monde avait changé de forme, car en perdant sa mère il avait perdu sa référence comportementale et affective, sa base de sécurité. La phylogenèse de la perception du mort est descriptible à travers les espèces. Un scarabée piétine le corps de son congénère mort, comme il le ferait d'un obstacle. Les rats survivants sécrètent des phéromones d'alerte, les chiens endeuillés souffrent de manque, et les singes peuvent désorganiser leurs comportements au point d'en mourir auprès du disparu.

L'ontogenèse de la représentation de la mort est très lente chez nos enfants. Quand un nourrisson perçoit une stimulation effrayante, il peut crier ou se rétracter. Mais il lui faut un appareil psychique suffisamment construit pour se représenter l'imperçu parfait, le néant. Quand il parvient à la notion du rien, du vide ou de l'infini, il éprouve un vertige physique que certains nomment « angoisse ». Pour se défendre contre cette angoisse de la mort, il doit remplir la représentation du rien par des images et des mots, des œuvres d'art et un travail religieux.

L'ontogenèse du sentiment de mort a été progressive. Quand un enfant de trois à quatre ans dit à un visiteur : « Poum, je te tue. Tu es mort », le mot « mort » implique un scénario comportemental amusant et étrange. « Je fais " poum " avec mon doigt et tu tombes en râlant, puis tu restes immobile pendant quelques secondes. » Comme si l'enfant pensait : « Avec un geste et une sonorité convenus, je peux agir sur l'autre et lui faire exécuter un scénario comportemental prévisible. » Mais quand plus tard, vers quatre à cinq ans, l'enfant se représente la mort et qu'il comprend qu'il s'agit d'un manque absolu, il remplit ce manque par l'idée que l'aimé disparu vit ailleurs dans un voyage dont il ne reviendra pas [94]. Tant que l'enfant perçoit le mort, c'est un jeu de tuer. Mais quand il se représente que la mort fait souffrir ceux qu'il aime, il retarde ses jeux et les exprime sous une autre forme.

Ce qu'il met en scène dans ses fictions, vers six-huit ans, ce n'est plus jouer au mort, ce n'est pas encore lutter contre l'éprouvé de la mort, c'est donner la mort. Or un aigle ne donne pas la mort quand il tue un lapin, pas plus que nous-mêmes quand nous mangeons un fruit ou quand nous broutons une feuille de salade. Et pourtant, on interrompt une vie végétale ! Dès qu'un grand enfant joue à donner la mort, c'est qu'il se représente son accès à l'autonomie, comme s'il disait : « Un point final est donc pensable. Je peux arrêter la vie de cet homme, comme je peux arrêter la relation avec ma mère. » Cette première puissance est délicieuse à mettre en scène, avec les saynètes de la vie quotidienne ou avec les œuvres d'art. Les premiers romans, les premiers films, les premières fictions très souvent mettent en scène la mort. Les sadiques qui jouent avec la mort des autres, pour se donner un peu de plaisir, en sont à ce stade de la pensée émotionnelle où l'ontogenèse de leur empathie ne leur permet pas encore de se représenter le monde des autres.

Tout à l'heure, avec « Poum, tu es mort », on était encore dans la pensée perceptuelle. Avec les scénarios de « donner la mort » ou « se donner la mort », on entre dans la pensée émotionnelle. Pour faire une pensée abstraite de ce qu'est la mort, il faut prendre plus de recul, tenter un survol où le temps ne serait plus à l'échelle humaine, mais à l'échelle solaire.

Alors seulement on peut comprendre à quel point la mort est bénéfique aux vivants ! Car la mort biologique offre la jeunesse aux vivants. Si la mort n'existait pas, les individus vieillissants vieilliraient l'espèce et la mèneraient peut-être à sa disparition. Ce raisonnement n'est défendable que pour les espèces qui évoluent, parce que chez elles, comme dans les mauvais romans, la mort et l'amour s'accouplent pour engendrer l'évolution. Certaines formes vivantes se reproduisent sans sexualité. On cite habituellement les bactéries où la scissiparité permet la reproduction de mêmes individus : un ADN enveloppé, qu'on appelle bactérie, levure ou éponge, reproduit sans cesse depuis son origine, il y a 3,8 milliards d'années au Groenland, des copies du même ADN enveloppé. Mais, dès que l'enveloppe devient un organisme sexué, comme un papillon, un saumon ou un éléphant, les porteurs de gamètes doivent se rencontrer pour inventer un troisième. Dans ce cas, la vie ne meurt jamais (dans une échelle de temps solaire), seuls les transporteurs de vie meurent. Ce qui revient à dire que j'existais bien avant moi-même, sous forme de cellules placées à l'intérieur d'autres transporteurs de vie.

Ce raisonnement justifie la métaphore de la fusée à deux étages malgré le risque de néodualisme qu'elle implique. L'ADN qui est à l'origine de l'être merveilleux qui écrit ces lignes est transporté par la sexualité à travers les générations depuis 3,8 milliards d'années, mais je n'en garde aucun souvenir, alors qu'il demeure dans ma mémoire génétique. Quand je veux raconter l'histoire de mes origines, elle s'arrête très tôt, à quelques générations. Parce que les lois phénoménales du transport de l'ADN fonctionnent dans le premier étage de ma fusée. Mais dès que je fais le récit de moi et de mes origines pour structurer mon identité, j'habite le second étage. Ce qui explique le paradoxe de la condition humaine : alors que la vie ne meurt jamais, l'histoire de la vie n'est qu'un récit de morts, mort des espèces, mort des civilisations et mort des individus célèbres. La génétique décrit les lois phénoménales du premier étage, ce qui la constitue en science de la nature, tandis que la filiation raconte une génétique imaginaire qui organise les édits du second étage, la convention des langues, les coutumes, les lois sur l'héritage, la répartition des métiers ou les lois sur l'immigration...

Le transport de l'ADN par la sexualité est au cœur de la mémoire biologique, alors qu'il n'est pas au cœur des souvenirs récités. L'imagerie et les récits, eux, structurent nos représentations [95]. Les rapports entre l'image de la réalité et la réalité elle-même expliquent la pertinence de l'indice et du symptôme : quand un chien s'immobilise soudain en me fixant, quand il couche ses oreilles et dévoile ses canines en

grondant, il compose avec son corps une géométrie de
formes, une image de couleurs, de postures et de sons. Dès
que je la perçois, je sens et je sais comme une évidence que
cette image perçue médiatise la disposition interne de son
agressivité. Nos enfants comprennent cette image comme
une menace, sans qu'on ait besoin de leur dire : « Ceci est
une menace. » La compréhension précède la parole. La
représentation d'images précède la représentation de mots.
Cela explique les contresens entre espèces : un ours au
ventre rond qui se dresse sur ses pattes postérieurs en poin-
tant son museau en l'air déclenche en nous une image
tendre et comique, analogue à celle d'un enfant pataud.
Alors que dans un monde d'ours elle met en scène une posture d'attaque. Il y a des contresens d'images, comme plus
tard s'ajouteront les contresens de mots. La sémiologie ne
peut se construire que parce que l'image donne forme à la
communication. Sinon tous les êtres vivants ne vivraient
que dans un monde de signaux déclencheurs, ou de perceptions d'indices, échantillons ou morceaux de l'autre.

Chez l'homme, le mot, à peine perçu en tant que sonorité, évoque sans précision aucune une représentation
intensément entendue, éprouvée et même vue. Ce qui
revient à dire que chez un chat ou un mammifère macro-
smatique il ne peut pas y avoir de contresens par la perception d'un indice olfactif. À moins que le système olfactif ne
soit altéré, entraînant ainsi des troubles des comportements. Alors que, dans un monde sémantisé, la perception
d'un symbole évoque des représentations différentes selon
l'histoire des individus, expliquant ainsi la possibilité de
symbolisation non partagée et de folie. On peut devenir fou
quand on est capable de prendre les métaphores pour des
choses, comme on peut être troublé en voyant des images
de rêves apparaître en pleine conscience lors des bouffées
délirantes. Ce rêve éveillé perçu et agi explique que la bouffée délirante ou la maladie maniaco-dépressive seraient des
troubles du sommeil ou de l'humeur, que la paranoïa serait
un délire de représentations verbales donnant une forme
cohérente à nos émotions historisées, et la schizophrénie
une représentation d'images tellement éloignées du sens

commun qu'on ne peut plus la partager ni la comprendre. C'est pourquoi les paranoïaques facilement entendus ont donné tant de grands noms à l'histoire, aux sectes et aux meneurs d'opinion. Alors que les schizophrènes, trop difficiles à suivre, ne fabriquent pas de mouvements sociaux. Au contraire même, leur destin les désocialise souvent.

L'image possède un versant matériel perçu, non arbitraire, qui prépare au symbole en représentant l'imperçu. Cette démarche est bien vue, puisque le mot « image » dérive du mot « imago », qui chez les Romains désignait le moulage en cire du visage du mort [96]. L'image du mort, chose encore perçue représentant la mort, met en scène comportementale, réglée et imagée exactement le même scénario que Neandertal, quand il fabriquait les premières sépultures.

Le signal déclenche ou ne déclenche pas. L'indice est un échantillon de l'autre ou ne l'est pas : le contresens n'est pas possible. On ne peut pas en dire autant pour l'image et encore moins pour la parole. Dans la fonction sémiotique de l'image, la représentation rend présent l'absent et prépare au signe. Mais comme l'image est un objet perçu, on peut voir et croire qu'elle n'indique rien ou qu'elle est la chose. On peut même jouer avec le trucage de la symbolisation comme on le fait au théâtre où les spectateurs éprouvent authentiquement des émotions intenses alors qu'ils savent que « ce n'est pas pour de vrai ». Certains, parmi nous, comme les psychotiques, ceux qui ont du mal à symboliser ou qui ne savent pas jouer, s'arrêtent à la représentation perçue et prennent l'image pour la chose, oubliant ainsi sa fonction de représentation. Ce déficit de la fonction du signe se repère dans l'usage de la langue par les psychotiques : Mme Mi... s'épuise à faire le ménage tandis que son fils âgé de vingt-quatre ans se vautre devant la télé. « Tu pourrais me donner un coup de main », dit-elle. Le fils, alors, se lève... et la gifle !

Toute cette démonstration pour dire que l'image est une modalité du visible liée à l'absence, et la représentant : « L'image est une espèce de la pensée [... mais ...] elle fait l'objet, elle le mime, elle le simule jusqu'au trompe-l'œil s'il le faut [97]. » L'image est une manière de dire, quand elle est bien sémantisée. Mais sa forme perceptible nous leurre et nous entraîne parfois vers une idolâtrie moderne.

L'ensorcellement connaît toutes les dimensions du vivant. Les indices et les signaux structurent les leurres qui capturent tout ce qui vit, comme une clé dans une serrure. Mais, dès que l'image se sémantise, on peut la « mettre là pour » représenter une absence et la faire vivre, ici.

Le contresens alors rend possibles la création et la folie.

Comment clore un livre

En rédigeant les dernières pages de ce livre, je commence à comprendre pourquoi je l'ai écrit.

C'est toujours comme ça. On fonce, on s'engage dans l'action, on plonge dans la réflexion, mais ce n'est qu'après coup, en se retournant sur le passé, qu'on découvre le sens de ce qu'on a fait.

Dès les premières pages, il y avait un enjeu, mais je ne le savais pas. Une intention secrète gouvernait mes questions, un sentiment, une représentation cachée derrière une argumentation théorique : quelle est la place de l'homme dans le monde vivant ? Son statut sur la planète ? Son droit de vivre, de mourir ou de tuer les autres ?

Ne croyez surtout pas que c'est une question prétentieuse. C'est une interrogation fondamentale, donc enfantine. Quel étonnement d'être en vie sur terre parmi les hommes et les animaux ! Qui suis-je au milieu d'eux ? Que peuvent-ils sur moi ? C'est ainsi que raisonnent nos enfants quand, dès l'âge de quatre ans, ils commencent leur formation psychologique, du jour où ils emploient leur premier adverbe épistémologique : pourquoi ?

Nos petits poseurs de questions fondamentales parlent à peine qu'ils cherchent déjà à distinguer l'animé de l'inanimé, et l'homme de l'animal. « Papa » et « woua-woua » constituent leurs premiers protomots, qui, quelle que soit leur culture, quel que soit leur milieu familial, apparaissent entre le dizième et le dix-huitième mois, bien avant la maîtrise de la langue [1]. Tout se passe comme si l'enfant comprenait d'un seul coup que chaque unité discrète, perçue dans l'environnement, chaque événement éclairait une catégorie et la faisait jaillir d'un magma informe. Alors l'enfant comprend qu'en articulant un mot il le généralise en catégorie conceptuelle, « homme » ou « chien ».

C'est pourquoi on retrouve le même jaillissement de pensée dans l'histoire de la philosophie quand les adultes ne raisonnent pas autrement que nos petits poseurs de questions fondamentales. Comme eux, nos grands poseurs de questions fondamentales, depuis Platon et Aristote, s'intéressent plus à l'animalité qu'aux animaux, afin d'en distinguer l'humanité : « le philosophe est moins intéressé par l'anatomie et le comportement de l'animal que par son statut face à celui de l'homme [2] ».

Mais la forme humaine du signe est totalitaire. Dès l'instant où l'on a franchi le Rubicon du langage, tous les objets sont infiltrés du sens dont nous les imprégnons. Alors, n'importe quoi du monde peut faire signe, un jeu de main, un geste de langue, une coupe de cheveux, un ruban sur un costume. Dès que l'on a parlé, toute chose insignifiante est devenue sensée.

Le drame est survenu quand la parole, en peuplant le monde de l'imperçu, a instillé chez les hommes une impression de coupure entre ceux qui parlaient et ceux qui ne parlaient pas. Leurs ontologies devenaient exclusives. Ceux qui parlaient tombaient du ciel, fin prêts à parler, et ne partageaient rien avec ceux qui ne parlaient pas. Sans paroles, ces derniers se contentaient d'être une espèce de matière à pattes, de câblage d'instincts donnant l'illusion de la vie ou de l'intelligence.

Cette philosophie impressionniste qui fait croire que le monde est l'impression qu'il nous fait est à l'origine des plus grandes tragédies humaines de l'humanité [3]. Où passe la coupure ? se demandaient les penseurs occidentaux. Entre les hommes et les animaux, répondaient la plupart, car les animaux n'ont pas d'âme [4]. Entre les hommes et les femmes, ont précisé certains clercs, qui n'avaient jamais vu l'âme des dames. Entre les Blancs et les Noirs, ont affirmé les Conquistadores qui, contraints à reconnaître une âme chez les Aztèques, ont dû chercher en Afrique des hommes colorés, donc sans âme. Entre les blonds et les bruns, ont certifié les scientifiques nazis qui prétendaient mesurer l'effet de la mélanine, ce pigment brun foncé qui enlève l'intelligence en colorant les poils. Entre les chauves et les chevelus, dira-t-on bientôt, car la kératine, substance protidique soufrée qui pousse sur les crânes de certains hommes, constitue la preuve de leur animalité puisqu'elle donne aussi la laine des moutons, les plumes des oiseaux et les sabots des vaches.

Ces raisonnements absurdes ont tous été tenus par des prêtres, des scientifiques et des philosophes qui, avec de tels discours, mettaient leur savoir au service d'une politique.

Assez curieusement, l'évolution darwinienne, en hiérarchisant les êtres vivants dont les hommes seuls atteignaient le sommet, a répété cette philosophie impressionniste de la domination du monde et de l'exploitation ou de l'élimination des êtres inférieurs. Il suffisait, dans les deux cas, de définir celui qui n'a pas d'âme et qui a moins de droits à l'existence que d'autres.

À force de vivre dans un monde de représentations abstraites méprisant le réel, nos fabricants de discours sociaux ont fini par dédaigner le corps (dépouille mortelle), la biologie (sorte de fécalité humaine), même la vie sur terre (vallée de larmes), et surtout nos racines animales, scandaleuses, blasphématoires pour un homme qui, en parlant, fait la preuve de son âme. Mais la chair se venge quand on ne l'entend pas. À l'époque encore proche où l'homme ne savait pas donner à la mort la froideur technique qu'on lui reproche aujourd'hui, nous expirions notre dernier soupir dans le sang, le pus, la fièvre et la diarrhée. Seuls les jeunes mouraient, tant la vieillesse était rare, et tous les six mois nous devions porter le deuil d'un proche [5]. Il a fallu que certains penseurs changent de philosophie

pour échapper aux contraintes du discours social et transgresser les lois qui interdisaient de disséquer un cadavre ou
de considérer l'animalité de l'homme.

Un regard éthologique propose une autre manière de
penser la place de l'homme dans le vivant, car la condition
des hommes est, comme pour chaque espèce, un état
unique du vivant.

L'homme par nature n'est pas une biologie, un corps et
un cerveau auquel il suffirait d'ajouter une pincée de
culture, de parole et d'âme pour faire jaillir la condition
humaine. L'homme est par nature un être de culture. Et ce
n'est pas une pirouette.

Notre équipement biologique nous permet de nous pré-
senter à nous-mêmes un monde imperçu. Alors, nous ren-
controns un autre homme qui, à son tour, nous présente
son propre imperçu. Pour faire signe avec n'importe quoi
du monde, il suffit de nous mettre d'accord. Nous devenons
ainsi coauteurs de l'artifice et des représentations que nous
partageons.

L'invention du monde intermental est sans retour. À
peine s'est-on accordé pour faire signe que tous les objets
du monde se sont humanisés [6]. Les godasses usées portent
l'empreinte de celui qui a vécu dedans. Les silex taillés
racontent l'histoire des débuts de l'humanité artificielle.
Nos restes, déchets et résidus composent des tas d'ordures
qui hurlent que notre vie sociale s'emballe, pendant que des
immeubles en acier, nos machines planétaires nous font
croire que nous n'appartenons plus à l'animalité.

Depuis que l'homme parle, il humanise son monde et
enchante la matière. Mais la baguette magique qui a donné
aux femmes le pouvoir des fées s'est souvent transformée
en balai qui les a métamorphosées en sorcières. Les
couples d'opposés s'associent quand ils s'affrontent,
comme aujourd'hui dans nos discours qui racontent en
même temps la naturalisation des hommes et l'humanisation des animaux.

Quand « l'animalité hante l'humain [7] », certains s'y soumettent avec délice, ils divinisent les animaux et diabo-
lisent les hommes. Tandis que d'autres combattent la

bestialité tapie dans notre corps et dans notre inconscient, ou celle qu'ils attribuent aux autres afin de les éliminer. L'image des êtres vivants s'étire entre la machine et l'ange. Il ne faudrait pas qu'on nous la déchire.

Peut-être l'éthologie inventera-t-elle une nouvelle vision des êtres vivants où l'homme ne cessera de naître, d'abord dans l'animalité, puis dans la parole, enfin dans la technique où il construit son habitat sans cesse à renouveler.

Car l'homme est le seul animal capable d'échapper à la condition animale.

Notes

INTRODUCTION

1. J. PICOCHE, *Dictionnaire étymologique*, Paris, Le Robert, 1995.

2. F. TINLAND, *La Différence anthropologique*, Paris, Aubier-Montaigne, 1977.

3. M. V. LOCQUIN, *L'Invention de l'humanité*, La Nuée bleue, 1995, p. 9.

4. J. WALLACE, « Belief and satisfaction », *News*, n° 6, 1972, p. 87-108.

5. K. IMMELMANN, *Dictionnaire de l'éthologie*, Bruxelles, Mardaga, 1982.

6. J'entends par « matière » toute substance étendue qui a pris forme. La polysémie du mot est si grande que c'est le contexte du mot et du locuteur qui en précise le sens.

7. A. BOURGUIGNON, *L'Homme imprévu. Histoire naturelle de l'homme*, Paris, PUF, 1989, t. 1, p. 131.

8. A. LALANDE, *Vocabulaire technique et critique de la philosophie*, Paris, PUF, 1976.

9. C. DE DUWE, « L'évolution a un sens », *La Recherche*, n° 286, avril 1996, p. 90-93.

CHAPITRE PREMIER

Le corps

1. M. SOULÉ, *Les Interactions précoces*, film d'échographie, Avignon, 22 juin 1996.

2. P. LAVOREL, *Psychologie et cerveau*, Lyon, Presses universitaires de Lyon, 1991, p. 19.

3. F. Tinland, *La Différence anthropologique. Essai sur les rapports de la nature et de l'artifice*, Paris, Aubier-Montaigne, 1977, p. 29.

4. J. Piveteau, *Des premiers vertébrés à l'homme*, Paris, Albin Michel, 1963, p. 204.

5. J.-D. Vincent, « L'Homme est un animal », *in* Colloque Toulon-Châteauvallon, *L'Homme. La psychanalyse avait-elle raison ?*, La Pensée sauvage, 1994, et « L'homme n'est pas un animal », *in La Chair et le diable*, Paris, Odile Jacob, 1996.

6. J. von Uexküll, *Mondes animaux et monde humain*, Paris, Denoël, 1965, p. 93.

7. G. Kriszat, photos montages illustrant J. von Uexküll, 1965.

8. H. Montagner, *La Communication entre jeunes enfants*, cassette VHS, INSERM, 1993.

9. M. de Ceccaty, *Conversations cellulaires et communications humaines*, Paris, Le Seuil, 1991, p. 126-130.

10. A. Teyssèdre, *La Communication animale sur la scène de l'évolution*, Nathan, 1993, p. 157-160.

11. R. Thom, « Dynamique globale et morphologie globale chez les êtres vivants », *in* H. Barreau, *L'Explication dans les sciences de la vie*, Paris, Éd CNRS, 1983, p. 36-52.

12. K. Immelmann, *Dictionnaire de l'éthologie, op. cit.*

13. I. Eibl-Eibesfeldt, *Éthologie-Biologie du comportement*, Paris, Éditions scientifiques, 1986.

14. C. Béata, B. Heudes, *Maîtres mordus*, Séminaire sur l'agressivité, Porquerolles, septembre 1995.

15. H. F. Harlow, « Love created, love destroyed, love regained », *in Modèles animaux du comportement humain*, CNRS, Colloques internationaux, décembre 1972, n° 198.

16. T. Berry Brazelton, B. Cramer, *Les Premiers Liens*, Paris, Stock-Laurence Pernoud-Calmann-Lévy, 1990.

17. J. Lecamus, « Le dialogue phasique. Nouvelles perspectives dans l'étude des interactions père-bébé », *Neuropsychiatrie de l'enfant*, n° 43, (1, 2), 1995, p. 53-65.

18. H. Montagner, *L'Attachement : les débuts de la tendresse*, Paris, Odile Jacob, 1988.

19. B. Golse, C. Bursztein, *Penser, parler, représenter*, Paris, Masson, 1990, p. 145.

20. P.-M. Baudonnière (dir.), *Étudier l'enfant de la naissance à trois ans*, Paris, Éditions du CNRS, 1986.

21. B. Cyrulnik, A. Alameda, A. Robichez-Dispa, « Rites et biologie. La ritualisation des comportements de bouche », *Dialogue*, 1er trim. 1995.

22. I. Eibl-Eibesfeldt, *Éthologie-Biologie des comportements, op. cit.*

23. P. D. Eimas, E. R. Siqueland, P. Jusczyk, J. Vigorito, « Speech perception in infants », *Science*, n° 171, 1971, p. 303-306.

24. J. Ajuriaguerra, I. Casati, « Ontogenèse des comportements de tendresse », *in Psychiatrie de l'enfant*, t. XXVIII, n° 2, 1985, p. 325-402.

25. H. FISHER, *Histoire naturelle de l'amour*, Paris, Robert Laffont, 1992.

26. J.-L. FLANDRIN, « Plaisirs et société : la table et le sexe en France, du Moyen Âge à nos jours », *in Le plaisir est-il en danger?*, Colloque ARISE, Paris, janvier 1997.

27. Les Chinois, très omnivores, mangent beaucoup d'animaux. Chaque région a son rituel et considère que le voisin ne mange pas de manière très civilisée. Mais tous s'interdisent avec horreur la viande de cheval.

28. R. CALIMANI, *L'Errance juive*, Diderot, Arts et Sciences, t. 1, 1996.

29. C. CONTE (dir.), *Mon Dieu, pourquoi tous ces interdits?*, Panoramiques-Corlet, 1993.

30. M. FIZE, *Les Bandes : l'entre-soi adolescent*, Paris, Desclée de Brouwer, 1993.

31. R. SABAN, *Aux sources du langage articulé*, Paris, Masson, 1993.

32. Cf. Ch. DARWIN (1871), R. DART (1956), DE VORE, WASHBURN, LANCASTER (1968), S. MOSCOVICI (1972), E. MORIN (1973), R. ARDREY (1977).

33. F. JOULIAN, « Chasse, charognage et hominisation », *Préhistoire-Anthropologie méditerranéenne*, 1993, p. 7-14.

34. S. STRUM, *Presque humain : voyage chez les babouins*, Paris, ESHEL, 1990, p. 339.

35. Jane Goodall rapporte le cas d'un chimpanzé qui joue avec une petite gazelle et qui soudain l'attrape, lui broie la tête et aspire sa cervelle.

36. W. H. THORPE, H. B. CAUDLE, « A study of the olfactory responses of insect parasits to the food plants of their hosts », *P. Parasitology*, n° 30, 1937, p. 523-528.

37. P. PAGEAT, *Pathologie du comportement du chien*, Éditions du Point Vétérinaire, 1995, p. 15.

38. P.-C. BLIN, J.-M. FAVREAU, « Infanticide et cannibalisme puerpéral – Tueuses et mangeuses de petit », *in* A. BRION, H. EY, *Psychiatrie animale*, Paris, Desclée de Brouwer, 1964, p. 257-263.

39. J. LAVAGNA, A.-L. SIMONOT, B. CYRULNIK, « L'infanticide », Colloque international de santé périnatale, Monaco, janvier 1996.

40. H. BARBUSSE, *Le Feu*, 1916.

41. M. G. BENKOULA, « Délits du sang et peines pénales de la loi islamique et selon le rite malékite », *in* Association des experts judiciaires pénalistes criminalisticiens près de la cour d'appel d'Aix-en-Provence, 3 juin 1993, p. 30-35.

42. P. ARIÈS, G. DUBY, *Histoire de la vie privée*, Paris, Le Seuil, 1985, t. 1, p. 16.

43. J. POIRIER, *Histoire des mœurs*, Paris, Gallimard-Pléiade, 1990, t. 1, p. 1348.

44. M. E. SPIRO, *Culture et nature humaine*, Paris, PUF, 1995, p. 12.

45. *La Croix (Cahiers UNICEF)*, 2 avril 1996, p. 12-13.

46. A. POMMERLEAU, G. MALCUIT, *L'Enfant et son environnement*, Québec-Bruxelles, Mardaga, 1983, p. 208-209.

47. S. SAMAMA, J. BOUIX, C. FLAVIGNY, « Pica et trichotillophagie », *Nervure*, t. IX, n° 5, juin 1996.

48. B. SENUT, « L'humerus et ses articulations chez les hominidés plio-pleistocenès », *Cahiers de paléontologie (paléoanthropologie)*, Paris, Éd. du CNRS, 1981.

49. A. LEROI-GOURHAN, *Dictionnaire de la préhistoire*, Paris, PUF, 1988.

50. R. A. SPITZ, *La Première Année de la vie de l'enfant*, Paris, PUF, 1953.

51. N. ABRAHAM, M. TOROK, *L'Écorce et le noyau*, Paris, Flammarion, 1978.

52. M. OZTURK, A. M. OZTURK, « Thumb sucking and falling asleep », *British Journal Medical Psychology*, n° 50, 1987, p. 95-103.

53. A. ROBICHEZ-DISPA, A. ALAMEDA, B. CYRULNIK, « Analyse des cassettes familiales VHS », Société méditerranéenne de psychiatrie, Avignon, septembre 1995.

54. B. CYRULNIK, A. ALAMEDA, *Les Âgés à table*, cassette VHS, hôpital de Toulon-La Seyne, 1991.

55. A. BOURGUIGNON, *L'Homme fou*, Paris, PUF, 1994, p. 32.

56. F. TINLAND, *La Différence anthropologique. Essai sur les rapports de la nature et de l'artifice*, Paris, Aubier-Montaigne, 1977, p. 30.

57. P. D. MAC LEAN, R. GUYOT, *Les Trois Cerveaux de l'homme*, Paris, Robert Laffont, 1990.

58. P. TEILHARD DE CHARDIN, *La Place de l'homme dans la nature. Le groupe zoologique humain*, Paris, Albin Michel, 1956, rééd. 1996.

59. C. POIREL, *Psychophysiologie générale et psychopathologie*, Paris, Masson, 1988, p. 11.

60. H. DAMASIO, Congrès de neurobiologie de la prise de décision, Paris, 24 octobre 1994.

61. K. REPERANT, R. WARD, S. HERGUETA, D. MICELI, « A short history of the history of the brain », *in* P. FÉDIDA, D. WIDLÖCHER, *Les Évolutions – Phylogenèse de l'individuation*, Paris, PUF, 1994, p. 111.

62. R. DESCARTES, *Lettres à Hyperaspistes* (août 1641), Paris, Gallimard – La Pléiade, 1953.

63. J. ALTMAN, « Neurobiologie de la prise de décision », 5e Colloque Médecine et Recherche, *Alzheimer Actualités*, n° 5, janvier 1995, p. 6-13.

64. Lobotomie : incision dans le lobe frontal qui disjoint les fibres nerveuses et empêche les connexions avec le reste du cerveau. Une dilacération provoquée par l'eau distillée a le même effet. L'origine actuelle des lobotomies est fournie par les traumatismes de la route, les accidents de travail, les tumeurs et les accidents vasculaires. Les infections en fournissent une part moins grande.

65. A. R. Damasio, *L'Erreur de Descartes – La raison des émotions*, Paris, Odile Jacob, 1995, « Poches Odile Jacob », 2001.

66. M. Ioan Botez, *Neuropsychologie clinique et neurologie des comportements*, Presses universitaires de Montréal – Masson, 1987, p. 121-124.

67. J. Barbizet, J. Poirier, « Astrocytome fronto-temporal. Étude anatomo-clinique et discussion des troubles comportementaux », *Annales médico-psychologiques*, n° 1982, p. 1015-1022.

68. A. R. Luria, *The Working Brain*, London, Penguin Press, 1973.

69. C. Muray, « Les fléaux du XXIe siècle », rapport de l'Organisation mondiale de la santé, *Impact Médecin*, n° 334, septembre 1996.

70. B. Cyrulnik « Production de la pensée et pensée produite », *in* D. Lecourt, P. Fédida, *La pensée est-elle le produit de la sélection naturelle ?*, Paris, PUF, 1996, p. 27-54.

71. F. Varela, *L'Inscription corporelle de l'esprit et expérience humaine*, Paris, Le Seuil, 1993.

72. P. Lapras, ophtalmologiste, communication personnelle, 1996.

73. A. Green, « Avatars de la pensée en psychanalyse et ailleurs », *in Naissance de pensée, processus de pensée*, Paris, Bayard, 1993, p. 264.

74. Sommeil dit *paradoxal*, parce que l'électroencéphalogramme enregistre une alerte cérébrale aux ondes très rapides et très petites, alors que c'est le moment où le sujet dort le plus profondément.

75. P. Jaisson, *La Fourmi et le sociobiologiste*, Paris, Odile Jacob, 1993, p. 189.

76. S. Freud, « Remarques sur la théorie et la pratique de l'interprétation du rêve », (1923), *in Résultats, idées, problèmes*, Paris, PUF, 1985, p. 189.

CHAPITRE II

L'alentour

1. F. Laplantine, *Transatlantique – Entre Europe et Amérique latine*, Paris, Payot, 1994.

2. L. Chertok, *Hypnose et suggestion*, Paris, PUF, Que sais-je ?, 1989.

3. F. A. Mesmer, *in* R. Amadou, *Le Magnétisme animal*, Paris, Payot, 1971.

4. L. Chertok, R. de Saussure, cité *in Naissance du psychanalyste, de Mesmer à Freud*, Paris, Payot, 1973, p. 25.

5. P. Karli, *Le Cerveau et la liberté*, Paris, Odile Jacob, 1995.

6. P. Pageat, Séminaire sur l'angoisse, Porquerolles, septembre 1996.

7. P. Bustany, *Reflets cérébraux des passions*, Colloque Art-Cœur-Cerveau, Mouans-Sartoux, septembre 1996.

8. J. Swift, cité dans F. Edeline, J.-M. Klinenberg, P. Minguet : Groupe Pie, *Traité du signe visuel*, Paris, Le Seuil, 1992.

9. J. Braid, *Neuro-hypnologie, traité du sommeil nerveux ou hypnotique*, Paris, Delahaye et Lecrosnier, 1843.

10. F. Roustang, *Qu'est-ce que l'hypnose ?*, Paris, Éditions de Minuit, 1994, p. 14.

11. A. B. Vieira, « De la néogenèse de la catatonie – Pour une esquisse d'anthropologie phénoménologique », *Évolution psychiatrique*, n° 37, 1972, p. 675-692.

12. I. Eibl-Eibesfeldt, *Éthologie-Biologie du comportement, op. cit.*, p. 306.

13. Le commensalisme, où un animal profite de la nourriture d'un autre, est différent du parasitisme où un petit organisme se nourrit d'un autre et le détruit. Différent aussi de la cleptobiose où un animal affame des animaux d'une autre espèce en leur volant leur nourriture.

14. S. Freud, *in Hypnose*, 1909, *Œuvres complètes*, t. IX, Paris, PUF, 1988.

15. A. Kircher, *Experimentum mirabile – De imaginatione Gallinae. Ars magna lucis et umbrae*, Roma, 1646, t. II, p. 154-155, *in* L. Chertok, *L'Hypnose animale*, Paris, Desclée de Brouwer, 1964, p. 447.

16. J. de La Fontaine, *Fables* : *Le Renard et les poulets d'Inde*, Paris, Flammarion-Garnier, rééd. 1966, p. 330.

17. J. Vauclair, *L'Intelligence de l'animal*, Paris, Le Seuil, 1992.

18. J. Cosnier, *Les Névroses expérimentales*, 1966, et R. Dantzer, *Les Émotions*, Paris, PUF, Que sais-je ?, 1988.

19. A. Demaret, *Éthologie et psychiatrie*, Bruxelles, Mardaga, 1979, p. 76-79.

20. *Ibid.*

21. A. V. Moore, M. S. Amstey, « Tonic immobility. Difference in susceptibility of experimental and normal sheep and goats », *Science*, n° 135, 1962, p. 729-730.

22. R. Jaisson, *La Fourmi et le sociobiologiste, op. cit.*

23. J. Cosnier, *Psychologie des émotions et des sentiments*, Paris, Retz, 1994, p. 121-129.

24. B. Cyrulnik, « Ethology of anxiety in phylogeny and ontogeny » *in* L. Judd et H. Akiskal, Symposium International San Diego, Californie, *Generalized Anxiety : from Science to Practice*, 1995.

25. F. Steiniger, « Zur Soziologie und Sonstigen Biologie der Wanderotte », *Zoologische Tierpsychologie*, n° 7, 1950, p. 356-379.

26. B. Cyrulnik, *Empreintes, sexualité et création*, Paris, L'Harmattan, 1995, p. 11-44.

27. G. Chapouthier, « Des molécules pour la mémoire », *La Recherche*, n° 192, 1987.

28. F. Doré, *L'Apprentissage – Une approche psycho-éthologique*, Montréal – Paris, Stankè – Maloine, 1983.

29. D. Pawar, *Ma vie d'intouchable*, Paris, La Découverte, 1990.

30. J. P. Lecanuet, C. Granier-Deferre, B. Schaal, « Les systèmes sensoriels du fœtus », *in Introduction à la psychiatrie fœtale*, Paris, ESF, 1992.

31. M. Mancia, « Neurofisiologia e vita mentale », *in Le Fœtus et son entourage*, Genève, Médecine et Hygiène, 1989.

32. R. Gombergh, « Film d'échographies en trois dimensions », *in* T. Nathan, *D'où viennent les enfants ?*, Centre Georges-Devereux, 1996.

33. M. Ainsworth, S. M. Bell, D. J. Stayton, « L'attachement de l'enfant à sa mère », *in La Recherche en éthologie*, Paris, Le Seuil, 1979.

34. B. Zeï, « Au commencement était le cri », *in Le Temps stratégique*, octobre 1995, p. 96-107.

35. A. Van Gennep, *Manuel du folklore français contemporain*, t. 1, *in* M. Capul, *Abandon et marginalité*, Toulouse, Privat, 1989, p. 115.

36. J. Ducros, *Réflexions singulières sur l'ancienne coutume d'Agen*, *in* M. Capul, *ibid.*, p. 115.

37. Une situation *naturaliste* aurait existé même si nous ne l'avions pas observée, alors qu'une situation *expérimentale* ne peut exister que si l'observateur la construit.

38. B. Cyrulnik, « Éthologie de l'angoisse », *Synapse*, octobre 1989, p. 49-53.

39. Item : séquence comportementale dont la convention du début et de la fin, dans un contexte donné, préserve la fonction : sourire, serrer contre soi, se balancer...

40. P. J. M. Garrigues, « Fluctuations comparées de l'activité motrice chez des enfants normaux et des enfants arriérés placés en situation de jeu », *in* H. Montagner, *Les Rythmes de l'enfant et de l'adolescent*, Paris, Stock, 1983.

41. J.-B. Andro, *Des enfants sans histoire*, Film ADR Productions, Paris, 1995.

42. C. Roger, *Les Colites*, Paris, Odile Jacob, 1992.

43. D. Sibertin-Blanc, « Le nanisme psychogène », *in* S. Lebovici, R. Diatkine, M. Soulé, *Traité de psychiatrie de l'enfant et de l'adolescent*, Paris, PUF, 1985, t. II, p. 565.

44. L. Kreisler, « La clinique psychosomatique du nourrisson », *in Traité de psychiatrie de l'enfant et de l'adolescent*, t. II, p. 702.

45. B. Cyrulnik, A. Alameda, C. Beata, « Le chien de remplacement », *Point Vétérinaire*, n° 26 (165), février 1995, p. 1021-1026.

46. H. Brunetière, « Leurre de la naissance : l'enfant de remplacement », *Information psychiatrique*, n° 66 (1), 1995, p. 39-42.

47. B. Cyrulnik, A. Alameda, C. Beata, « Le chien de remplacement », art. cité.

48. R. Dantzer, *L'Illusion psychosomatique*, Paris, Odile Jacob, 1991, « Poches Odile Jacob », 2001.

49. P. Pageat, *Pathologie du comportement du chien, op. cit.*, 1995.

50. H. Montagner, *L'Enfant, l'animal et l'école*, Paris, Bayard, 1995.

51. Y. GUYOT, J. POCZTAR, « Les communications non verbales en situations pédagogiques », *Revue belge de psychologie et de pédagogie*, n° 48, 1994, p. 33-34 et 105-106.

52. B. HEUDES, Séminaire *Propriétaires mordus*, Porquerolles, septembre 1995.

53. M. BOURDIN, *Psychodermatologie chez les carnivores domestiques*, thèse Maisons-Alfort, 1992.

54. V. VAN GOGH, *Correspondance*, lettre 443, Paris, Gallimard, 1969.

55. J.-G. OFFROY, *Le Choix des prénoms*, Marseille, Hommes et perspectives, 1993, p. 31.

56. S. FREUD, *L'Interprétation des rêves*, 1900, Paris, PUF, 1976.

57. P. GONIN, *Les Propriétaires de berger allemand et de boxer : étude sociologique d'après enquête*, thèse vétérinaire, Toulouse, 1985.

58. *Ibid.* On trouve dans cette thèse dirigée par le Pr G. Queinnec un excellent répertoire de tableaux chiffrés.

59. P. LABARRÈRE, *Le Lévrier afghan. Enquête sur le lien race-propriétaire*, thèse vétérinaire, Toulouse, 1985.

60. M. VARGA, « Influence relative des facteurs génétiques et environnementaux ». « Le comportement du chien de berger allemand et du chien bas rouge », *in* Symposium K. Lorenz, AFIRAC, Vienne, octobre 1983.

61. B. CYRULNIK, C. BEATA, « Le Deuil du chien », Congrès CNVSPA, Paris, novembre 1990.

62. A. DEGENNE, M. FORSÉ, *Les Réseaux sociaux*, Paris, Armand Colin, 1994.

63. G. QUEINNEC, *La Fabrication des animaux*, Paris, Gallimard, 1997.

64. Réactualisation : A. DE HARO, X. ESPADALER (éd.), *Processus d'acquisition précoce. Les communications*, Universitat autonomia de Barcelona, Société française pour l'étude du comportement animal, 1984.

65. Le fœtus définit le petit vivipare, lors de sa construction intra-utérine, après le stade embryonnaire et avant l'expulsion. Chez l'homme, on parle de fœtus pour les derniers mois de la grossesse.

66. G. APPEL, « Entretiens avec P. Mazet et A.-C. Nicolas », *Synapse*, n° 55, juin 1989, p. 21.

67. *World Association Infant Mental Health* réunit régulièrement les chercheurs mondiaux les plus avancés dans ce domaine, sous l'impulsion de B. Golse, P. Mazet et S. Lebovici, B. Cramer et A. Guedeney.

68. B. GOLSE, Compte rendu de la réunion du 31 mars 1994, Bulletin intérieur de WAIMH.

69. R. CAMPAN, *L'Animal et son univers*, Toulouse, Privat, rééd. 1994, p. 92-95.

70. R. VINCE, 1973, *in* R. CAMPAN, *op. cit.*, p. 104.

71. B. BROUSSIN, Ph. BRENOT, « Existe-t-il une sexualité du fœtus ? », *Médecine fœtale et échographie en gynécologie*, n° 19, septembre 1994.

72. J.-P. LECANUET, C. GRANIER-DEFERRE, B. SCHAAL, « Les systèmes sensoriels du fœtus », 1992, *in* M. SOULÉ, *Introduction à la vie fœtale*, Paris, ESF, p. 43-70.

73. D. QUERLEU, X. RENARD, F. VERSVP, « Vie sensorielle du fœtus », *in* G. LÉVY et M. TOURNAIRE, *Environnement de la naissance*, Collège national des gynécologues et obstétriciens français, 1985.

74. G. PETER, R. HEPPE, « Fœtal learning : implications for psychiatry? », *British Journal of Psychiatry*, n° 155, 1995, p. 289-293.

75. D. STERN, *Le Monde interpersonnel du nourrisson*, Paris, PUF, 1989.

76. M. HALPERIN, « Prémices et ontogenèse de la vie affective », *in* W. PASINI, F. BÉGUIN, M. BYDLOWSKY, E. PAPIERNIK, *Le Fœtus et son entourage*, Genève, Éd. Médecine et Hygiène, 1989.

77. J. B. MIHAI, *Neuropsychologie clinique et neurologie du comportement*, Presses universitaires de Montréal-Masson, 1987, p. 284-285.

78. B. SCHAAL, E. HERTLING, H. MONTAGNER, R. QUICHON, « Le rôle des odeurs dans la genèse de l'attachement mutuel entre la mère et l'enfant », *in L'Aube des sens*, Paris, Stock, n° 5, 1981, p. 359-377.

79. A. M. WIDSRTOM, J. THINGSTROM-PAULSSON, « The position of the tongue during rooting reflexes eliated in newborn infants before the first suckle », *Acta Paediatrica Scandinavia*, n° 82, 1993, p. 281-283.

80. E. NOIROT, « Orientation sociale et mode d'alimentation chez le bébé humain », *Psychologie médicale*, n° 11, 1977, p. 2127-2146.

81. J. MEHLER, J. BERTONCINI, M. BARRIÈRE, D. JASSICK-GERSCHENFELD, « Infant recognition of mother's voice », *Perception*, n° 7, 1978, p. 491-497 et J. MEHLER, E. DUPOUY, *Naître humain*, Paris, Odile Jacob, 1990.

82. B. DE BOYSSON-BARDIES, « Do babies bable like speakers speak? », *in* International Conference of Infant Studies Austin, 1982 et *Comment la parole vient aux enfants*, Paris, Odile Jacob, 1996.

83. A. POMERLEAU, G. MALCUIT, *L'Enfant et son environnement*, Bruxelles, Mardaga, 1983, p. 266.

84. J. F. FAGAN, « The origins of facial pattern recognition », *in* M. H. BORNSTEIN, W. KESSEN (eds), *Psychological Development from Infancy : Human and Animal Studies*, Hillsdole, Erlbaum, 1979.

85. A. MELTZOFF, M. K. MOORE, « Imitation of facial and manual gestures by human neonates », *Science*, n° 198, 1977, p. 75-78.

86. D. DECANT, « Au bonheur des bébés », *in Le Bonheur, Psychiatrie française*, n° 6, 1986.

87. B. CRAMER, « Interaction réelle, interaction fantasmatique. Réflexions au sujet des thérapies et des observations de nourrissons », *Psychothérapies*, n° 1, 1982, p. 39-47.

88. D. EPELBOIN, *Du savon plein les yeux*, cassette VHS, Paris, Muséum d'histoire naturelle, 1991.

89. J. LECAMUS, « Le dialogue phasique – Nouvelles perspectives dans l'étude des interactions père-bébé », *Neuropsychiatrie de l'enfance*, n° 43 (1-2), 1994, p. 53-65.

90. T. B. Brazelton, B. Cramer, *Les Premiers Liens*, Paris, Stock / Pernoud / Calmann-Lévy, 1990, p. 53.

91. J. Lamb, S. Suomi, G. R. Stephenson, (dir.), *Social Interaction Analysis : Methodological Issues*, Madison – University of Wisconsin, 1979.

92. M. D. S. Ainsworth, M. C. Blehar, E. Waters, S. Wall, *Patterns of Attachment : a Psychological Study of the Strange Situation*, Hilsdale NJ, Lawrence Erlbaum Associates, 1978.

93. J. Lecamus, *Pères et bébés*, Paris, L'Harmattan, 1995.

94. F. Labrell, *Contributions paternelles au développement cognitif de l'enfant pendant la deuxième année*, thèse doctorat Paris-V, 1992.

95. C. Chiland, « La naissance de l'identité sexuée », *in* S. Lebovici, R. Diatkine, M. Soulé, *Traité de psychiatrie de l'enfance et de l'adolescence*, PUF, 1994, (2e éd.).

96. V. Bourçois, *L'Influence du mode d'engagement du père sur le développement affectif et social du jeune enfant*, thèse de doctorat Toulouse-Mirail, 1993.

97. M. Delage, Colloque Parentel, Toulon-Brest, 15 juin 1995.

98. M. H. Klauss, J. H. Kennel, (1976), *Maternel-Infant Londing : the Impact of Early Separation or Loss on Family Developement*, Saint-Louis Mosby, 1979.

99. H. Montagner, communication personnelle, 1994.

100. B. Cyrulnik, « Empreinte animale et empreintes humaines », *in* J. Mignot, *Empreintes, sexualité et création*, Paris, L'Harmattan, 1994, p. 11-44.

101. T. B. Brazelton, B. Cramer, *Les Premiers Liens*, *op. cit.*, p. 116.

102. E. H. Erikson, *Enfance et société*, Genève, Delachaux et Niestlé, 1982, p. 258.

103. D. W. Winnicott, *Processus de maturation chez l'enfant*, Paris, Payot, 1970.

104. M. Lewis, L. Rosenblum (eds.), *The Effect of the Infant on his Caregiver*, New York, Wiley, 1974.

105. K. A. Kleiner, M. S. Banks, « Stimulus energy does not account for two months-adds face preference », *Journal of Experimental Psychology, Human Perception and Performance*, n° 13, 1987, p. 594-600.

106. S. de Schonen et D. Deruelle, « La reconnaissance du faciès humain et des visages chez le nourrisson », *Nervure*, t. IV, avril 1991, p. 58-65.

107. J. Cosnier, *Psychologie des émotions et des sentiments*, Paris, Retz, 1994, p. 88.

108. R. Dantzer, « Le stress des animaux d'élevage », *La Recherche*, n° 120, vol. 12, 1981, p. 280-290.

109. B. Cyrulnik, A. Alameda, A. Robichez-Dispa, « Ontogenèse des comportements de bouche », Congrès de psychiatrie méditerranéenne, Avignon, septembre 1994.

110. E. Z. TRONICK, J. F. COHN, « Infant mother face to face inter-action : age and fender differences in coordination and the occurence of misceordination », *Child Development*, n° 60, 1989, p. 85-92.

111. J. ROSENFELD, E. KOROLITSKI, G. COYER, M. MONTES DE OCH, « Transformation, déformation, dysfonctionnement des interactions précoces », *La Psychiatrie de l'enfant*, 1990, t. 2, p. 504.

112. A. SAMEROFF, R. M. EMDE, *Les Troubles des relations précoces*, Paris, PUF, 1993, p. 254.

113. A. STEIN, « The relationship between post-natal depression and others mother-child interactions », *British Journal of Psychiatry*, n° 158, 1991, p. 46-52.

114. M. W. O'HARA, *et al.*, « Prospective study of post-partum blues : biological and psychological factors », *Archives of General Psychiatry*, vol 48, n° 9, p. 801-806.

115. M. HALPERIN, « Prémices et ontogenèse de la vie affective », *in Le Fœtus et son entourage*, Genève, Médecine et Hygiène, 1989.

116. D. BAUMANN, *La Mémoire des oubliés*, Paris, Albin Michel, 1988.

CHAPITRE III

L'artifice

1. G. LEOPARDI, *La Théorie du plaisir*, Paris, Éd. Allia, 1994, p. 2-3.

2. A. TEYSSÈDRE, *La Communication animale*, Paris, Nathan, 1993.

3. R. CHAUVIN, « Les facéties de l'orchidée » (interview), *Synapse*, octobre 1994, n° 109.

4. J. LACAN, *Le Séminaire*, livre I, *Les écrits techniques de Freud*, Paris, Le Seuil, 1975, p. 158.

5. R. THOM, *in La Condition animale*, Paris, Gallimard, 1997.

6. J.-D. VINCENT, « Le bonheur dans la tête », *in* R.-P. Droit, *Où est le bonheur ?*, Paris, Le Monde Éditions, 1994, p. 134.

7. P. PAGEAT, *Pathologie des comportements du chien*, Collection Médecine vétérinaire, 1995, p. 51.

8. J. OLDS, P. MILNER, « Positive reenforcement produced by electrical stimulation of septal area and other regions of rat brain », *Journal of Comparative and Physiological Psychology*, 1954, n° 47, p. 419-427.

9. C. BEATA, exposé au groupe « Toxicomanies », Hôpital Toulon-La Seyne, avril 1995.

10. J. LE HOUEZEC, « Psychopathologie de la nicotine », *Profils médico-sociaux*, juillet 1995, p. 1461.

11. N. DODMAN, L. SHUSTER, S. D. WHITE, « Use of narcotic antagonists to modify stereotypic self-licking, self-chewing and scratching behaviour in dogs », *JAMA*, n° 193, 7, 1988, p. 815-819.

12. J. ADES, Journée de psychiatrie méditerranéenne, hôpital Toulon-Armées Sainte-Anne, 1995.

13. D. LE BRETON, *Passions du risque*, Paris, Métaillé, 1991, p. 81.

14. D. Marzo, J. C. Schwarz, *in* B. Granger, Jim d'or 352, « Formation and inactivation of endogenous cannabinoïd anandamide in central neurones », *Nature*, n° 372, 1994, p. 686-691.

15. A. Laurent, « À quoi rêvent les fœtus ? », *Échothérapie*, mars 1990, p. 8-11.

16. R. Gombergh, film *Avant de naître*, *in* T. Nathan, *D'où viennent les enfants ?*, Paris, octobre 1996.

17. H. Montagner, *L'Enfant acteur de son développement*, Paris, Stock-Pernoud, 1993.

18. J.-P. Tassin, « Approche du rôle fonctionnel du système mésocortical dopaminergique », *Psychologie médicale*, n° 12, A, 1980.

19. P. Bustany, « Dopamine, la clé du plaisir », *Abstract Neuro et Psy*, n° 134, déc.-janv. 1996.

20. P. Montastruc, « Pharmacologie du plaisir », XXVᵉ Séminaire de l'Association inter-hospitalo-universitaire de sexologie, Toulouse, 1995.

21. Idée développée dans le chapitre premier.

22. J.-J. Rousseau, *in* T. Todorov, *Frêle Bonheur, Essai sur Rousseau*, Paris, Hachette, 1985, p. 49.

23. J.-J. Rousseau, *Dialogues*, Paris, 1776.

24. M.-R. Liebowitz, *La Chimie de l'amour*, Montréal, Les Éditions de l'Homme, 1990.

25. J.-D. Vincent, *La Chair et le diable*, *op. cit.*

26. B. Andrieu, « Les pharmaciens qui rendent heureux », *in* R.-P. Droit, *Où est le bonheur ?*, *op. cit.*

27. J. Constantin, *Les Médicaments du cerveau*, Paris, Odile Jacob, 1992.

28. F.-X. Poudat, *in* S. Finger, « Les drogués du sexe », *Univers Santé*, septembre 1996, n° 11.

29. P. Janet, *De l'angoisse à l'extase*, Paris, Éd Société Pierre Janet, Laboratoire de psychopathologie de la Sorbonne, CNRS, 1975, t. II, p. 315-320.

30. *Ibid.*, p. 316.

31. A. Rubinstein, *in* F. Reichenbach, *L'Amour de la vie*, film, 1968.

32. J.-M. Monteil, *Soi et le contexte*, Paris, Armand Colin, 1993, p. 36.

33. G. Jorland, *Les Paradoxes du capital*, Paris, Odile Jacob, 1995, p. 466.

34. J. Sutter, « L'anticipation dans l'impasse dépressive », *in L'Anticipation – Clé du temps du déprimé*, Collection scientifique Survector, 1995.

35. J. Lacan, « Stade du miroir », 1947, *in* J. Laplanche et J.-B. Pontalis, *Vocabulaire de la psychanalyse*, 1967, p. 453.

36. H. Montagner, *La Communication entre jeunes enfants de 4 à 7 mois*, cassette VHS, INSERM, 1990.

37. *Einfühlung* est habituellement traduit par « ressentir », alors qu'il exprime la manière dont une personne se représente ce que sent une autre : sentir dans...

38. P. MAZET, *Les Interactions précoces*, cours du diplôme inter-universitaire d'éthologie, Universités Marseille-Toulon, 9 mars 1996.

39. G. W. ALLPORT, *Personality and Social Encounter : Selected Essays*, Boston, Beacon Press, 1960.

40. *Ein Stück* : nom que les nazis attribuaient aux Juifs déportés.

41. P. ARIÈS, G. DUBY, *Histoire de la vie privée*, Paris, Le Seuil, 1985, t. II, p. 267 et t. IV, p. 224 et 277.

42. J. COSNIER, « Empathie et communication », *in Sciences humaines*, n° 68, 1997, p. 24-26.

43. L. CHERTOK, I. STENGERS, *L'Hypnose, blessure narcissique*, Les Empêcheurs de penser en rond, 1990, p. 41.

44. O. BENOIT (dir.), *Physiologie du sommeil*, Paris, Masson, 1984.

45. J.-C. ROUCHOUSE, « Analyse étho-psycho-physiologique d'une bouffée délirante », *Annales médico-psychologiques*, n° 154, 1, 1996, p. 10-19.

46. A. BOURGUIGNON, *L'Homme fou*, *op. cit.*, t. II, p. 62.

47. S. FREUD, *Sur le rêve* (1901), Paris, Gallimard, 1988.

48. A. BOURGUIGNON, *L'Homme fou*, *op. cit.*, t. II, p. 70-71.

49. D. STERN, *Le Monde interpersonnel du nourrisson*, Paris, PUF, 1989, p. 142.

50. D. STERN, conférence « Les interactions précoces », Avignon, 22 juin 1996.

51. B. DE BOYSSON-BARDIES, *Comment la parole vient aux enfants*, *op. cit.*

52. E. FOURNIER « Le jeu chez l'enfant de deux à sept ans », *Sociologie et sociétés*, n° 10, 1978, p. 149-166.

53. *In* M. HURTIG, J.-A. RONDAL, *Introduction à la psychologie de l'enfant*, Mardaga, 1990, t. III, p. 588.

54. R. LONETTO, *Dis, c'est quoi quand on est mort ? L'idée de la mort chez l'enfant*, ESHEL, 1988.

55. R. BARTHES, *Leçon*, Paris, Le Seuil, 1977.

56. J.-C. ABRIC, « Indicateurs non verbaux du mensonge : recherche expérimentale », *Bulletin de psychologie*, 1991, t. XLV, n° 405, 1991.

57. P. PAGEAT, séminaire : *Maîtres mordus*, Porquerolles (Var), septembre 1995.

58. S. FREUD, *Psychologie collective et analyse du Moi*, Paris, Payot, 1966.

59. J. COSNIER, *Psychologie des émotions et des sentiments*, Paris, Retz, 1994, p. 79-85.

60. R. ZAHAVI, « The patterns of the vocal signal and the information they convers behaviour » (1982), *in* V. DESPRET, *Naissance d'une théorie éthologique*, Les Empêcheurs de penser en rond, 1996, p. 179.

61. P. TORT, *L'Origine du paradoxe sur le comédien*, Paris, Vrin, 1980, p. 29.

62. J.-L. RICHARD, communication personnelle, 1995.

63. C. BILLAND, *Mensonge et indicateurs non verbaux*, mémoire de DEA, Laboratoire de psychologie sociale, Aix-en-Provence, Pr C. ABRIC, 1992.

64. D. DIDEROT, *Paradoxe sur le comédien*, Paris, Gallimard, 1994.

65. L. JOUVET, *Réflexions du comédien*, Librairie théâtrale, 1941, p. 154.

66. E. GOFFMAN, *La Mise en scène de la vie quotidienne*, Paris, Éditions de Minuit, 1974, 2 vol.

67. J. COSNIER, « Synchronisation et copilotage de l'interaction conversationnelle », *Protée*, n° 20, 2, 1992, p. 33-40.

68. M. DE BONIS, « Visages, expression des émotions et mensonges », *in* B. CYRULNIK (dir.), *Le Visage : sens et contresens*, ESHEL, 1988, p. 101-113.

69. H. CHIBA, « Analysis of controlling facial expression when experiency negative affect on a anatomical basis », *Journal of Human Development*, n° 21, 1985, p. 22 – 9.

70. Définition inspirée de F. SIGAUT, « Folie, réel et technologie », *Techniques et culture*, n° 15, 1990, p. 174.

71. J. GOODALL, « My life among wild chimpanzees », *Natural Geographic Magazine*, n° 125, 8, 1963, p. 272-308.

72. I. EIBL-EIBELFELDT, *Éthologie – Biologie du comportement*, *op. cit.*, p. 289-290.

73. A. LEROI-GOURHAN, *Dictionnaire de la préhistoire*, *op. cit.*

74. M. MAUSS (1934) appelait *technique* tout acte traditionnel efficace, *in* F. SIGAUT, « Sociologie et anthropologie », *Techniques et cultures*, *op. cit.*

75. R. VILLEY, *Histoire du diagnostic médical*, Paris, Masson, 1979, p. 77.

76. J. VICARI, *Écologie et santé*, Vendredis de Châteauvallon, 1995.

77. M. TOURNIER, *Le Roi des Aulnes*, Paris, Gallimard, rééd. 1975, p. 327, et film de W. SCHLÖNDORF, 1996.

78. Z. LAÏDI, « Le malaise de la mondialisation », *Le Monde*, 31 août 1995.

79. J.-P. DIGARD, *L'Homme et les animaux domestiques*, Fayard, 1990.

80. Témoignage d'anciens mineurs de Brignoles, 1995.

81. E. GONTHIER, « Entretien avec Aline Kiner. Ethnologie », *Sciences et Avenir*, septembre 1995, p. 78-79.

82. G. QUEINNEC, « La fabrication des animaux », *L'Homme et l'animal*, Paris, Gallimard, 1997.

83. F. SIGAUT, « La fabrication des animaux », *in ibid.*

84. A. DE TOCQUEVILLE, *De la démocratie en Amérique* (1835), Paris, R. Laffont, coll. Bouquins, t. II, p. 497, cité par Irène Théry, *Famille :*

une crise de l'institution, Notes de la Fondation Saint-Simon, 1996, p. 39.

85. A. Bellaïche, « Ovulation et rythme citadin : la pilule est-elle si antinaturelle ? », *Sexologos*, octobre 1996, p. 7.

86. R. Leakey, R. Lewin, *The Sixth Extinction*, Doubleday, 1995, p. 232.

87. C. Boudoiseau, « Pas de miracle à l'Est », *Impact Médecin*, n° 284, 9 juin 1995.

88. J. Ellul, *Le Bluff technologique*, Paris, Hachette, 1988, p. 198.

89. *Ibid.*, p. 449.

90. W. Golding, *Sa Majesté-des-Mouches*, Paris, Gallimard, 1956.

91. B. Cyrulnik, P. Raymondet, « Les parents battus ou la relation d'emprise, Congrès de neurologie et de psychiatrie de langue française, Toulon, juin 1996.

92. A.-M. Tillier, B. Arensburg, B. Vandermeersch, Y. Rak, « L'apport de Kébera à la paléoethnologie funéraire des néandertaliens du Proche-Orient », *Cahiers de paléoanthropologie*, Éd. CNRS, 1991.

93. J. Goodall, *Les Chimpanzés et moi*, Paris, Stock, 1970.

94. R. Lonetto, *Dis, c'est quoi quand on est mort ?*, *op. cit.*

95. S. Tisseron, *Psychanalyse de l'image. De l'image aux images virtuelles*, Paris, Dunod, 1995, p. 158.

96. *Ibid.*

97. M.-J. Mondzain, *L'Image naturelle*, Le Nouveau Commerce, 1995, p. 16.

COMMENT CLORE UN LIVRE

1. P. Janot, « Development of children's vocabulary » (1972), *in* M. Hurtig, J.-A. Rondal, *Introduction à la psychologie de l'enfant, op. cit.*, t. II, p. 464.

2. D. Lestel, *L'Animalité – Essai sur le statut de l'humain*, Paris, Hatier, 1996, p. 7.

3. Les tragédies non humaines de l'humanité sont constituées par les raz de marées, les éruptions volcaniques, les glaciations et autres catastrophes écologiques. La technologie aujourd'hui permet à l'homme de modifier à son tour cette écologie, humanisant ainsi les catastrophes non humaines.

4. Sauf saint Augustin qui, à la fin du ive siècle, considérait que les animaux étaient responsables puisqu'ils étaient eux aussi une création divine.

5. C. Bensch, « De l'agonie à la mort », *Synapse*, n° 120, novembre 1995, p. 1-5.

6. F. Dagognet, *Les dieux sont dans la cuisine*, Les Empêcheurs de penser en rond, 1996.

7. D. Lestel, *L'Animalité*, Paris, Hatier, 1996, p. 79.

Table

Introduction   7
   Biologie de l'être-avec. L'ensorcellement est un
   produit de l'évolution. Les animaux sont ensorcelés. Double ensorcellement de l'homme par les
   sons et le langage.

Chapitre premier. LE CORPS

Premiers ensorcellements. L'ensorcellement apparaît
   dès la naissance. Depuis l'Antiquité, la psycho-
   thérapie est un ensorcellement   15
Mondes animaux et mondes humains. Le fossé entre
   l'homme et l'animal nous oblige à choisir entre
   celui qui parle et celui qui ne parle pas. Phylogenèse des cerveaux. Sémiotisation du monde
   vivant : insectes, abeilles, bourdons et libellules.
   L'aimantation entre deux corps   19
Coexister. L'ordre règne avant la verbalité. Dès que
   l'individu apparaît, les loups se coordonnent. Le
   mensonge comportemental chez les singes,
   preuve d'intelligence préverbale   26

La bouche ensorcelée. Éthologie comparative : sonate *Au clair de lune* et football chez les macaques. Le délai biologique laisse du temps à la représentation. La bouche chez les papillons, les goélands et les mammifères................   29

Partager un aliment. Dans le monde vivant, les origines de l'altérité passent par l'aliment. Les herbivores se côtoient pour brouter, les loups se répartissent les tâches pour chasser, les paroles maternelles frémissent sur les lèvres du bébé. Le rythme de la succion, prémice comportementale du tour de parole. L'enfant au sein rencontre déjà l'histoire de la mère...........................   34

La dramaturgie des repas. La mise en scène de l'alimentation : gestes, lèvres, et petite cuillère. Trop satisfaire désespère   40

Manger, parler et embrasser. Mal parler n'est pas un trouble de la parole. Un aliment nouveau est un monde nouveau. Taper dans la purée, c'est partager un monde intermental. Partage du lait chez les mésanges, rituel culinaire chez les macaques, apprentissage du baiser chez le petit d'homme .   43

Tables et cultures. Partager la viande chez les animaux. Interdire la viande chez les humains. Nouveaux rites alimentaires chez les adolescents ...   48

Donner la mort pour faire de la culture. Effet liant de la cueillette. Donner la mort pour inventer le social et échapper à la Nature. Les animaux chasseurs commencent la culture   52

Peut-on manger ses enfants ? Insectes et carnivores ne s'en privent pas. Altération des conduites alimentaires chez les animaux. Comment ne pas considérer son enfant comme un gibier. Histoire de l'infanticide. Anthropophagie rituelle. Sacrifice moderne des enfants......................   55

Origine affective des troubles alimentaires. Obésité chez les chats. Le Pica chez les humains ou com-

TABLE   299

ment avaler de la matière. Le cerveau commande à la bouche qui parle, et aux mains qui fabriquent. L'enfant qui régurgite évoque sa mère. L'anorexie, la boulimie, la kleptomanie, la compulsion à acheter participent à ces mouvements d'incorporation. Effet tranquillisant du pouce   62

La bouche, le cerveau et la parole. Manger, boire, respirer, chanter, prier : la bouche est un carrefour commandé par le cerveau. Les trois cerveaux sont nécessaires à la vie. Dès qu'on se rencontre pour parler, on invente un quatrième cerveau. Le cerveau, organe de la pensée, permet la parole qui instrumentalise la pensée. Comparaison des cerveaux chez les animaux où graduellement se met en place un lobe préfrontal qui répond à des stimulations absentes   70

Au bonheur des lobotomisés. Le présent n'existe pas. Sans angoisse, notre vie perdrait tout sens. Vivre et parler au temps présent empêcherait la socialité.   79

De l'évolution du corps à la révolution de l'esprit. Éloge de l'angoisse qui nous contraint à la rencontre et à la création. À l'intelligence du corps, permise par le cerveau, s'ajoute l'intelligence collective, permise par la parole. À la pensée perceptuelle et émotionnelle que nous partageons avec les animaux s'ajoute la pensée conceptuelle. Chez tout être vivant, le rêve est une prépensée en image qui fait naître le monde psychique   84

Chapitre II. L'ALENTOUR

L'individu poreux. L'hypnose est une propriété banale du vivant. La tentation scientiste et la récupération foraine ont dévoyé un phénomène fondamental, pour tous les êtres vivants. L'effet civilisateur des chiens, des chats et des animaux domestiqués passe par l'hypnose. Les cinq sens en sont les médiatisateurs. Les fessées d'endormissements, les visages, la musique, les cascades et le feu composent une sémiotique sensorielle.................................... 89

Jeteurs de charme animaux et humains. Tout nouveau-né est charmé par sa mère. Barracudas et maquereaux, foules et meneurs, l'hypnose de tout ce qui vit passe par la capture sensorielle où les mots sont un piège 98

La peur et l'angoisse, ou le bonheur d'être possédé. La fonction de l'ensorcellement, c'est de nous fondre, avec les rochers si l'on est goéland, avec celui qu'on aime, si l'on est humain. Effet tranquillisant de l'hypnose chez les agneaux. L'angoisse, moteur de l'évolution. L'empreinte incruste l'autre en nous, ce qui nous sécurise. Catégories du monde chez les poussins 111

L'ontogenèse n'est pas l'histoire. La vie psycho-sensorielle chez les fœtus. Pleurs du nouveau-né, rescousse maternelle. Puissance matérielle des mots « bâtard » et « abandon »................ 119

Chiens de remplacement et choix du prénom. Vincent Van Gogh, Salvador Dalí et Éden le setter, rendus malades par une représentation. Contresens entre espèces. Le choix du nom attribué à l'autre gouverne son destin et fait vivre les fantômes 127

Le chien sensé. Le choix du chien parle du propriétaire : grands chiens et quartiers chics, bergers allemands et banlieues, rikikis et toute-puissance 136

Histoire des interactions précoces. L'objet « comportement » permet de découvrir le continent des premières rencontres. Quand Œdipe a fait son complexe, il avait déjà eu quatre enfants avec sa mère. Enfants et mères sont co-auteurs de la rencontre.. 141

TABLE   301

Avant la naissance. Vie prénatale des poussins, des marsupiaux et des humains. Les six sens du petit d'homme 147

Après la naissance. Tous ceux qui sont nés d'un œuf sont contraints à l'altérité. L'intelligence préverbale est sensorielle. Agression à téton armé. Dialogue préverbal 151

Comment l'histoire se transmet au corps à corps. Les premiers mots sensoriels façonnent le cerveau et le destin des nouveau-nés. Djinns et Coton-Tige   159

On a encore oublié le père. Il faut voyager pour voir la place du père. Poulaillers de papas poules. Le père précoce est une mère masculine. Papa est socratique. Maman hésite entre Blanche-Neige et Cendrillon 165

Période sensible et folie des cent jours. Avidité sensorielle des nourrissons humains. La lenteur de leur développement prolonge la période des apprentissages. Folie amoureuse des jeunes mères. La fin des cent jours, quand le bébé différencie le visage maternel de celui des autres et quand la mère se décaptive et pense à autre chose 168

Les épreuves précoces. Quand les cent jours ne sont pas amoureux 173

Chapitre III. L'ARTIFICE

Le leurre dans le monde vivant. L'artifice ensorceleur : bout de papier chez les grenouilles, touffe de plume chez les rouges-gorges, incantation chez les hommes. Quand la danse des poissons reçoit un prix Nobel. Tout être vivant préfère le leurre à la stimulation naturelle. L'imperfection du signal naturel permet l'évolution. Les limaces de mer sont-elles heureuses ? Formule chimique du bonheur 179

La drogue animale : et mourir de plaisir. Le cerveau
du plaisir. Quand les animaux se droguent avec
un leurre neuronal, les hommes y ajoutent celui
de la représentation : joueurs pathologiques et
preneurs de risque sécrètent un cannabis spon-
tané   187

Style existentiel et cannabis cérébral. Un récit stimule la sécrétion de cannabis cérébral. Ambivalence du réel. Épure des œuvres d'art. Les
routards luttent contre la dépression et les pantouflards contre l'angoisse. Dopamine et hédonisme. Quand la génétique et le théâtre ont un
même effet biologique. Le bonheur est conta-
gieux.   181

Jouir et souffrir de mondes imperçus. L'utopie est un
leurre de récit. Rat neuronal et homme neuronal.
Les substances du malheur.   199

De l'angoisse à l'extase. Mouvement de libération
des drogués du sexe. Angoisse, extase mystique et
contrainte à l'œuvre d'art.   205

Naissance de l'empathie. Notre histoire attribue des
émotions aux lieux, aux objets et aux événements. Sentiments de soi et emphase de l'entourage. Mise en scène imaginaire et arrêts de
développement de l'empathie. Vivre en couple,
c'est partager un monde inventé   210

Biologie du rêve, jeu et liberté. Le sommeil à rêves, la
stabilité de la température et le jeu apparaissent
chez les oiseaux et témoignent d'un début de
liberté biologique. Rêves et jeux dans le monde
animal. Le jeu, entre rêve et parole. Effet familia-
risant du rêve et du jeu   218

C'est dans un autre que naît le sentiment de soi. Être-
dans, être-avec et faire-comme-si constituent les
trois étages du développement de l'empathie. Les
mots provoquent une représentation encore plus
forte que la perception du réel.   226

TABLE   303

Mensonge et humanité : naissance de la comédie.
Les scarabées dorés ne jouent pas la comédie.
La feinte de l'aile brisée apparaît chez les van-
neaux huppés. Les singes inventent le mensonge comportemental. Les hommes avec leurs
mots en sont les virtuoses. La comédie retrouve
ce problème animal. Paradoxe du comédien.
Spectateurs envoûtés et turlupins briseurs de
charme   232

Le théâtre affectif prépare à la parole. Théâtre préverbal. Paradoxe sur le comédien. Les chiens ne
savent pas mentir. Théâtre et Révolution. Quand
un spectateur joue mal. Panurgisme des foules .   234

Ensorcellement et théâtre du quotidien. Puissance
émotionnelle de l'énoncé des autres. Panurgisme
intellectuel. Le rôle du charcutier..............   239

La technologie est une surlangue. La comédie
humaine se joue sur la scène de la technologie.
L'outil animal. Le sceptre chez les singes et la
culture du lait chez les mésanges bleues. La
domestication du feu change le rapport au
monde. Le lancer de cailloux à l'origine de la
phallocratie...................................   243

Hérédité et hérité. Avec la technique, l'hérédité se
relativise et l'héritage monte en puissance. La
technique renforce l'esprit magique. Son développement récent désaffective le monde et
l'ensorcellement change de nature   249

*Un savoir non partagé humilie ceux qui n'y ont pas
accès.* Le monde virtuel des signes nous arrache
aux déterminants matériels. Le mondialisme
technique dilue le sentiment d'appartenance et
déclenche la recherche de prothèses identitaires.
L'outil désaffective, l'inutile nous attache. Désué-
tude du muscle..............................   255

Technologie et sentiment de soi. L'invention du
licol supprime l'esclavage. Conduire un tracteur

empêche le chant du laboureur. Technique et démocratie, en améliorant les individus, diluent le lien social. L'évolution se fait grâce à des catastrophes. Le mur de Berlin est une expérimentation naturaliste. L'effet liant du savoir ne fonctionne plus 259

Le théâtre de la mort. Monsieur Neandertal, réalisateur, invente le rituel funéraire. Les animaux sont désorganisés par le mort. Les hommes s'ordonnent autour de la mort. Ontogenèse de la représentation de la mort chez l'enfant. La vie ne meurt jamais, seuls les transporteurs de vie meurent. La mise en scène de la mort nous contraint au symbole 265

Comment clore un livre........................... 275
    L'homme est le seul animal capable d'échapper à la condition animale

Notes 281

DANS LA COLLECTION « POCHES ODILE JACOB »

Nº 1 : Aldo Naouri, *Les Filles et leurs mères*
Nº 2 : Boris Cyrulnik, *Les Nourritures affectives*
Nº 3 : Jean-Didier Vincent, *La Chair et le Diable*
Nº 4 : Jean François Deniau, *Le Bureau des secrets perdus*
Nº 5 : Stephen Hawking, *Trous noirs et bébés univers*
Nº 6 : Claude Hagège, *Le Souffle de la langue*
Nº 7 : Claude Olievenstein, *Naissance de la vieillesse*
Nº 8 : Édouard Zarifian, *Les Jardiniers de la folie*
Nº 9 : Caroline Eliacheff, *À corps et à cris*
Nº 10 : François Lelord, Christophe André, *Comment gérer les personnalités difficiles*
Nº 11 : Jean-Pierre Changeux, Alain Connes, *Matière à pensée*
Nº 12 : Yves Coppens, *Le Genou de Lucy*
Nº 13 : Jacques Ruffié, *Le Sexe et la Mort*
Nº 14 : François Roustang, *Comment faire rire un paranoïaque ?*
Nº 15 : Jean-Claude Duplessy, Pierre Morel, *Gros Temps sur la planète*
Nº 16 : François Jacob, *La Souris, la Mouche et l'Homme*
Nº 17 : Marie-Frédérique Bacqué, *Le Deuil à vivre*
Nº 18 : Gerald M. Edelman, *Biologie de la conscience*
Nº 19 : Samuel P. Huntington, *Le Choc des civilisations*
Nº 20 : Dan Kiley, *Le Syndrome de Peter Pan*
Nº 21 : Willy Pasini, *À quoi sert le couple ?*
Nº 22 : Françoise Héritier, Boris Cyrulnik, Aldo Naouri, *De l'inceste*
Nº 23 : Tobie Nathan, *Psychanalyse païenne*
Nº 24 : Raymond Aubrac, *Où la mémoire s'attarde*
Nº 25 : Georges Charpak, Richard L. Garwin, *Feux follets et champignons nucléaires*
Nº 26 : Henry de Lumley, *L'Homme premier*
Nº 27 : Alain Ehrenberg, *La Fatigue d'être soi*
Nº 28 : Jean-Pierre Changeux, Paul Ricœur, *Ce qui nous fait penser*
Nº 29 : André Brahic, *Enfants du Soleil*
Nº 30 : David Ruelle, *Hasard et Chaos*
Nº 31 : Claude Olievenstein, *Le Non-dit des émotions*
Nº 32 : Édouard Zarifian, *Des paradis plein la tête*
Nº 33 : Michel Jouvet, *Le Sommeil et le Rêve*
Nº 34 : Jean-Baptiste de Foucauld, Denis Piveteau, *Une société en quête de sens*
Nº 35 : Jean-Marie Bourre, *La Diététique du cerveau*

N° 36 : François Lelord, *Les Contes d'un psychiatre ordinaire*
N° 37 : Alain Braconnier, *Le Sexe des émotions*
N° 38 : Temple Grandin, *Ma vie d'autiste*
N° 39 : Philippe Taquet, *L'Empreinte des dinosaures*
N° 40 : Antonio Damasio, *L'Erreur de Descartes*
N° 41 : Édouard Zarifian, *La Force de guérir*
N° 42 : Yves Coppens, *Pré-ambules*
N° 43 : Claude Fischler, *L'Homnivore*
N° 44 : Brigitte Thévenot, Aldo Naouri, *Questions d'enfants*
N° 45 : Geneviève Delaisi de Parseval, Suzanne Lallemand, *L'Art d'accommoder les bébés*
N° 46 : François Mitterrand, Elie Wiesel, *Mémoire à deux voix*
N° 47 : François Mitterrand, *Mémoires interrompus*
N° 48 : François Mitterrand, *De l'Allemagne, de la France*
N° 49 : Caroline Eliacheff, *Vies privées*
N° 50 : Tobie Nathan, *L'Influence qui guérit*
N° 51 : Éric Albert, Alain Braconnier, *Tout est dans la tête*
N° 52 : Judith Rapoport, *Le Garçon qui n'arrêtait pas de se laver*
N° 53 : Michel Cassé, *Du vide et de la création*
N° 54 : Ilya Prigogine, *La Fin des certitudes*
N° 55 : Ginette Raimbault, Caroline Eliacheff, *Les Indomptables*
N° 56 : Marc Abélès, *Un ethnologue à l'Assemblée*
N° 57 : Alicia Lieberman, *La Vie émotionnelle du tout-petit*
N° 58 : Robert Dantzer, *L'Illusion psychosomatique*
N° 59 : Marie-Jo Bonnet, *Les Relations amoureuses entre les femmes*
N° 60 : Irène Théry, *Le Démariage*
N° 61 : Claude Lévi-Strauss, Didier Éribon, *De près et de loin*
N° 62 : François Roustang, *La Fin de la plainte*
N° 63 : Luc Ferry, Jean-Didier Vincent, *Qu'est-ce que l'homme ?*
N° 64 : Aldo Naouri, *Parier sur l'enfant*
N° 65 : Robert Rochefort, *La Société des consommateurs*
N° 66 : John Cleese, Robin Skynner, *Comment être un névrosé heureux*
N° 67 : Boris Cyrulnik, *L'Ensorcellement du monde*
N° 68 : Darian Leader, *À quoi penses-tu ?*
N° 69 : Georges Duby, *L'Histoire continue*
N° 70 : David Lepoutre, *Cœur de banlieue*
N° 71 : Université de tous les savoirs 1, *La Géographie et la Démographie*
N° 72 : Université de tous les savoirs 2, *L'Histoire, la Sociologie et l'Anthropologie*

Nº 73 : Université de tous les savoirs 3, *L'Économie, le Travail, l'Entreprise*
Nº 74 : Christophe André, François Lelord, *L'Estime de soi*
Nº 75 : Université de tous les savoirs 4, *La Vie*
Nº 76 : Université de tous les savoirs 5, *Le Cerveau, le Langage, le Sens*
Nº 77 : Université de tous les savoirs 6, *La Nature et les Risques*
Nº 78 : Boris Cyrulnik, *Un merveilleux malheur*
Nº 79 : Université de tous les savoirs 7, *Les Technologies*
Nº 80 : Université de tous les savoirs 8, *L'Individu dans la société d'aujourd'hui*
Nº 81 : Université de tous les savoirs 9, *Le Pouvoir, L'État, la Politique*
Nº 82 : Jean-Didier Vincent, *Biologie des passions*
Nº 83 : Université de tous les savoirs 10, *Les Maladies et la Médecine*
Nº 84 : Université de tous les savoirs 11, *La Philosophie et l'Éthique*
Nº 85 : Université de tous les savoirs 12, *La Société et les Relations sociales*
Nº 86 : Roger-Pol Droit, *La Compagnie des philosophes*
Nº 87 : Université de tous les savoirs 13, *Les Mathématiques*
Nº 88 : Université de tous les savoirs 14, *L'Univers*
Nº 89 : Université de tous les savoirs 15, *Le Globe*
Nº 90 : Jean-Pierre Changeux, *Raison et Plaisir*
Nº 91 : Antonio R. Damasio, *Le Sentiment même de soi*
Nº 92 : Université de tous les savoirs 16, *La Physique et les Éléments*
Nº 93 : Université de tous les savoirs 17, *Les États de la matière*
Nº 94 : Université de tous les savoirs 18, *La Chimie*
Nº 95 : Claude Olievenstein, *L'Homme parano*
Nº 96 : Université de tous les savoirs 19, *Géopolitique et Mondialisation*
Nº 97 : Université de tous les savoirs 20, *L'Art et la Culture*
Nº 98 : Claude Hagège, *Halte à la mort des langues*
Nº 99 : Jean-Denis Bredin, Thierry Lévy, *Convaincre*
Nº 100 : Willy Pasini, *La Force du désir*
Nº 101 : Jacques Fricker, *Maigrir en grande forme*
Nº 102 : Nicolas Offenstadt, *Les Fusillés de la Grande Guerre*
Nº 103 : Catherine Reverzy, *Femmes d'aventure*
Nº 104 : Willy Pasini, *Les Casse-pieds*
Nº 105 : Roger-Pol Droit, *101 expériences de philosophie quotidienne*

Imprimé en France sur Presse Offset par

BRODARD & TAUPIN

GROUPE CPI

La Flèche (Sarthe), le 08-01-2003
N° d'impression : 16814
N° d'édition : 7381-1032-2
Dépôt légal : septembre 2001